デカルトと哲学書簡

デカルトと哲学書簡

山田弘明著

知泉書館

凡　例

・デカルトからの引用は *Œuvres de Descartes*, publiées par Ch.Adam & P.Tannery, 11 tomes, Paris, Nouvelle édition, 1996 を使用し，それを AT と略記した。たとえば AT.VI,59 はその第 6 巻の 59 ページを意味する。ただし『哲学原理』は部と節を I-60 のように，また『情念論』は節のみを記した。

・『デカルト全書簡集』（知泉書館 2012-16）からの引用は『全書簡集』VI,56（＝第六巻 56 ページ）ように表記した。『デカルト ユトレヒト紛争書簡集』（知泉書館 2017）は『ユトレヒト書簡集』と略記した。

・書名の略記については，『方法序説』は『序説』，『精神指導の規則』は『規則論』，『哲学原理』は『原理』とした場合がある。

・A. Baillet, *La vie de Monsieur Descartes*, Paris, 1691 は単に A. Baillet と略記し、その第二巻であるなら A. Baillet, II, pp.459-460 などと記した。

・引用文中の［　］は筆者による補語である。

はじめに

　本書はデカルトの書簡に視点を置いた研究である。『デカルトと哲学書簡』と題するが，それは，哲学の問題を中心に彼の「往復書簡」の全体を読み解くというほどの意味である。

　フランス 17 世紀において，書簡は必ずしも個人の私的文書ではなく，公開を前提とした公的なものであることが少なくなかった。それは筆写されて関係者に配布され，仲間うちで回し読みされることがあった。デカルトはその結果に基づいて著書を修正し，補足説明した。彼にとって書簡はまさに「知性の実験室」[1]であり，彼は書簡によって哲学していた[2]のである。それゆえ書簡には著書と同様の重みがある。

　筆者は共訳で『デカルト全書簡集』（全 8 巻，知泉書館 2012-16）および『デカルト ユトレヒト紛争書簡集』（同 2017）を上梓した。前者は 737 通あり，その多くは往復書簡である。後者は書簡の形をとった論争的な著作である（これについては必要に応じて言及した）。これらの書簡をとくに意識してデカルト哲学の全体を考えるなら，どのような解釈が可能になるか，それが本書で目指したことである。

　もとよりこれまで多くのデカルト研究も書簡をその射程に収めてきた。たとえば，デカルトはどういう生活をしていた人であり，その生活からいかにして彼の思想が育まれたかについては，バイエの伝記やベークマンの日記などとともに，書簡からも容易に知られることであり，少

　1）　この言い方は以下による。J.-R. Armogathe «La *correspondence* de Descartes comme laboratoire intellectuel», in J.-R. Armogathe, G. Belgioioso et C. Vinti ed., *La biografia intellettuale di René Descartes attraverso la* correspondance, Napoli, 1998, p.5.
　2）　この表現は以下の書で出された「人は書簡で哲学できるか」の問いに肯定的に応えたものである。Jean-Marie et Michelle Beyssade éd., *René Descartes :Correspondance avec Élisabeth*, Paris, 1989, p.9.

なからぬ研究がある。また，ある主題を論じる際に著書の足らざる所を書簡で補って解釈することは常套手段であり，書簡を駆使した緻密な研究も出ている。

しかし，膨大かつ雑多な往復書簡の全体を視野に収めてデカルトを見るとき，驚くほど新鮮な発見があることを筆者は何度も経験した。伝記にも取り上げられていない哲学者の生活や思いが多岐にわたって綴られているだけでなく，彼の思想の複雑な背景や議論の細かな襞が詳細に記述されているからである。それは率直に言ってきわめて印象的であり，しかも日本の研究者には必ずしも周知のことばかりではない[3]。このような思いがあって，本書では書簡の全体を読みながら，そこに現れて来る話題や問題のいくつかをたどることにした[4]。とくに書簡に着目したこの書が新しい解釈の提示になっていれば幸いであり，これを基礎資料としてなにかの役に立てていただければと思う。

本書は三部から構成される。

第Ⅰ部は「デカルトの生活と思想」と題した。ここでは往復書簡のすべてを年代順に読みながら，とくに印象的なトピックスと文章を 74 項目抜き出し，それに簡潔な解説を施した。量的に多いのでそれらを便宜的に三時期に配した。第一章（誕生 1596 年～『方法序説』前後 1638 年），第二章（『省察』準備期 1639 年～『哲学原理』1644 年），第三章（『情念論』準備期 1645 年～客死 1650 年）である。結果的にデカルトの生涯と思想をたどる形になっている。伝記的な断片からはデカルト書簡のもつ魅力が具体的に伝わってくるであろう。哲学的な断片については重要と思われる論点を筆者の解釈も含めて示しておいた。第Ⅰ部の議論は，第Ⅱ・第Ⅲ部の議論のひな型になっている場合があり，それが後の展開への導入になっていれば幸いである。

第Ⅱ部では，心身問題を意識しながら精神と身体との関係を扱った。その根底には精神と言われるものは一体なんであるのか，という問いがある。すなわち，第四章では心身の合一という事態をめぐって，デカル

---

3) たとえば「ロワール川の水は十年前と同じ水ではないが同じ川である」（本書 p.54）などは，日本人には印象的でありながらあまり知られていない。

4) 筆者は『デカルトと西洋近世の哲学者たち』（知泉書館 2016）第Ⅱ部ですでにそれを試みた。

トと西田幾多郎の思想との比較研究をした。ともに合一を所与のものと認めるが，デカルトでは心身の区別とその関係が問題であり，西田では区別は拒否されていることを確認した。第五章では心身の相互関係がどう扱われているかをテキストに即して検証した。相互関係の説明に関して，エリザベト宛書簡と『情念論』との間には一応整合性があると読める。だが，前者が心身合一は経験によって自明であるとしている点で，アルノー宛書簡においてと同様，心身関係の理論的解明は最終的に放棄されていると結論した。第六章では，精神と身体との区別の議論（私の本質は思考のみである，精神は身体なしにありうる，など）には現代人の理解しにくいものが多い。実体ということばなどには不明な点もある。だが，あくまで非物体的なものの余地を残し，無理に一元論に還元しないのがデカルトだと論じた。第七章では，精神や理性は人間のみにあり，それを欠いた動物は機械である，というデカルトの考え方が現代でも有効かどうかを，最新の人工知能研究や動物行動学を踏まえて検証した。

　第Ⅲ部では，往復書簡での論争相手の三人（レギウス，アルノー，モア）をとりあげ，論争点をたどった。特にこの三人を選んだ理由は，日本では研究が比較的手薄であるからである。第八章ではオランダにおいて一時弟子であった自然学者レギウスが，デカルトに離反した経緯と，二人の対立点の仔細を，残された多くの書簡を通して検証した。第九章では鋭い問題提起をしたアルノーの論点を，「精神はつねに思考する」という命題や心身問題などをめぐって整理し，デカルトの対応を検討した。第十章ではケンブリッジ・プラトニストたるモアとデカルトとの争点を検討した。モアの大まかで切れの甘い世界観と，デカルトの厳しく鋭い議論との対比は鮮やかである。前者が17世紀の一般的な「世界標準」であるとするなら，逆に標準をこえたデカルトの特異性が浮かび上がるであろう。

　なお，本書の各章の間には遺憾ながら若干の記述の重複が見られる。それは各章が異なった機会に書かれ，同じ主題をさまざまな角度から見ようとした結果でもあり，後から調整することは不可能であった。重複部分については注などで相互参照を指示した。ご了解いただきたいと思う。

　本書はその大部分が書きおろしであるが，二つの章のみは以下が初出

である。

　第 4 章「心身合一の世界――デカルト哲学と西田幾多郎」
　　「西田幾多郎とデカルト哲学――心身合一の世界をめぐって」『日本の哲学』15 号，昭和堂 2014 年，pp.27-46.
　第 7 章「人間精神と動物-機械論」
　　「人間精神と動物-機械論」『理想』699 号，理想社 2017 年 9 月，pp. 2-17.

目　次

凡　　例…………………………………………………………… v

はじめに…………………………………………………………… vii

第 I 部　デカルトの生活と思想

第一章　誕生 1596 年〜『方法序説』前後 1638 年………………… 5
1　空咳と青白い顔 ………………………………………………… 5
2　送金 ……………………………………………………………… 6
3　斜視の少女 ……………………………………………………… 7
4　真面目な研究へ ………………………………………………… 8
5　自分で相続したもの …………………………………………… 10
6　パリの住居 ……………………………………………………… 11
7　神と自己を知る ………………………………………………… 13
8　解剖学 …………………………………………………………… 14
9　アムステルダム ………………………………………………… 16
10　『心臓の運動について』 ……………………………………… 17
11　ガリレイ事件 ………………………………………………… 18
12　普遍学の計画 ………………………………………………… 19
13　『方法序説』の不十分さ ……………………………………… 21
14　器具の説明 …………………………………………………… 22
15　100 歳の長寿 ………………………………………………… 23
16　疑わしい意見にも従う ……………………………………… 24
17　私は呼吸する，ゆえに私はある？ ………………………… 25
18　動物の感情と情念 …………………………………………… 27

19	スタンピオウン＝ワッセナール論争 …………………………28

第二章 『省察』準備期 1639 年～『哲学原理』1644 年 …………31

20	空虚の否定 …………………………………………31
21	真理 ………………………………………………32
22	松果腺 ……………………………………………33
23	数学の歴史と数学の知 ……………………………34
24	『省察』の回覧 ……………………………………36
25	イエズス会士との争い …………………………………38
26	精神の不死 …………………………………………39
27	ホッブズの反論 ……………………………………40
28	『省察』テキストの変更 ……………………………41
29	三種の観念 …………………………………………41
30	精神は母の胎内でも思考する ………………………43
31	盲人と色の観念 ……………………………………43
32	ユトレヒト紛争 ……………………………………44
33	精神は身体を決定しえるか …………………………47
34	トゥレーヌ …………………………………………48
35	動物精気 ……………………………………………48
36	真摯な質問 …………………………………………49
37	風に逆らわない ……………………………………50
38	フローニンゲンの裁判 ………………………………51
39	『再論』………………………………………………52
40	神は矛盾をもなしうる …………………………………52
41	精神の治療法 ………………………………………53
42	『哲学原理』…………………………………………53
43	ロワール川 …………………………………………54
44	運命は芝居の出来事 ……………………………………55
45	精神は身体の様態ではない …………………………56
46	幸福に生きる ………………………………………57
47	実践的世界観 ………………………………………57

第三章	『情念論』準備期 1645 年～客死 1650 年	61
48	農民への恩赦	61
49	尊敬する人々との交際	62
50	振動中心の決定	62
51	原理の二義	63
52	『君主論』	64
53	自分自身を知る	65
54	動物に思考があるか	66
55	愛	66
56	食後の時間	68
57	ライデン事件	69
58	宇宙の広大さ	70
59	パスカルの真空実験	71
60	最高善	72
61	『掲貼文書への覚え書』	73
62	静かな冬の日々	74
63	年金	76
64	情念	76
65	直観的な認識	77
66	精神はつねに思考する	78
67	心身の相互作用は自明	79
68	物体は延長実体	79
69	動物は思考するか	80
70	英国王の処刑	81
71	『哲学原理』の注意点	82
72	神の存在証明	83
73	ストックホルム	83
74	臨終	84

第Ⅱ部　精神と身体

第四章　心身合一の世界——デカルト哲学と西田幾多郎……………89
　第1節　デカルトと心身合一……………………………………89
　第2節　西田幾多郎と心身合一…………………………………99
　第3節　西田＝デカルト仮想論争………………………………105

第五章　心身の相互関係——エリザベト書簡と『情念論』…………111
　第1節　テキスト一覧……………………………………………111
　第2節　テキスト間の解釈………………………………………117
　第3節　生の経験…………………………………………………120
　第4節　精神と小さな腺…………………………………………124
　第5節　結　論……………………………………………………128

第六章　精神と身体との区別………………………………………131
　はじめに……………………………………………………………131
　第1節　テキスト的吟味…………………………………………134
　第2節　思考の停止は存在の停止か……………………………139
　第3節　私とは実体であるか……………………………………140
　第4節　私の本質は思考のみか…………………………………143
　第5節　精神は身体から完全に区別されるか…………………147
　第6節　精神は身体なしにあるか………………………………151
　おわりに……………………………………………………………155

第七章　人間精神と動物-機械論……………………………………157
　第1節　人間と機械………………………………………………157
　第2節　人間と動物………………………………………………162
　第3節　まとめ……………………………………………………172

目　次　　xv

第Ⅲ部　論争のさなかで

第八章　ヘンリクス・レギウス……………………… 177
　第1節　レギウスとデカルト……………………… 177
　第2節　認識の諸問題……………………………… 185
　第3節　精神と身体………………………………… 195
　第4節　結　論……………………………………… 200

第九章　アントワーヌ・アルノー…………………… 203
　第1節　アルノーとデカルト……………………… 203
　第2節　精神はつねに思考するか………………… 211
　第3節　精神がなぜ物体（身体）を動かすか…… 215
　第4節　神は矛盾をなしうるか…………………… 220

第十章　ヘンリー・モア……………………………… 225
　第1節　モアとデカルト…………………………… 227
　第2節　延長の定義………………………………… 232
　第3節　動物に思考はあるか……………………… 235
　第4節　心身の相互関係…………………………… 239

あとがき………………………………………………… 245
索　　引………………………………………………… 249

デカルトと哲学書簡

第 I 部

デカルトの生活と思想

第一章

誕生 1596 年～『方法序説』前後 1638 年

1. 空咳と青白い顔

「私は母親から空咳と青白い顔とを受け継ぎ，20 歳になるまでずっとそうでした。」(エリザベト宛 1645 年 5 月または 6 月 AT. IV, 221；『全書簡集』VI, 268)

　デカルトは 1596 年トゥレーヌ州ラエー (現在はデカルトと改称) に生まれた。彼は母を知らない 5。これは母親ジャンヌについての唯一の記述であろうか。彼女はデカルトの生後 14 ヵ月で「数々の心労が原因で肺を病んだために」死去している。デカルトはその「空咳と青白い顔」とを受け継いだと，おそらく父たちから言われていたのであろう。「数々の心労」とは知る由もない。モーパッサンの『女の一生』ならずとも，17 世紀フランスの地方名家の夫人にも平穏に生きることができない事情があったのであろう。

　ここでのテーマは「養生」である。医者から若死にすると言われたが，養生したおかげで健康を取り戻したと言いたいのである。その秘訣は，ものごとをつねに最も自分に快い角度から眺めるという，いわば心理療法である[1]。たとえば宗教戦争のように，自分の力ではどうしようもないものが襲いかかってくる場合，それをストア哲学者のように「必然」と受けとめる。そして，それを自分に最も好都合な仕方で処理して乗り切るということであろう。前代のモンテーニュは，世を棄て書斎に入ることでそれに成功したと言えるかもしれない。デカルトは精神と同

---

[1] 想像を逞しくすれば，デカルトは，母は反面教師として死をもってそのことをわが子に教えた，と感じたかもしれない。

時に自分の身体を知ること（心身の区別をよく知ること）が，哲学の基本だと考えていた。それは最晩年の『人体の記述』[2]に現れている。ローマ皇帝ティベリウスにならい人間 30 歳に達したならば自分で自分の医者になるべきであり，医者を必要とすべきではない[3]，というのが彼の持論であった。しかし健康管理がうまくいかず，54 歳で死ぬことになる。死因は母親と同じく肺炎であった。

2. 送金

「私はよく勉強して，お送り下さったお金を無駄にしないようにいたします。」（ジャンヌ・サン宛 1605-1609 年 5 月 12 日 AM.[4] I, 474；『全書簡集』VIII, 304）

デカルトは少年時代，ラフレーシュ学院で教育を受けた。その時に書かれた幼いデカルトの手紙である。1605 年という年代設定には無理があろう。彼はこの学院に 1607-15 年の 8 年間（11 歳から 19 歳まで）在学した，と現在では考証されているからである。この手紙を書いたのは同じく在学していた兄ピエールではないかとも言われてきた。しかし，同じ手紙に「私の兄弟（frère）は少し痩せてはいるが，病気ひとつしたことがない」とあるので，デカルト本人である可能性は半分ある。宛先は「母上様」だが，母ジャンヌはすでに死んでいるので，祖母ジャンヌ・サンであろう。不自由な寄宿生活をする孫息子を不憫に思っての仕送りであろう。少年デカルトはその期待に添うべく元気に勉強していた様子が伺われる。

彼が「勉強」した内容（スコラの学問と人文学）は『序説』第一部に記されている。そこでは批判しているが，別の手紙には「ここほど哲学がよく教えられているところは世界中にない」[5]と絶賛もしている。実際この学校は「ヨーロッパで最も有名な学校の一つ」[6]であり，分け隔

---

[2] AT. XI, 223-224；『デカルト 医学論集』（法政大学出版局 2017）pp. 145-146.
[3] ニューカッスル宛 1645 年 10 月 AT. IV, 329；『全書簡集』VI, 349；『ビュルマンとの対話』AT. V, 179.
[4] Ch. Adam et G. Milhaud éd., *Descartes Correspondance*, 1936. この書簡は AT にはない。
[5] 某宛 1638 年 9 月 12 日 AT. II, 378；『全書簡集』III, 81-82.
[6] 『序説』AT. VI, 5.

てのない教育と斬新な教育システムとで有名であった[7]。ここで勉強したことが，哲学をはじめ数学，自然学，道徳など，生涯デカルトの学問の基礎になったと思われる。

3. 斜視の少女

「子供のとき同じ年頃の少し斜視の少女が好きでした。」（シャニュ宛1647 年 6 月 6 日 AT. V, 57：『全書簡集』VII, 321）

　少年デカルトの初恋の想い出であろうか。彼は，昔ある少女の焦点が定まらずにさ迷うような瞳に，愛の情念が惹き起こされた。それ以来，斜視の人を見ると好きになるように感じたが，それが欠点であることを知って，もう心を動かされることはなくなった，という。この話は「その原因を知らずに，ある人を愛するようになることがある」，という趣旨である。実際，郷里ラエーのサン・ジョルジュ教会の洗礼名簿に，1596 年生まれのフランソワーズという少女の名が二人記されているという。ここから，デカルトと一時連れ添ったオランダ女性ヘレナも斜視だったのか，娘にフランシーヌ（フランソワーズのオランダ語読み）と名付けたのはその関係かという臆測が生まれているが[8]，それはもとより定かなことではない。

　ただ，この話は情念の原因ということを越えて，われわれに人間デカルトを感じさせる。1637-1640 年，おそらく彼は北オランダのサントポールという海辺の村で家族と暮らした。『省察』が準備されたのはそうした穏やかな家庭生活においてであった。しかしフランスで娘に教育を受けさせようとしていた矢先に，病で彼女を失った。そのときのデカルトは悲嘆に暮れたものと思われる[9]。彼が精神と身体とを併せ持つ

　7）　デカルトは一応法服貴族の出自だが（一応というのは，元来の貴族ではなく後にその身分を購入したからである），生涯の友となるメルセンヌは農村出身であった。この学校の斬新な教育方針と詳細な教科内容については，拙論「ラフレーシ学院の挑戦」（『デカルト哲学の根本問題』知泉書館 2009, pp. 441-454）を参照。

　8）　これは G. ロディス＝レヴィスも指摘している（『デカルト伝』飯塚勝久訳，未来社 1998, pp. 32-33）。

　9）　近親者を二人とも亡くし，「私は，涙も悲しみも女だけのものである…と考えるものではない」（ポロ宛 1641 年 1 月中旬 AT. III, 278；『全書簡集』IV, 259）という有名な文章がある。これは最近の考証では，娘ではなく父ジョアシャンと姉ジャンヌの死を指す（AT. II, 373）と考えられている。しかし，娘の死（1640 年 9 月 7 日）には，公にはできなかったと

た「真の人間」をしばしば口にしたように，彼もわれわれと同じく血の通った普通の人間であるということだろう。女性に関しては，彼は祖母や姉のジャンヌに親しみを感じ，その娘カトリーヌも可愛がった。自分を育ててくれた乳母にも生涯愛着をもっていた（漱石の『坊っちゃん』に出て来る「清」のようである）。要するに，彼はオランダで独居生活をしてはいたが，家族愛を失わなかったのである。家族以外でとくに愛情を示したのはエリザベト王女だろうが，彼女については別に語る。

4. 真面目な研究へ

「あなたこそが私を無為から救い出し，いまや記憶からほとんど失われかけていた学問を思い起こさせ，真面目な研究から遠ざかっていた私の精神を，よりよいものへと連れ戻してくれました。」（1619年4月23日 AT. X.162-163；『全書簡集』I, 12）

　ラフレーシュ学院を出て，ポワティエ大学で法学を修めたデカルトは，1618年オランダ南部のブレダで軍職に就き，志願将校となった。そこで，築城術や図学など軍人としての教育を受けるほかは，若者ならだれもが経験することを一通り経験したようである。戦いもなく無聊であり，「無為」とはそれを指す。オランダの画家フェルメールの作品に「将校と笑う女」（Officer and Laughing Girl, 1658）という絵があるが，デカルトもこれと似た放蕩の生活を送っていたかもしれない。ところが，この町に滞在中，たまたま年長の数学・自然学者ベークマン（I. Beeckman 1588-1637）を知るようになってからは生活を一変させた。最初の出会いの翌日，ベークマンはその日記に「昨日（1618年）11月10日，ブレダにいるポワトゥ出身のフランス人は「角というものが本当は存在しないこと」を以下の議論によって証明しようとした［が，それは誤っていた］」[10]と書き残している。それ以来，デカルトはこのオランダ人と意気投合して，角の三等分，三次方程式，流体の圧力，物体の自由落下など，忘れかけていた数学・自然学の研究をした。彼がベークマンに献呈した『音楽提要』（Compendium musicae）は，その成果の

は言え，それと同じかそれ以上の念を抱いていたと考えるのが自然であろう。

　10）「ベークマンの日記」AT. X, 46；（『デカルト 数学・自然学論集』法政大学出版局 2018）p. 35.

一つである。彼はベークマンから自然学研究に数学を応用すること（数学的自然学）を学んだ。上の文章はオランダを去るにあたっての謝辞であろう。だが，ベークマンとの関係はこの時期は良好であったものの，10年後には亀裂が生じることになる。1630年の書簡では，デカルトは言葉を極めてベークマンを批判するようになる[11]。

デカルトはベークマンの考えを越えて，新たな学問を構想していたようである。これに一月先立つ手紙で彼は言っている「私が開示したいと思っているのは…根本から新しい学問です。それは連続・不連続を問わず，いかなる種類の量においても…すべての問題を一般的に解くことができるような学問です」[12]。それはいわゆる普遍数学（mathesis universalis）のことと思われる。なぜならそれは，対象の相違にかかわらず「順序（ordo）と計量的関係（mensura）」だけを問う「一般的な学問」だからである[13]。そして彼は「この仕事は信じられないほど野心的な企てです。しかし，この学問の暗い闇の向こうに何かしら光を認めています」[14]とも言っている。デカルトは数学が好きな青年であったが，数学の方法を範とした新しい学問を構想していたようである。だが，それがどういうものかはよく分かっていない。この構想はどこへ行ったのか，それは若い時代のものにすぎなかったのか，などについてはしばしば議論の対象になっている。

同じ書簡でデカルトが「戦雲の動きが私をドイツに呼び寄せるかもしれない」と言っている通り，彼はその後ドイツに行ったことが『序説』の記述からも確認できる[15]。バイエルンのノイブルクにあった軍の冬営地で一冬を過ごし，「1619年11月10日，私は霊感に満たされ，驚くべき学問の基礎を見出しつつあった」[16]という謎のことばを残している。デカルト23歳のときである。驚くべき学問が普遍数学のことを指すのかどうかはよく分かっていない。伝記作家のバイエによれば，その夜の

---

11) ベークマン宛 1630年10月17日 AT, I, 156-170；『全書簡集』I, 146-157 など。拙著『デカルトと西洋近世の哲学者たち』pp. 75-97 を参照。
12) 1619年3月26日 AT. X, 156-157；『全書簡集』I, 7.
13) 『規則論』AT. X, 378.
14) 『全書簡集』I, 8.
15) 『序説』AT. VI, 11.
16) 『オリュンピカ』AT. X, 179.

夢で知的な啓示を受け，哲学者として生きる決心をしたようである。実際『序説』の言うように，彼はそこで哲学の基礎を考え，方法の4規則を定め，道徳の3つ4つの格率を定めた。そして春を待たずに炉部屋を出て，ヨーロッパ各地を9年間（すなわち1620-28年）旅した[17]。

5. 自分で相続したもの

「他人からもらう1万リーブルよりも，自分で相続した千リーブルのほうが尊い。」（兄宛1641年12月28日 AT. III, 472；『全書簡集』V, 70-71）

　リーブルが現在の価格でどれだけになるかは分からない（1リーブルは元来500グラム足らずの銀の重さであった）。デカルトは裕福な地方官吏の息子という出自であり，1622年26歳で親から遺産を相続して，それによって生活の糧を得ていた。「私は財産を減らさないために学問を職業とせざるをえない境遇にあるとは感じなかった」[18]と自ら認めている。自由な身分で哲学者となることを天職と決めた。郷里シャッテルローの裁判所長の職も断った。彼は他人から「束縛されぬよう，最初からいかなる任務をも受け入れず，生活はいつも自分でまかなった」[19]とバイエは言う。デカルトの相続した遺産はどの程度のものであったろうか。その内訳は不動産と年金（金利による定期的収入）である。不動産とはル・ペロンを含むポワトゥ州のいくつかの領地とポワティエの屋敷と庭である。それは「その時代にしては相当な額」[20]だったという見方もある。翌年，土地を売り，その後ポワティエの屋敷も売り払った。その他にも，父から土地や年金を相続している。かれはこれらの財産をそっくりオランダへもって行き，その一部をアムステルダム銀行に預けた。普段は年金だけで暮らしていた。家計の出費は赤字にならぬよう規制されており借金はしなかった[21]とバイエは言う。

　デカルトは金銭については淡白ないし寛容であった。はじめてオランダで軍務に就いたとき，給料を受け取らずに一度だけもらったスペイン

---

17) 『序説』AT. VI, 28.
18) 『序説』AT. VI, 9.
19) バイエ『デカルト伝』（井沢義雄・井上庄七訳）講談社 1979, p. 23.
20) Ch. Adam, *Vie et œuvres de Descartes*. 1910. p. 43.
21) A. Baillet, II, pp. 459-460.

第 1 章　誕生 1596 年〜『方法序説』前後 1638 年　　　　　　　　　11

金貨一枚を記念として生涯もっていたという。「これは一切の富に対する彼の軽蔑的態度を満足させた」[22]はずである。定職に就かず結婚もせず，外国に留まって散財するだけの次男坊に対して，父ジョアシャンの心境は複雑だったであろう。『方法序説』を見て「子牛の皮で製本させるほどのバカ息子と思った」[23]という。彼にはしばしば外部から援助の申し出もあった。フランス王から年金 3 千リーブルが与えられる話があり，パリまで出向いたが，これはフロンドの乱でつぶれている。スウェーデンのクリスティナ女王から，北ドイツの領地と年金 1 万リーブルを与えるとの申し出もなされたが，デカルトには受ける気がなかった。「実験に要する費用の提供」[24]を求めてはいるが，私的な援助はすべて断っていた。それに報いる保証ができないからである。そこで，「自分で相続した千リーブル…」[25]と言っているのである。他から与えられる資金で縛られるよりも，むしろ自分の資産で自由に研究することを選んだのである。要するに，デカルトには男ひとりが質素に生活するに十分な資産があり，蓄財には関心がなかった。どうやって明日のパンを得るかという庶民感覚とも無縁であった。しかし，その割には金銭に細かいところがあり，遺産相続のことでしばしば帰国し，兄との間に確執もあった[26]。人から「数回にわたって借金」もしていた[27]。

6.　パリの住居

「デカルトは［1626 年］6 月頃にパリに戻り…住居を定めた。だが，旧友たちは彼の名声をたいそう広めていたので，落ち着くや否や来客攻めにあう羽目になった。」(兄宛 1626 年 7 月 16 日 AT. I, 5：『全書簡集』I, 29)

　デカルトの旅は 1628 年のオランダ定住まで続くのだが，それ以前の 1625-1627 年はパリに戻っていた。そこで多くの友人と交わった。バイエの伝える上の手紙には，数学者ミドルジュとメルセンヌ神父の名があ

22)　G ロディス＝レヴィス『デカルト伝』(飯塚勝久訳) p. 60.
23)　Ch. Adam, *Vie et œuvres de Descartes*. p. 433.
24)　『序説』AT. VI, 73.
25)　バイエ『デカルト伝』p. 267.
26)　ピコ宛 1648 年 12 月 7 日 AT. V, 234-235：『全書簡集』VIII, 91.
27)　銀行家ファン・スルクへの借金である。ピコ宛 1649 年 8 月 30 日 AT. V, 406-409；『全書簡集』VIII, 246-248.

るが，それ以外に文人バルザック，マザランの秘書シオン，数学者のアルディ，モラン，デザルグなどがいた。「世俗時代のパスカル」という言い方があるが，これは世俗時代のデカルトであろう。デカルトは来客から逃れるために一時隠れ家まで用意したが，友人ル・ヴァスールの知るところとなり，パリの寓居での哲学者の様子が目撃されている。「午前11時近くであった。鍵穴から覗いてみるとデカルト氏は寝床にいた。何枚かの紙をのせた円卓が枕元にあった。ときどき半身を起こしてものを書き，また横になって瞑想しているのが見えた。それが半時間近くも続いた」[28]という。デカルトは少年時代から朝，寝床に留まる習慣があった。朝の起き抜けの静かな時間に思索することを常としたのであろう。昼過ぎから活動をはじめ，気晴らしに街に繰り出すことがあったかもしれない。

　パリ時代，このような目撃談があるほどデカルトの新しい哲学は人から注目されていた。それを象徴するのが1627年11月，教皇使節の館での一件であろう。出典は書簡[29]にもあるがバイエの方が詳しい。それによれば，デカルトはメルセンヌらと共にある会合に招かれた。シャンドゥーという人の哲学の話にみんなが感動したが，ただ一人それに満足しないデカルトが指名された。彼は鮮やかな議論によってその人を反駁し，自らが考える新しい方法による哲学を語った。すると聴衆はさらに感動し，居合わせた枢機卿ベリュールからその哲学をぜひ完成させるよう激励された，という[30]。意気盛んな青年デカルトを髣髴とさせる話である。

　『規則論』は，このパリ時代にまとめられたと思われる。ただ，なぜか『規則論』は書簡にもバイエにも登場しない。最近ケンブリッジ大学でその新たな写本[31]が発見され，話題を呼んでいる。

---

28) ヴァスールの手稿による。A. Baillet, I, p. 154.
29) ヴィル・ブレッシュー宛1631年夏 AT. I, 213：『全書簡集』I, 193.
30) A. Baillet, I, pp. 161-165. バイエはこの話を1628年としているが，現在では1627年と考証されている。
31) J. -M. Beyssade et D. Kambouchner éd., *René Descartes : Œuvres complètes*, I, 2016, pp. 299- 301.

7. 神と自己を知る

「神から使うよう理性を与えられた人間たちはすべて，とくに神を知り自己自身を知るためにそれを用いねばなりません。私が研究をはじめようとしたのはまさにそこからです。…この国に来て最初の九ヵ月間は他のことはしませんでした。」（メルセンヌ宛 1630 年 4 月 15 日 AT. I, 144；『全書簡集』1.134）

　理性を用いて自己と神を認識すること，言いかえれば「神と人間精神との存在証明」がデカルト「形而上学の基礎」であることは『序説』でも言われているが[32]，これはアウグスティヌス的命題であり，そこに上に述べたベリュールの影響があるという解釈もある。形而上学は自然学の基礎でもあり，彼の全研究の原点は「神と精神」という問題意識にある。

　実際にその研究は「形而上学の小論文」として 1629 年 7 月 18 日の時点ですでに書きはじめられている[33]。「最初の九ヵ月」が具体的にどの期間であるかは特定しにくい。最近の考証では 1629 年 4 月〜12 月とするものがあり[34]，筆者も賛成である。すなわち 1629 年 3 月デカルトはフランスを去り，オランダに向かった。3 月 28 日ドルトレヒトでベークマンと共同研究した後，アムステルダムを経由し，4 月に北オランダのフラネケルに到着したものと想定される。彼は「この町と濠ひとつで隔てられているだけの小さな館」[35]に住んだ。4 月 26 日にはフラネケル大学に登録した。異国での孤独な生活のためか，6 月 18 日や 10 月 8 日の手紙ではパリのレンズ職人フェリエにこちらに来ないかとしきりに誘っている。11 月 13 日にはアムステルダムに移っている。

　同じ手紙のもう一つの重要な主題は永遠真理創造説である。すなわち「永遠であると称される数学的真理は，他のすべての被造物と同様に，神によって確立され，神に全面的に依存している」[36]と言われる。真理は神によってわれわれの精神の内にそう設定されたものであり，永遠不

---

32) AT. VI, 1.
33) ジビュー宛 1629 年 7 月 18 日 AT. I, 17；『全書簡集』I, 40-41.
34) K. ファン・ベルケルの説である。拙著『デカルトと西洋近世の哲学者たち』p. 82 を参照。
35) A. Baillet, I, p. 178.
36) メルセンヌ宛 1630 年 4 月 15 日 AT. I, 145；『全書簡集』I, 135.

変であって神の意志に根拠を置いている，とするのである。それが真理であるがゆえに神がそのように創造したのではなく，神がそう設定したがゆえにそれが真理であることになる。真理は神から独立ではないのである[37]。これは「真理の源泉である最善の神」[38]という後の言い方につながるであろう。これによって，神は別の数学をも作りえたので 2+3 が 5 ではないという事態が想定可能であり，神は矛盾律を破ることも出来ることになる。しかしこれは，神も数学や論理学の真理を侵すことができない（神にも絶対的不可能がある）とするスコラの伝統に明確に反している。同時代の人たちは，神の自由意志を重んじる主意主義的なデカルトの解釈に難色を示した。スピノザ，マルブランシュ，ライプニッツがそうであるし，盟友のメルセンヌでさえもこの件で何度も手紙のやり取りをしているところからすれば，この説にはなかなか納得できなかったようである。永遠真理創造説は初期の書簡のなかだけで主張されているのではなく，著書や晩年の書簡のなかでも一貫して主張されている。この過激な説を展開し続けるデカルトの意図はよく分からないが，伝統にしたがって真理の根拠を神に求める際に，同時に神の自由を最大限に認めようと解釈していたことだけは確かであろう。

8. 解剖学

「私は解剖学の勉強をはじめようと思います。」（メルセンヌ宛 1629 年 12 月 18 日 AT. I, 102；『全書簡集』I, 101）

　アムステルダムでのデカルトの関心は形而上学から自然学の全体に移った[39]。とりわけ動物の解剖に熱心であった。それはフランス時代のデカルトには見られないことであり，どういう風の吹き回しかと訝る向きもあろう。だが彼は，人間や動物も含めた自然全体の仕組みをその起源から問題にしようとしたのである。そして「自然がどういう種子からどういう仕方で動物を生み出すのか」[40]という関心は，当然ながら動物の誕生や形成の原因を探究することにつながり，生理学，発生学，そし

---

37) メルセンヌ宛 1630 年 5 月 6 日 AT. I, 149；『全書簡集』I, 139.
38) 「第一省察」AT. VII, 22.
39) メルセンヌ宛 1629 年 11 月 13 日 AT. I, 70；『全書簡集』I, 80.
40) 『序説』AT. VI, 45.

第 1 章　誕生 1596 年～『方法序説』前後 1638 年　　　　　15

て解剖学に行きつくだろう．デカルトには自然全体が機械学の法則にしたがって正確に動いているという確信があり，それは動物の身体（たとえば心臓や血液の運動）でも同じであるという信念があった．それを解剖学で確認したいとの思いがあったのは自然である．彼は，オランダに来てから，メイソニエ，ホーヘランデ，プレンピウスなど医師の友人を得た．そして当時最新の解剖学書（ヴェサリウス，ボアン，ファブリキウス，1632 年にはハーヴィ）を読み，自らも動物解剖（しばしば生体解剖）をした[41]．「解剖に興味をもつのは罪なことではありません．私が一冬アムステルダムにいたとき，ほとんど毎日のように肉屋へ行って動物の解体処理を見，…臓腑の一部を私の宿に持ってこさせたものです」[42]と回想している．これは 1629-30 年のことを指していると思われる．プレンピウスもまた回想している，「デカルトはだれにも知られることなく，子牛という名の通り[43]に面した毛織物商の館に隠れ住んでいました．私はそこで大変頻繁に彼に会いました．彼のいつもの印象は，書物を読みも所蔵もせず，一人で瞑想にふけってそれを紙に書きつけ，ときどき動物の解剖をするといった人でした」[44]．彼の生活振りが知られ，たいへん興味深い報告である．その後ライデンに移り，1630 年 6 月 27 日にライデン大学に登録している．

　　デカルトは医学に生涯関心をもち続けた人である．1637 年にはライデン大学で女性の遺体解剖を実際に見学している[45]．心身を結ぶものとして松果腺を想定したのは，こうした日々の解剖実践から来ている．その研究成果は『人間論』，『序説』第五部，『情念論』第一部，そして最晩年の『人体の記述』[46]に現れている．

---

　41)　メルセンヌ宛 1639 年 2 月 20 日 AT. II, 525；『全書簡集』III, 198.
　42)　メルセンヌ宛 1639 年 11 月 13 日 AT. II, 621；『全書簡集』III, 269.
　43)　Kalverstraat は現在もアムステルダムにある．
　44)　これはラテン語の手紙（1652 年 12 月 21 日）である．その仏訳が G. Cohen, *Écrivains français en Hollande dans la première moitié du XVIIe siècle*, 1920, 1976, p. 468 にある．デカルトは蔵書ということにあまり関心をもたなかったようである．聖アウグスティヌスの著作は今は手元にないが，聖トマスの『神学大全』と聖書はあると言っている（『全書簡集』III, 127, 307）．
　45)　メルセンヌ宛 1640 年 4 月 1 日 AT. III, 49；『全書簡集』IV, 51-52.
　46)　デカルトの医学については拙著『デカルト哲学の根本問題』pp. 359-417 を，『人体の記述』は『デカルト医学論集』pp. 145-201 を参照．

9. アムステルダム

「私は毎日大勢の人々の間を，あなたが並木道を行くのと同じように自由に寛いで散歩に出かけます。…ここには数々の船が入って来て，インド諸国で産出するあらゆるものや，ヨーロッパでは珍しいものを沢山もたらすのです。」(バルザック宛 1631 年 5 月 5 日 AT. I, 203；『全書簡集』I, 187)

　デカルトはアムステルダムでの生活が気に入っていたようである。その理由は，大都会の賑わいがあり，みんな自分の商売に忙しく他人に関心を払わない，あらゆる生活上の便宜と珍しいものが揃っている，完全な自由があり，安全が確保され不安なく眠れる，などである[47]。「私はここでは毎夜 10 時間眠ります」[48]とも言っている。実際，17 世紀前半のアムステルダムは，人口でこそ 15 万人程度でパリの三分の一と言われているが，町は運河を中心に凝縮され発展していた。東インド会社を中心とした東洋貿易で栄え，当時の経済力は世界一であった。多くの外国人が行き交う国際都市であり，「珍しいもの」のなかには日本の陶磁器があったかもしれない。デカルトがパリを離れてオランダに隠れ住むようになった理由は，自由と安全以外に，孤独な環境であった。のちに彼はサントポールという北オランダの寒村に移ったときに言っている，「パリには無数の娯楽があり…とても一人で静かに勉強できる雰囲気はない。…他人の訪問に煩わされることのないこの土地で田舎住まいをしたい。これが自分の国よりもこの国が好ましく思えるただ一つの理由です」[49]と。

　上の引用は外国人から見た第一印象にすぎないが，パリでは得られなかったものがここにあるとの満足感が読みとれる。デカルトは誰にも邪魔されず，自由で静かな生活を望んでいたのである。それは先述した 8 項のプレンピウスの回想からも伺える。彼は酒をあまりたしなまず，節食と運動を心がけていた。それゆえ「散歩…」とあるのだろうか。夜はメルセンヌら友人に宛てて手紙を書いていたかもしれない。こうした快適な毎日を送りながら，彼は形而上学や自然学（解剖学）を考えていた

---

47) バルザック宛 1631 年 5 月 5 日 AT. I, 203-204；『全書簡集』I, 187.
48) バルザック宛 1631 年 4 月 15 日 AT. Ⅰ, 198-199；『全書簡集』I, 182.
49) メルセンヌ宛 1638 年 5 月 27 日 AT. II, 151-152；『全書簡集』II, 255.

のであろう。このとき『世界論』や『序説』の構想がすでにあったはずである。

10. 『心臓の運動について』

「私は『心臓の運動について』という本を読みましたが，私はその説とはやや異なっていることに気づきました。」（メルセンヌ宛 1632 年 11 月または 12 月 AT. I, 263；『全書簡集』I, 229）

　ハーヴィ（W. Harvey, 1578-1657）の画期的な書『動物の心臓ならびに血液の運動に関する解剖学的研究』（De motu cordis, 1628）をデカルトが読んだのは，『人間論』で心臓や血液循環を論じた後の 1632 年のことである。すでに耳にはしていたが，いま読んで見てあらためて違いを知ったというのである[50]。デカルトは後に『序説』や『人体の記述』でハーヴィを高く評価することになる。とりわけ後者には，彼がハーヴィの書を熟読し，自らも同じ実験をしていた跡が読みとれる。ハーヴィは近代の医学・生理学にとって偉大な存在だが，デカルトにとっても大きかったと思われる。だが，彼はその血液循環説は評価しても，心臓の運動の原因については異論をもっていた[51]。すなわちハーヴィはその原因を心臓の心筋の膨張・収縮に求めているが（いわゆるポンプ説），その膨張・収縮がなぜ起こるかについては，さらにある能力（アリストテレス的な隠れた力）を想定する必要がある。これに対してデカルトは，心臓の内にある種の熱があり——彼は生体解剖によって心臓の熱を指で確認している——それによって血液が膨張すると説明した（いわゆるボイラー説）。こう考えればその運動は化学的・機械的に説明されるからである。これが両者の「違い」である。のちにハーヴィはデカルトが自分を引用してくれたことに感謝しながらも，その意見は解剖学的に納得

　50）　同じことは『序説』が書かれた後にも言われている。「血液循環の件で，私はハーヴィと同じことを書いたと［人は］判断しているとはいえ，私は心臓の運動に関するすべてを，ハーヴィとはまったく異なった仕方で説明しています」（メルセンヌ宛 1639 年 2 月 9 日 AT. II, 501；『全書簡集』III, 181）。
　51）　「たしかに血液の循環に関して，私はハーヴィとまったく意見が一致しております。また医学においてこの血液循環の発見よりも重要で有用な発見はないと思われます。私は，このきわめてすぐれた発見の第一発見者として彼を尊敬しております。しかしながら，心臓の運動に関しては，私は彼とまったく意見を異にしております」（ベヴェルヴェイク宛 1643 年 7 月 5 日 AT. IV, 4；『全書簡集』VI, 5-6）。

できないとジャン・リオラン二世に書いている。医学的にはむろんハーヴィが正解である。だがデカルトは，心臓をはじめ人体の動きのすべてを，隠れた力などを想定せずに純粋に機械的に説明しようとするとどうなるかを示したことになろう。彼は生命さえも，魂の営みでなく，心臓のなかに灯されている火（化学的な発酵熱）による機械的な作用と見ているのである[52]。

11. ガリレイ事件

「ガリレイの『世界の体系』がローマで燃やされ，著者が罰金に処せられたと聞きました。このことには私も非常に驚き，自分の書いたものをすべて燃やすか，だれにも見せないようにしようとほとんど決心しました。」（メルセンヌ宛 1633 年 11 月末 AT. I, 270-271；『全書簡集』I, 234）

　デカルトはガリレイ（G. Galilei, 1564-1642）とは会ったことはないにせよ，同じ新しい科学研究をする先達としてその動静に注目していた。ガリレイの機械学や力学（運動・落下・重力），天文学などを丹念に勉強し，書簡でそれをつぶさに論じている。ガリレイの名の引用回数からしても，デカルトがいかに重要視していたかが分かる。それだけに，ガリレイの『世界の体系』（すなわち『世界の二大体系についての対話』＝『天文対話』1632）が否認された知らせは，オランダにいた彼を震撼させたようである。なぜなら，「もし地動説が間違いなら，私の哲学の全基礎もまた間違いになる」[53]からである。彼はみずからもコペルニクス説を採っていることがここで明確にされている。メルセンヌ宛の複数の手紙にはガリレイ事件のことが多出している。事件の詳細を求め，自分でも判決文を取り寄せている。明日はわが身かという思いであったことが伝わってくる。結局デカルトは教会が是認しないような著書は公表せず，「よく隠れた者がよく生きた者である」をモットーとして平穏のうちに生きること選んだ[54]。そして新しい哲学として準備していた『世界論』の出版を断念した。実際そこでは，「寓話」の形であるにせよ，惑

---

52) 以上は，拙著『デカルト哲学の根本問題』pp. 376-377 による。
53) メルセンヌ宛 1633 年 11 月末 AT. I, 271；『全書簡集』I, 235.
54) メルセンヌ宛 1634 年 4 月 AT. I, 285-286；『全書簡集』I, 246.

星(地球)が太陽の周りを回転(自転)すること[55]が示唆されていたのである。その代わり，そのエッセンスが，地動説を省いた形で『序説』第五部前半に載せられることになる。また望遠鏡の議論がある『屈折光学』も，ガリレイ事件を受けて書き直したと言う[56]。

彼はガリレイを高く評価してはいても，運動論など個々の点では批判的であり[57]，総合評価は「ガリレイは基礎なしに建てた」[58]という厳しいものである。順序にしたがって主題を検討せず，自然の第一原因を考察していないからと言うのである。ガリレイにおいては，自然研究(科学)に形而上学などは必要なかったであろう。しかし，自然学の基礎に形而上学を置き，順序にしたがって研究をする，というのが哲学者デカルトのやり方であった。学説の相違以前に，学問に対する根本的な姿勢の違いがあったようである。天文好きのガッサンディは 1625 年にガリレイに最初の称賛の書簡を送り[59]，その望遠鏡を遺贈されている[60]。メルセンヌもガリレイと書簡を交わし，実際に面談し，1634 年『機械学』の訳をした。ベークマンは 1634 年に当の『世界の体系』をアムステルダムに持参してデカルトに読ませた[61]。これらに比すれば，デカルトはこの大科学者に対してかなり冷淡な対応をしたことになろう。

12. 普遍学の計画

「われわれの本性を，その最高の完全性にまで高めうる普遍学の計画。加えて屈折光学，気象学，幾何学。」(メルセンヌ宛 1636 年 3 月 AT. I, 339；『全書簡集』I, 306)

これは『方法序説および三試論』(1637)の最初のタイトル原案である。「そこでは，著者が提案する普遍学を証拠づけるために選ぶことができた最も珍しい主題が，まったくものを学んだことのない人にも分か

---

55) 『世界論』AT. XI, 69.
56) 某宛 1635 年秋 AT. I, 322；『全書簡集』I, 276.
57) ガリレイの『新科学対話』1638 に対する詳細な批判はメルセンヌ宛 1638 年 10 月 11 日 AT. II, 380-388；『全書簡集』III, 83-91 に展開されている。
58) メルセンヌ宛 1638 年 10 月 11 日 AT. II, 380；『全書簡集』III, 83.
59) B. Rochot, « Gassendi : Vie et caractère », in *Pierre Gassendi 1592-1655: Sa vie et son œuvre*, 1955, p. 17.
60) コルヴィウス宛 1643 年 4 月 20 日 AT. III, 646；『全書簡集』III, 251.
61) メルセンヌ宛 1634 年 8 月 14 日 AT. I, 303-304；『全書簡集』I, 258.

「普遍学の計画」（le projet d'une Science universelle）が『方法序説』に相当する。この味のあることばは，上記4項（本書 p.9）の「根本から新しい学問」（普遍数学）を想起させる。もしそうなら，三試論はその壮大な計画の具体的な証拠としての各論だということになる。だが，この原案は廃棄され，実際のタイトルは「理性をよく導き，諸学問において真理を探究するための方法序説。加えてその方法の試みである屈折光学，気象学，幾何学」となっている。やや戦線縮小の感があるが，人間の本性を完成させるためには方法の錬磨が肝要であり，方法という点で全学問は統一される，という点に問題が絞られているのである。

「ものを学んだことのない人にも分かるように」とあるのは，学者でなく市井の人や女性をも意識してフランス語で書いたことを指す。「女性の方々でさえも何ごとかを理解することができる」ことを期した[62]，とわざわざ断ってもいる。実際，この書はホイヘンス夫人，その義妹のウィレム夫人にも贈られた。これは，スコラの学識を振り回す人よりも「まったく純粋で持ち前の理性しか使わない人の方が，私の意見をよりよく判断してくれるであろう」[63]というところから来ている。数年来デカルトは，自分の「精神の歴史」——自分がたどって来た道や真理探究における進歩——をフランス語で書く，と友人バルザックに約束していたらしいが[64]，それが『序説序説』において果たされることになる。

この時期のデカルトは，光の屈折や望遠鏡のレンズに関心をもっており，最初に『屈折光学』が書かれた。ついで『気象学』を書き，かねてより興味があった光環や幻日現象をも含めた。『幾何学』は『気象学』の印刷中に考案された。パッポスの問題に対する解法などが展開されている。最後に「序文」[65]を付けた。書名を『方法序説』としたのは，方法について若干のことを述べることだけが意図であり，方法に関する序あるいは意見，という趣旨だからである[66]。

---

62) ヴァティエ宛 1638年2月22日 AT. I, 560；『全書簡集』II, 126-127.
63) 『序説』AT. VI, 77.
64) バルザックからデカルト宛 AT. I, 570；『全書簡集』I, 36.
65) ホイヘンス宛 1635年11月1日 AT. I, 330；『全書簡集』I, 283. それゆえ「方法叙説」でなく「方法序説」と訳すべきである。
66) ホイヘンス宛 1637年2月25日 AT. I, 620；『全書簡集』I, 335；メルセンヌ宛 1637

「三試論」をも含めたこの書物は，デカルトの考える全哲学のエッセンスを先取りした「見本」（specimen）である[67]，と言われる。また，『屈折光学』や『気象学』には彼の哲学原理から導出された多くの個別的なことがらがあり，そこでどういう種類の推論が使われているかが示されている[68]，とも言われる。だが，見本という発想は，結果的にそうなったという後付けの論理だろう。推論の種類なるものもすぐには判然としない。これは雑多な科学論文集であり，書物の構成としては必ずしも「順序にしたがって」（11 項，本書 p.19）いない。「珍しい主題」が興に任せてアトランダムに扱われている印象がある。要するに「方法」と「三試論」との関係がたどりにくく，デカルトの主張する方法の証拠づけという基本線が見通せないとせざるをえない。

13. 『方法序説』の不十分さ

「その書では…神と人間精神の存在ほど自明な…ものはないことを証明すると思われる根拠が，万人に分かりやすいように詳しく展開されていないことを私は認めます。」（某宛 1637 年 3 月 AT. I, 353；『全書簡集』I, 346.）

　『方法序説』（*Discours de la méthode*）は，図版を整え出版の認可を得て 1637 年 6 月 8 日ライデンで出版された。このときデカルトは 41 歳，処女出版であった。それは直ちに諸方に配布され，反響もさまざまであった。友人ホイヘンスからは称賛の手紙が届いたが，多くの人から批判的な評も得た。批判としては，フェルマ[69]からは屈折光学や幾何学に関して多くあり，フロモンドゥスやプレンピウスからの批判は屈折光学，気象学，医学に集中している。その後，延々と論争が続くことになる。そのテーマのみを挙げても，接線の問題，極大・極小論，立体軌跡，数論，心臓と血液の運動，色の分化（プリズム），微細物質，水の

年 4 月 20 日 AT. I, 349；『全書簡集』I, 349.
　67)　『ディネ師宛書簡』AT. VII, 574；『ユトレヒト書簡集』p. 16.
　68)　『ディネ師宛書簡』AT. VII, 602；『ユトレヒト書簡集』p. 42.
　69)　フェルマ（Fermat）とロベルヴァル（Roberval）とは，幾何学や代数学においてデカルトと生涯，対立関係にあった。カルカヴィ（Carcavi）はその間に立って仲裁の努力をした。別件だがフェルマに宛てた『省察』の写本が 2016 年夏トゥールーズで発見された。この写本については，メルセンヌ宛 1641 年 3 月 4 日 AT. III, 328；『全書簡集』I, 302 を参照。

粒子など，広範囲にわたっていることが分かる。いずれもこの『序説』が震源である。

　形而上学に関しても多くの批判があったが，上の引用はその一つである。その中心課題であるべき神と人間精神の存在の証明が十分でないと言うのである。同じくメルセンヌも「精神と身体との区別がどこから知られるか，なぜ精神の本性が思考であるかの説明が十分でない」[70]としている。これに対して，デカルトはあっさり認めてしまっている[71]。その理由は，そのためには懐疑論者の強力な根拠について詳述しなければならず，それは異端である懐疑論を導入しているとの誤解を招き，かえって一般の読者を混乱させるから，ということであった。彼は意図的に詳細を省いたのであって，「精神を感覚から引き離す」ことを知らない人にとってのみ，それは不十分な議論に見えるかもしれない，としている。だがこれは重大かつ微妙な問題であろう。オランダでデカルトが無神論者との非難を受けたことからすれば，デカルトの懸念は当たっていたことになる。彼はすぐに『省察』にとりかかり，「この主題をさらに解明するよう努力」したのである。実際，「読者への序言」のなかで『序説』に関する反論に答えている[72]。『序説』第四部の形而上学の議論は，こうした反論を受けて『省察』でさらに練磨されるのである。

14. 器具の説明

「きわめて重い荷を，少ない力で持ちあげることができる器具の説明。」
（ホイヘンス宛 1637 年 10 月 5 日 AT. I, 435-447：『全書簡集』II, 25-33）

　この数ページのテキストは，17 世紀に『機械学』（*Traité de Mécanique*, 1668）として独立の文書と見なされることがあった。ほぼ同じ内容のものがメルセンヌ宛書簡[73]にもある。「器具」とは滑車，斜面，楔（くさび），歯車または旋盤，ボルト，梃子であり，図入りでその概要を説

　70）メルセンヌ宛 1637 年 4 月 20 日 AT. I, 328：『全書簡集』I, 349.
　71）ヴァティエ宛 1638 年 2 月 22 日『全書簡集』II, 126. 神の存在についての議論が曖昧であったと認めている。
　72）AT. VII, 7-9.
　73）1638 年 7 月 13 日『全書簡集』II, 321-333. 原亨吉は「デカルトと仮想仕事の原理など」（『一橋論叢』85-3 号 1981, pp, 346-364）においてこの書簡をとりあげ，デカルトはベルヌーイの先駆者であるとしている。

明している。ホイヘンスの求めに応じた短い文書で，さながら初等力学の教科書のような記述になっている。6つの器具のうちで楔やボルトは斜面に，旋盤は梃子に還元されるので，基本は梃子，滑車，斜面の3つになる。機械学の伝統は古代ギリシア（アレキサンドリアのヘロン）以来のものであり，近世でもイタリアで多くの書が出版された。17世紀ではステヴィンの研究やガリレイの『機械学』があり，デカルトはおそらくそれらを踏まえていると思われる[74]。

　デカルトはこれらの器具との関係でメルセンヌらと論争し，運動のはじまりや相対的な重さを問題するようになる。それは18世紀のベルヌーイやダランベールの「仮想仕事の原理」を準備していることにもなり，この『機械学』の特徴の一つをその点に求めることができよう。またデカルトは「器具の説明」に基づいて力を運動量と同一視したことで，ライプニッツの批判を受けることになる[75]。

15. 100歳の長寿

「長くてもわずか30か40歳で死が私を取り去る，と私は昔は考えていましたが，今はたとえ100歳でも驚きません。」（ホイヘンス宛 1637年12月4日 AT. I, 648；『全書簡集』II, 51）

　当時の平均死亡年齢を考えれば，30，40という数字は誇張ではないが，さすがに100は稀であったと思われる。ここでの主題は，生活態度を改めることによって健康を維持するということである。現在のことばでは生活習慣ということになろう。具体的な例はここでは挙げられていないが，他の箇所から推察するに，節食と運動ということだろう。それはデカルトがいつも心がけていたことである。そのため，ここ30年ほどは病気らしい病気をしていない[76]と言う。健康の維持は彼の哲学の主題でもあった。「健康こそがこの世のあらゆる善の基礎である」[77]，「健

　74）ガリレイ『機械学』の天秤と梃子の説明を批判している。メルセンヌ宛 1638年11月15日 AT. II, 433；『全書簡集』II, 125.

　75）J.-M. Beyssade et D. Kambouchner éd., *René Descartes : Œuvres complètes*, III, présentation par F. de Buzon, pp. 565-567 を参照。

　76）メルセンヌ宛 1639年1月9日 AT. II, 480；『全書簡集』III, 164.

　77）『序説』AT. VI, 62.

康の維持は私の研究の主要目的であった」[78]とも言う。医学は人の健康を管理し，病気や老衰から身を守るために大切であり，おそらくその流れで今は『医学提要』[79]を書いていると言っている。だが他方で彼は，1項（本書 p.6）でも触れたように，自分自身が自らの医者になるべきだとしている。すなわち，自分の精神と同時に身体の自然本性を知り，自分で自分の健康管理をすることが重要だと考えている。これは自らが自分という自然の主人になることであろう。だがそれだけではない。心の持ち方も重要だと言っている。すなわち，悲しい出来事の最中にあっても事態を最も快い角度から眺める習慣を付けることによって，情緒が解放され，心の満足を得ることができると考える。「死を恐れずに生を愛すること」[80]が彼の精神面での健康管理の秘訣である。このことばはデカルト自身の座右の銘と言ってよいものである。

　デカルトは，このとき 41 歳で白髪が増えたことを気にしていると同時に，48 歳では「まだ老いは感じない」[81]とも言っている。しかし彼はスウェーデンで，100 歳はおろか 54 歳で客死してしまった。60 代で死んだ兄や，70 代で逝った父に較べると短命である。80 歳を越えて生きたアルノー，90 歳を越えてなお元気であったホッブズなどは，当時としては超人的であったろう。ホイヘンス，メルセンヌ，シャニュ，クレルスリエなど親しい友人は，みなデカルトよりも長生きしている。パスカルの 39 歳は若すぎる死だとしても，あの病気持ちのエリザベトでさえ 62 歳まで生きた。やはりこれは短命というべきであろう。

16. 疑わしい意見にも従う

「一度そうと決めたならば，疑わしいと思われる意見にもやはり毅然として従わなければなりません。」（レネリを介してポロ宛 1638 年 4 月または 5 月 AT. II, 34-35；『全書簡集』II, 219-220）

　『序説』の道徳の第二格率は「どんな疑わしい意見でも，いったんそ

---

78) ニューカッスル宛 1645 年 10 月 AT. IV, 329；『全書簡集』VI, 349.
79) これは『序説』末尾で，これからは医学の研究をしたいと言っていることに接続するだろう。だがこの書は結局完成しなかった。おそらく『人体の記述』になっていると推測される。
80) メルセンヌ宛 1639 年 1 月 9 日 AT. II, 480；『全書簡集』III, 164-165.
81) 『原理』仏訳序文 AT. IX-2, 17.

うと決めた以上は，それがきわめて確実である場合に劣らず，毅然としてそれに従え」[82]であったが，これは多くの批判を招いた。ポロによれば，それは「危険」であり，間違った意見ならば，「それに従えば従うほど誤謬か悪徳に入り込んでしまう」と批判した[83]。だれしもそう感じ，すぐに方向転換すべきであると思うだろう。『論語』も「過てば即ち改むるに憚ることなかれ」としている。これに対する答えが上の文章である。ここでデカルトは，なにも頑固一徹をすすめているわけではない。より良い意見が見出されたときには，ただちに変更すべきであることはもちろんである。ただ問題は，最良の意見が見出されず，それでも何かを決断して行動しなければならないときに，どうするかである（人生ではしばしばあることである）。他に選択肢がない場合は，その状況下で最良と思われるもの――それは理論的には疑わしいかもしれないが――を選び，それを差し当たってベストのものと見て実行することである。疑わしい意見にも従うとはそういう意味である。この選択にはそれなりの合理性があるので，選択そのものを疑ってはいけない。デカルトが避けようとしたのは，優柔不断に陥って決定を途中で変えることである。これでは迷ってばかりいることになるからである。第二格率にある旅人の例はこのように読むべきである。

17. 私は呼吸する，ゆえに私はある？

「「私は呼吸する，ゆえに私はある」と人が言うとき，もしその人が，呼吸は自己の存在なしにはありえないということからその存在を結論しようとしているなら，何も結論されません。」（レネリを介してポロ宛 1638年4月または5月 AT. II, 37-38：『全書簡集』II, 222）

　「私は考える，ゆえに私はある」という命題が『序説』で発表されて以来，それは多く批判を浴びて来た。ここでは「私は呼吸する，ゆえに私はある」という例があげられていることが注目される。これは友人ポロの批判である。「私は考える，ゆえに私はある」は，「私は呼吸する，ゆえに私はある」や「すべての行為は存在を前提する」と同程度のことでしかない。人は呼吸しなければ生きられないが，身体なしに思考でき

---

82)　『序説』AT. VI, 24.
83)　ポロからレネリを介してデカルト宛 1638年2月 AT. I, 512-513：『全書簡集』II, 79.

るということは証明を要する[84]，としている。このイタリア出身の貴族は愛すべき常識人である。日常的な感覚からすればその通りであり，人間は思考などしなくても生きていけるが，呼吸しなければ生きていけない。生物学的な生命の保存という限りでは，だれしもそれを認めざるを得ないであろう。

　だがデカルトの問うているのはそうした次元の問題ではない。本当に確実な知とは何か，どのような確かな根拠から「私はある」と結論できるのか，という形而上学の問題である。デカルトはおよそ次のように答えている。人が呼吸するということは日常感覚としては真であっても，証明されていなければならないし，そもそも人が存在することも証明されていなければならない。およそ人の身体などは幻影かもしれないし，呼吸している夢を見ているかもしれないからである。しかし，人が呼吸する云々と私が「考える」ことから「私はある」は正しく帰結する。その意味では「私は呼吸する，ゆえに私はある」は「私は考える，ゆえに私はある」と別のことではない，と言う[85]。これはデカルトがしばしば主張する論法である。たとえば「私は散歩する，ゆえに私はある」は，そのままでは成立しない。だが，散歩すると「考える」ことからならば，それは精神の存在を指示するものとして成立するという[86]。行為があるならその行為主体があるはずだという論理を彼は否定しないが，その行為は身体の行為でなく（身体の行為には疑いの余地があるので），思考するという精神の行為に限られるのである。ここでは「呼吸する」という説得的な例が用いられているわけだが，デカルトに近い友人でさえもその程度の理解しか示していないことが注目される。彼の形而上学は「七度読んでも分からない」[87]とも言われたように，当時の人になかなか了解されなかったということであろう。

　84）　同 AT. I, 513：『全書簡集』II, 80.
　85）　デカルトからレネリを介してポロ宛 1638 年 4 月または 5 月 AT. II, 37-38：『全書簡集』II, 222.
　86）　「第五答弁」AT. VII, 352.
　87）　「第六反論」AT. VII, 421.

18. 動物の感情と情念

「動物がわれわれのように，感情と情念をもった魂を用いて行動するというのは…先入見です。」（レネリを介してポロ宛 1638 年 4 月または 5 月 AT. II, 39；『全書簡集』II, 223）

　『序説』第五部の「動物−機械論」への批判も多くある。ポロの批判点は，動物たちは彼らなりのことばをもち，機械や時計にはない卓越した本能によって活動している，ということであった[88]。これも常識的な批判であり，後のニューカッスル侯（54 項）やモア（69 項）の論点とも重なるところが多い。現代人でも賛成する人が多いだろう。これに対する答えが上の引用文である。すなわち，形も仕草も動物にそっくりな自動機械（ロボット）があるとしても，それはことばを話さないし，動作の多様性において人間に劣る。それと同じく，動物には真の感情や情念はなく，動物は自然によって作られた完全な自動機械にすぎない，と言う。基本的には，『序説』の人間と動物（機械）とを区別する「二つの手段」[89]に還元されることになろう。

　問題はそのような解答で納得されるかどうかである。人間も動物も生き物であり，機械とは違うと考えるのが当時普通であったと思われるが，デカルトはあえてそうした通念に異を立てているわけである。現代人もそれをとうてい了承しないであろう。たとえば，ことばについては，動物は彼らなりの「ことば」でコミュニケーションをしているし，人間と同じく感情や情念をそなえている。機械もことばを自由に発して意味のある受け答えをする。動作の多様性については動物も人間も変わらないし，AI は人間以上の能力を発揮し，総合的にものを判断しているからである。デカルトが現代の動物行動学や AI 研究を見たとするなら，どう思うだろうか。彼が主張したいのは，人間にはものを考える精神があり，判断する理性がある。その象徴がことばであり，それが人間を人間にしている，ということである。たしかに，精神，理性，ことばの定義次第では，動物や機械にもそれらを認めることもできよう。だが，それでも人間は動物や機械とは違うと彼は考えるだろう。たとえ

---

[88]　ポロからレネリを介してデカルト宛 1638 年 2 月 AT. I, 514；『全書簡集』II, 81.
[89]　ことばを意識的に使用すること，理性で万事に臨機応変に対応できることであった（AT. VI, 56-59）。

ば，人間は自由意志をもつ点で機械とは根本的に違い，高いレベルでの自己認識をもつ点で動物とも決定的に違うとするのが，デカルトの立場である[90]。

19. スタンピオウン＝ワッセナール[91]論争

「ワッセナール氏がスタンピオウン氏に対して出した，$x^3 - 2700x + 31283\cdots$の根を満たすような絶対数を提示せよという問題」（スホーテン宛 1638 年末〜 1639 年初 AT. II, 608；『全書簡集』III, 154）

　スタンピオウン＝ワッセナール論争のはじまりである。この論争はあまり知られていない。スタンピオウン（J. Stampioen, 1610-1653）はロッテルダムの数学者で，ベークマンを介してデカルトを知り，1633 年デカルトに批判的な書簡[92]を送っている。翌年には『代数学の新方法』を提唱し，デカルトの『幾何学』に反対した。オラニエ公の息子の数学教師であり，エリザベトの教師でもあった。他方ワッセナール（J. van Waessenaer, 1607-1682）はユトレヒトの若い測量技師で，デカルトがユトレヒト滞在時に知り合った。父はユトレヒト大学の数学教授でデカルトの友人であった。彼は『幾何学』に忠実であり，デカルトからアドヴァイスを受けるなど，デカルトの代理として論争した。上の引用文のように，スタンピオウンの方から数学論争[93]が仕掛けられた。当時の習慣にしたがって問題の解答を懸賞金付きで賭けとした[94]。おそらくその延長線上で第二ラウンドがある。今度はワッセナールがデカルト『幾何学』の規則を論拠として，スタンピオウンの『代数学の新方法』の規則

---

90) 詳しくは本書第 II 部第七章を参照していただきたい。

91) Waessenaer, Stampioen の読み方については，A. Baillet, II, p. 51 の欄外注記に従った。

92) 四次方程式の問題である。それに対するデカルトの返答が残されている（スタンピオウン宛 1633 年末 AT. I, 275-280；『全書簡集』I, 239-241）。

93) これは二項数の立方根に関する問題である。式が立方でありながら問題が平面であるとき，その根の一つは有理数あるいは絶対数でなければならない。これに対して，スタンピオウンはその絶対数を求めるのは困難だとしたが，デカルトは解答を与え，スタンピオウンの新しい規則を援用するまでもないとした。後にデカルトはワッセナールに宛てて「二項数から立方根を抽出する方法」を詳述している（ワッセナール宛 1640 年 2 月 1 日 AT. III, 21-33；『全書簡集』III, 26-32）。

94) ただワッセナールは，これは「なんでも賭け事にしてやろうという時代遅れの習慣」だと言っている（メルセンヌ宛 1640 年 1 月 29 日 AT III, 5；『全書簡集』IV, 15）。

が誤っているとして論争を挑み，賭けをした[95]。これは私的なものではなく大学を巻き込んでの大掛かりなものである。それぞれの賭け金 600 フロリンはライデン大学学長に預けら，その使途は救貧用とした。数学教授ゴリウスとスホーテンを審査官とし，公証人の陳述書や仲裁書（これにはデカルトの手が入っている）まで用意された。ホイヘンスも注目してこの数学論争を見守った。その結果 1640 年 5 月 24 日ワッセナールが勝者となった。後日談だが，賭け金は決して貧しくはない疫病療養所に寄付され[96]，ワッセナールはやや不満であったと言う。

　この論争は 1638-1640 年の書簡のかなり多くを占めている。デカルトも肩入れして，「この茶番劇の座長」[97]を務めた。『省察』を執筆している折に，一見些細な問題に集中的にかなりの労力を割いている。これにはどういう意味があるか，そこからなにが明らかになるか。当時，数学の問題を懸賞問題として公開の場で提示することはよくあることであった。デカルトが経験したように，ブレダの街頭で数学の問題が貼り出されて解答を募集したことがそうであった（それはおそらく懸賞つきである）。これは罪のない数学論争や学者の遊び心と見えるかもしれないが，当事者は真剣であったであろう。これは自分の学説の名誉を守るための学者の「決闘」であり，名誉毀損すれすれのところで議論を戦わせたものと思われる。デカルトは自分も当事者の一人として，等閑視できなかったであろう。もしこれが否認されたなら，オランダにおける彼の学問的立場も弱くなる恐れがあったからである。さらに，この論争は，デカルト哲学がそれほどオランダの数学界に入り込んでいたことの証拠でもある。彼の『幾何学』は出版当時から注目されてはいたが，それ以後ますます重要視されていたということだろう。スホーテンによるそのラテン語訳 1649 年が出たことが大きい（その注のなかで「スタンピオウン」が引用されている）。しかし，それは伝統的な保守勢力においては，新興のデカルト哲学に大きな違和感があったことをも示しているだ

　95）　ホイヘンス宛 1639 年 11 月 17 日 AT. II, 687-691；『全書簡集』III, 272-275.「その規則によって，単数の根あるいは二項式をもつあらゆる二項数から立方根を導くという用途には適していない」（同 327）．
　96）　ウィレム宛 1640 年 10 月 5 日 AT. III, 200；『全書簡集』IV, 174.
　97）　ホイヘンス宛 1639 年 12 月 12 日 AT. II, 696；『全書簡集』III, 286.

ろう。ただ，数学論争はよいとしても，1639年の時点でデカルトの身辺には，もっと不穏な論争（ユトレヒト紛争）が忍び寄っていたのである[98]。

---

[98] 1639年6月，ユトレヒトのヴォエティウスは「無神論について」でデカルト主義を批判した。『ユトレヒト書簡集』pp. 91, 132, 187, 335 などを参照。

第二章

『省察』準備期 1639 年〜『哲学原理』1644 年

---

20. 空虚の否定

「あらゆる物体が除去されても空間が残る,ということは考えられません。」(メルセンヌ宛 1639 年 1 月 9 日 AT. II, 482；『全書簡集』III, 166)

　部屋の中にある物質をすべて取り去り,空虚にするというなら,それは「部屋［の両側］の壁がくっついてしまう状況を思い浮かべることである。さもなければ矛盾を来す」とデカルトは言う。いわゆる「空虚」(真空)の否定である。古代原子論では,原子(アトム)がそのなかを動く空間として空虚(ケノン)が認められていた。だがアリストテレスは,空虚な空間というものはなく,自然は充実空間であると主張した。それは「自然は空虚を嫌悪する」という形で定式化された。デカルトはこの定式そのものは拒否するが,アリストテレスとはまた別の仕方で「自然には空虚(vide)は存在しない」[1]とした。その理由はもっぱら論理的なものである。すなわち,物質の本性は延長であり,空間もまた延長である。延長であるかぎり,それは目に見えない微細な物質で満たされている。「空虚な空間」とは,「谷のある平野」と同じく矛盾である。要するに,空間がある以上はものがあり,もののない空っぽの空間は論理的にありえないことになる。空虚の否定については,後のモアとの往復書簡で,部屋の壁の接合の話や物体の不可入性という新たな論点を含めて,さらに議論されることになる[2]。

---

1) レネリ宛 1634 年 7 月 2 日 AT. I, 301；『全書簡集』I, 256.
2) 空虚の否定については,近藤洋逸『デカルトの自然像』岩波書店 1959, pp. 154-162 に批判的な解釈がある。筆者の見方では,物質(＝空間)に不可入性という性質が帰属する

同じ問題を実験的に考察したのがトリチェリやパスカルであった。当時の人は，ガラス管の上部に真空（空虚）を実際に見て驚いたことであろう。だがデカルトによれば，その部分にも目に見えない微細な物質があるはずであった。これに対してパスカルは，感覚で感知されない微細物質が存在するというのはおかしい，むしろその存在を否定すべきであると批判し，感知されるものが示されないうちはそれを真空とみなすべきだとするのである[3]。

　空虚（真空）があるかどうかは，そのことばで何を意味するかの問題でもあろう。デカルトも真空実験や大気圧の問題に関心を示したが，彼としては実験よりも論理的な一貫性を優先したと思われる。彼の機械的・力学的な世界観にとっては，物質（空間）が延長物であること，全宇宙は微細物質で満ちている（したがって，なにもないという意味での空虚はありえない）こと，そしてゆるやかな円環運動していることが，矛盾なく示されていれば，十分であったのではなかろうか。

21.　真理

「真理とは超越論的に明晰な概念です」（メルセンヌ宛 1639 年 10 月 16 日 AT. II, 597；『全書簡集』III, 260）

　デカルトは真理とはなにかについてあまり語らないが，その稀な例がここにある。チャーベリーの仏訳『真理について』（E.-H. de Cherbury, De la Vérité, 1639）の読後感を述べるのを機会に，真理が語られる。ここで「超越論的に」（transcendantalement）と言われているのは，中世の議論を想起していると思われる。トマスの場合，カテゴリーの区別を「越えて」すべての存在に当てはまる概念が超越概念と呼ばれた。もの，一，あるもの，真，善がそうである。ここではそれを一応踏まえながら，真理の概念は，運動，場所，時間などのように論理学で定義するまでもなく，きわめて単純でその本性によって知られる，と言っているのである。この意味で「真理」は，「存在」や「思考」とならんで私の本

のは当然であり，また渦動説においては「空間とそれが占める場所との区別」は本質的ではないと思われる。空虚を認めるか否かは別として，少なくともそこに論理的な「混乱」はないと思われる。

　3）　拙著『真理の形而上学』世界思想社 2001, pp. 168-170 を参照。

第 2 章　『省察』準備期 1639 年～『哲学原理』1644 年　　33

性に由来する「単純で自明な概念」[4]である。真理とはしばしば「思考と対象との一致」（いわゆる対応説）であると言われ，デカルトもそれを認めているが，それは形式的な説明にすぎない。真理の内実はそれ自身で明晰であり，真理の本性が知られているのでなければ，真理を知る手段はおよそありえない，と考えるのである。これは真理の明証説の典型であるが，よく指摘される難点は，明証性ということがいかにして客観性をもちえるかである。デカルトの場合，私が明証的に認識していることがすべて真であることの根拠は神であるが，他方で神という超越者が哲学の議論の対象になりうるかどうかが問題となるだろう。

　デカルトは，真理基準としてチャーベリーの「万人の同意」ではなく，「自然の光」を採用する（前者は経験論の，後者は合理論の典型である）。自然の光は神から万人に与えられた根源的な認識能力（理性）である。この光が真理の基準になることの根拠は，それが神からの所与であることにある。それは，われわれの内なる知的な本能であって「精神の直観」とも呼ばれる。ところで，すべての人は同じ自然の光を分有しているので，原則的にはみな同じ概念をもつはずである。だが，実際にはこの光をよく用いる人はほとんどいないので，同じ誤りに同意してしまう，と彼は言う。「万人の同意」といっても，デマゴーグによって大衆が同じ誤りに陥ることなどがその好例になろう。自然の光にも課題は多い。『序説』でも言われたように，「よい精神をもっているだけでは十分ではなく，大切なことはそれをよく用いることである」[5]。いかにして自然の光を増し，それを善用するか，いかにして理性の能力を開発するか，これは『規則論』の主題でもあった[6]。

22.　松果腺
「松果腺と呼ばれる小さな腺の役割に関して…お答えします。私の考えではこの腺は精神の主要な座であり，われわれのすべての思考が形成

---

[4]　『哲学原理』I. 10. そこでは自明な概念の例として「思考」，「存在」，「確実性」があるが「真理」はない。しかし『省察』では，「私は，ものとはなにか，真理とはなにか，思考とはなにかを理解しているが，そのことは私の本性そのものから得られると思われる」（AT. VII, 38）としている。

[5]　AT. VI, 2.

[6]　以上は，拙著『真理の形而上学』pp. 16-24 による。

される場所です。」（メイソニエ宛 1640 年 1 月 29 日 AT. 19；『全書簡集』IV, 23-24）

　書簡における「松果腺」[7]の初出である。「精神の主要な座」と言われるのは，精神がここで身体と結びついていると考えられるからである。それは共通感覚の座であり，思考の座でもある。この腺が精気によってさまざまに動かされることで，さまざまな思考や情念が生じることになる。なぜとくに松果腺を心身の結合点と見るかについては，「この腺だけが頭のなかで対をなしていないから」[8]としている。つまり，目や耳は対をなしており，そこからの複数の情報が松果腺において結合され一元化されるのではないかと考えるからである。8 項（本書 p.15）でも触れたように，実際にデカルトは解剖で松果腺を視認しようとした。メイソニエやヴィリエら医者相手に真剣にかつ慎重に議論をし，メルセンヌにも本音をもらしている。だが，もとよりこれは仮説にすぎず，デカルトもそう思っていただろう。スピノザ[9]をはじめ多くの人が批判するところとなった。現代でも一笑に付されている。しかし，精神と身体とを区別するかぎりは，どこかにその結節点を見出さなければならない。「松果腺」は思考実験の一つであると解することができよう。

23. 数学の歴史と数学の知

「私はかねてより数学に二つのものを区別しています。数学の歴史と数学の知そのものです。」（ホーヘランデ宛 1640 年 2 月 8 日 AT. III, 722；『全書簡集』IV, 34）

　ここでの数学は mathesis であり，学ないし学問とも訳せる。この区別は，数学にかぎらずデカルトの学問観を示すものとして興味深い。上の引用に続く部分を以下に要約しておく。「数学の歴史（historia）とは，これまで発見され，書物に収められたすべてのものである。数学の知

---

　[7]　メイソニエ宛やメルセンヌ宛の書簡ではじめて「松果腺」と言われる。『人間論』では「小さな腺」や「腺 H」として登場し，『情念論』でも「松果腺」とは言われていない。『人体の記述』では conarium，『解剖学抜粋』では glandula pinealis となっている。なお，この箇所を含めて Conarion と表記されることもあるが conarium が正しいラテン語表記であろう。
　[8]　メルセンヌ宛 1640 年 4 月 1 日 AT. III, 48；『全書簡集』IV, 51.
　[9]　スピノザは，『エティカ』第五部序文でそれを「隠れた仮説」とした。

（scientia）とは，あらゆる問題を解決し，この学問において人間精神が発見しえるあらゆるものを自分の工夫で発見しうる力量のことである。その力量をそなえた者は他人の考えにあまり関心を抱くことはないので，自律した者と呼ばれる。書物は大切であり，それを一覧すれば学者たちの考えについての知識を得ることができるようにしておけば，記憶するまでもない。ただ，数学の歴史はまだ十分に書物の形で統合されていない。それをなしうるのは自律した数学者であろう。それがなされれば数学の歴史（あるいは数学の知の一部）を学ぶことはだれにも容易になろう。ただ，だれもが自律した数学者になれるわけではない。それはそれに適した精神をそなえ，かつそれを涵養した者にかぎられる。これが数学という学の理論的なあり方である」。

　数学の歴史をまとめた書物ということで，古代ギリシア数学を統合したパッポスの『数学集成』（*Mathematicarum Collectionum*）などが念頭にあるのだろう。これに対して数学の知は，歴史とは関係なく，自分の工夫でものを発見する力量のことである。そしてそれを備えた者が「自律した者」（αὐτάρκης）であり，それには精神の適性と修養とを要すると言われている。この二つの区別は哲学史と哲学そのものとの違いにも当てはまるであろう。昔の書物を読んで哲学史を学ぶべきだが，それだけでは哲学にはならない。実際に自らの判断でものを発見できるのでなければ自律した哲学者にはならない，とする。同じことは『規則論』の第四規則でも言われていた。「他人のなしたすべての証明を記憶に留めていても，われわれの精神が実際あらゆる問題を解きうるのでなければ，われわれは決して数学者とはならない。またプラトンやアリストテレスの議論をすべて読んだとしても，示された事物についてしっかりした判断を下しえなければ，われわれは決して哲学者とはならない。事実そういう風では知（scientia）でなく歴史（historia）を学んだと見えるであろう」（AT. X, 367）。哲学の歴史はきちんと整理されていればだれでもそれを学ぶことができるが，哲学の知は万人に向いている訳ではない，という言い方も印象的である。たしかに哲学の知を受信することは万人に開かれている。だがそれを学問として発信するのは，それなりの条件を満たしたプロに限られる。数学者・哲学者デカルトの矜持を示した考え方であろう。

24. 『省察』の回覧

「デカルト氏は在ユトレヒトの友人たちに［『省察』の］原稿を回覧した。彼らの方がそれをかねてから強く望んでいたのである。」（レギウスからデカルト宛 1640 年 5 月 5 日 AT. III, 61；『全書簡集』IV, 59）

これはデカルトの書簡ではなくレギウスのものであり，それをバイエが伝えている[10]。1640 年 5 月の時点で『省察』本文の原稿はすでに出来ている。その出版（1641 年 8 月 28 日パリ）に先立って，デカルトは友人たちに原稿を回覧してその意見を求めていたことが伺える。このやり方はメルセンヌに引き継がれ，多くの反論を集めた。以後『省察』に関する議論は書簡でも延々と続くことになる。だがこの内覧の時点でも，注目すべきことがいくつか浮かび上がっている。

その一つはレギウスとエミリウスの反論（明晰判明に認識された公理はそれ自体において真ではないか）に対するものである。デカルトは言っている，「私は学知（scientia）と確信（persuasio）の二つを区別します。われわれを疑いに駆り立てる余地のある何らかの理由が残っている場合，それは確信です。しかし確信が，それ以上に強固ないかなる理由によっても揺らぎようのない理由から来ている場合，それは学知です」[11]。「疑いに駆り立てる」とは欺く神のことを言っている。いかに明証的な認識であれ，人が誠実なる神を知らないうちは，それは単なる確信にすぎない。神を知ってはじめてそれが真に学知になる，とする。たとえば無神論者も幾何学の真理を認識するが，それは「真なる学知ではない」[12]ことになる。ここでは学知と確信との区別が明瞭に示され，知識の根拠に神がなければ学知にはなりえないという強い主張が込められている[13]。

二つ目はホイヘンスに宛てたものであり，『省察』によって「『序説』第四部の内容をより明瞭にしたい」[14]ということである。『省察』では神の存在と人間精神の非物質性を完璧に証明したつもりだが，その推論は

---

10)　A. Baillet, II, 103.
11)　レギウス宛 1640 年 5 月 24 日 AT. III, 65；『全書簡集』IV, 63.
12)　「第二答弁」AT. VII, 141.
13)　確信と学知の区別をめぐる諸問題については，拙著『デカルト『省察』の研究』創文社 1994pp. 25-32.『真理の形而上学』pp. 36-39 を参照。
14)　ホイヘンス宛 1640 年 7 月 31 日 AT. III, 751；『全書簡集』IV, 123.

第 2 章 『省察』準備期 1639 年～『哲学原理』1644 年

絡み合っており，道筋を見失うと結論を理解することができなくなる。そこで優れた学者にあらかじめ読み方の手本を示してもらいたい，と告白している。『省察』が『序説』の形而上学を練磨したものと位置づけられることは，上に挙げた 12 項（本書 pp.22）とも符合する。注目されることは，両著作の連続性[15]に自ら言及していることと同時に，『省察』の議論の煩雑さを認めていることである。議論の「先立つ部分をすべて正確に記憶していなければ結論の必然性が見えにくい」[16]ことはもちろん，デカルトの「推論の連鎖と結合を理解すること」[17]も容易ではない。またデカルトが「題材の順序ではなく根拠の順序にしたがっていること」や「最も容易なものから最も困難なものへという順序で推論していること」に注意すること[18]も，読者には簡単なことではないだろう。多くの異論が予想され，そして実際にそうであったことは，むしろ当然であったと思われる。

　三つ目はコルヴィウス宛である。「「私は考える，ゆえに私はある」と関連する聖アウグスティヌスの文章をお知らせくださり，感謝いたします。今日この町の図書館でその文章を読んできました」[19]と言う。その後半部分に「形而上学について書いた僅かばかりのもの」とあるところからすれば，コルヴィウスの指摘は『序説』でなく『省察』を踏まえたものと推察される。デカルトの見るところ，アウグスティヌスがそう言ったのは，われわれの存在の確実性とともに，われわれのうちに三位一体の形象（イマージュ）があることを知らしめるためである。だが，自分がそう言ったのは，考える私が非物体的な実体であり，物体とは異なったものであることを分からせるためである。人が疑うことからその存在を推論するのは単純で自然なことなので，だれでも考えそうなことである，と言う。デカルトはスコラの古典を熟知していたわけではない。アウグスティヌスの議論を知らず，急いでライデン大学の図書館に行った。「ア

---

15) それは最近発見されたメルセンヌ宛書簡からも明らかである。メルセンヌ宛 1641 年 5 月 27 日『全書簡集』VIII, 311. 拙著『デカルトと西洋近世の哲学者たち』pp. 129-138 を参照。
16) ホイヘンス宛 1640 年 7 月 31 日 AT. III, 751；『全書簡集』IV, 124.
17) 『省察』「読者への序言」AT. VII, 9.
18) メルセンヌ宛 1640 年 12 月 24 日 AT. III, 266；『全書簡集』IV, 236.
19) コルヴィウス宛 1640 年 11 月 14 日 AT. III, 247；『全書簡集』IV, 214.

ウグスティヌスの文章」とは『神の国』に出てくる文章である[20]。その結果，上のような解釈の違いを自ら提起している。これはパスカルの格調の高いデカルト弁護[21]を思わせる。デカルトにすれば，上の23項（本書 p.35）にあるように，歴史や書物に無知であっても自分の主張や自律性が出ていればよく，古典には必ずしもこだわらない，ということであろう。

25. イエズス会士との争い

「私はイエズス会士たちとの争いに入ることになろうと考えています。」
（ホイヘンス宛 1640 年 7 月 31 日 AT. III, 750；『全書簡集』IV, 124）

　1640 年 6 月 30 日，パリ・クレルモン学院の数学教授ブルダン（P. Bourdin, 1595-1653）は，デカルトの『屈折光学』に批判的な『光学論』を発表して，いわゆる「前哨戦」を開始した。デカルトがクレルモン学院長に不当な論難であると手紙で訴えたところ，院長ではなくブルダン自身から返書が届くなど，事態は屈折している。「争いに入る」とはデカルトの義憤を表わしている。その後も二人の確執は延々と続くことになる。ブルダンは「第七反論」を書いたが，それは真面目な反論の体をなしていなかった。しかもそれはイエズス会の総意ではなく，ブルダン一人の勝手な中傷に基づいており，デカルトはそれを「罪深く，救い難い」[22]としている。デカルトはことの次第を，イエズス会のフランス管区長でラフレーシュ時代の恩師ディネに報告する形で公表した。それが『省察』第二版に付された『ディネ師宛書簡』（*Epistola ad P. Dinet*）である。のちに 1644 年 10 月，ディネの仲介で二人は和解し，デカルトは新刊の『哲学原理』をブルダンに送った。

　デカルトは上の文章を書いていたときライデンにいたが，『序説』や『省察』の出版によってフランスでも，また同じイエズス会のなかでも，多くの批判が噴出していたことになる。その批判も学問的なレベルのも

　20）「存在しない者が欺かれることはないので，たとえ欺かれていても私が存在することは確かである」など。デカルト自身その箇所 11-26 を指示している。メルセンヌ宛 1640 年 12 月 AT. III, 261；『全書簡集』IV, 232.

　21）『幾何学的精神について』2,「説得術について」J. Mesnard éd., *Pascal, Œuvres complètes*, III, 424.

　22）ホイヘンス宛 1642 年 1 月 31 日 AT. III, 523；『全書簡集』V, 98.

のではなく，学問以前のところで組織を巻き込んでの人身攻撃的な論争に終始している感がある。デカルトの周囲にはこの種の空しい論争が多くあったのである。

26. 精神の不死

「私が精神の不死について一言も述べなかったことに驚いてはなりません。」(メルセンヌ宛 1640 年 12 月 24 日 AT. III, 265-266；『全書簡集』IV, 236)

『省察』第一版 (1641 年 8 月出版) の副題は「そこでは神の存在と精神の不死とが証明される」となっていた。ところが予定している第二版 (1642 年 5 月出版) では「そこでは神の存在と，人間精神と身体との区別が証明される」と変更されている。その経緯を述べたものである。その理由は，神が精神を消滅させないということは証明できない。証明できるのは，心身は区別された本性をもつので精神は身体の死とともに死すべきものではない，ということだけだからである。これこそが宗教を確立するのに必要なすべてである，とデカルトは言う。第一版の副題についてはメルセンヌに任せていたが，第二版ではより内容に整合するように彼自身で改めたわけである。精神の不死は哲学の伝統的なテーマの一つであったが，デカルトは必ずしも伝統を頭から否定しているのではない。来世は期待されはしても保証されたことではないので，哲学で不死を直接議論はできない。ただ，心身の区別から「精神は不死であると自然に判断されるようになるだろう」[23] と間接的に示唆するのみである。「私は人間精神の不死を証明したように思われたくない」[24] と断言している。彼は，自分は神学者ではないので信仰には立ち入らず，哲学者として理性で議論できることのみを扱うという，慎重な態度をとっている[25]。これはデカルトの基本姿勢である。

---

23) 『序説』AT. VI, 60.
24) メルセンヌ宛 1641 年 1 月 2 日 AT. III, 297；『全書簡集』IV, 277.
25) デカルトは言っている。「宗教は，精神は身体の死後も存在し続けるはずであり，死に赴く人はこの生よりもより快い生へと移る，と教えます。しかし私には他の人と共通の弱さもあります。すなわち，われわれは宗教が教えるすべてのことを…固く信じたいとは思います。しかし，信仰だけがわれわれに教えることがらよりも，きわめて明証的な自然的理性によってわれわれが確信することがらの方に，より心が動かされるのがわれわれの常なの

27. ホッブズの反論

「イギリスから送られ…私に手渡された書簡を一部拝読しました。その著者は書体からして才能も学識もあるように見受けられるのに、彼が提示するものはどれも真理から外れているように思われ、大いに当惑しました。」（メルセンヌ宛 1641 年 1 月 21 日 AT. III, 287；『全書簡集』IV, 267）

『省察』へのコメントや反論が続々集まってくるなかで、ホッブズ（Th. Hobbes, 1588-1679）が登場する。彼は数度のパリ旅行でメルセンヌと親交を結んでいた。『市民論』[26]や『リヴァイアサン』を書く前でまだ無名であった。ホッブズはメルセンヌに『屈折光学』への批評を送り、メルセンヌもこの英国人に『省察』への反論を依頼した。それが上の引用文の背景にある。デカルトの彼に対する第一印象はよくなかったようである。ここでは『省察』への唯物論的なコメント[27]や「微細物質」は論外とし、『屈折光学』に的が絞られている。以後、メルセンヌを介して二人のやりとりが展開する。とりわけ問題になっているのは、『屈折光学』第二講「屈折について」である。そこでは方向決定、運動、屈折、反射、衝突、速さなどが図入りで説明され、「決定された運動」と「運動の方向決定」とが同じかどうかなどが議論されている。だが、二人の間には物体と運動についての基本的な考え方の相違があり、噛み合っているとは思えない。そしてデカルトがホッブズのこれらの原理には「何の価値もない」と言えば、ホッブズは「精神の力で空中に何でも望むものを建てることができる人に原理など必要ない」と言い返す始末である[28]。「第三反論・答弁」と同じ調子である。哲学はむろん自然学においても、二人は議論の入口のところですでに合致しないのである。こ

です」（ホイヘンス宛 1642 年 10 月 10 日 AT. III, 580；『全書簡集』V, 187-188）。弱さとは言うが、これが哲学者の本音であろう。精神の不死については、拙著『デカルト『省察』の研究』415-452 を参照。

26) 1642 年に出たこの書について、デカルトは一言触れている（某宛 1643 年 AT. IV, 67；『全書簡集』VI, 104）。

27) デカルトは「第三答弁」について、「その人の反論には真実らしいところはほとんどないので、そこまで詳しく説明する義務はなかった」（メルセンヌ宛 1641 年 4 月 21 日 AT. III, 360；『全書簡集』IV, 329）と漏らしている。ちなみにデカルトは「ホッブズ」とは一度も言わず、つねに「あの英国人」と言うのみである。

28) メルセンヌ宛 1641 年 3 月 18 日 AT. III, 340；『全書簡集』IV, 312：ホッブズからメルセンヌを介してデカルト宛 1641 年 3 月 30 日 AT. III, 342；『全書簡集』IV, 315.

れは「第五反論」のガッサンディの場合も同じであり，エリザベトは「ガッサンディは，あの英国人［ホッブズ］に次いで，他のすべての人よりも不合理な反論をした」[29]と，デカルト寄りの判断を下した。しかし公平に見れば，プラトンに生涯敵対するものとしてデモクリトスがいたように，デカルトとはまったく異なったタイプの哲学者たちが当時から周りにいたということだろう。デカルトが投じた一石は，彼らの存在を明らかにしたと言えるであろう。

28. 『省察』テキストの変更

「『方法序説』第四部，その後に付した短い序文，神学者の反論に先立つ序文は印刷せず，ただ梗概のみを印刷していただきたく思います。」（メルセンヌ宛 1641 年 5 月 27 日 E.-J. Bos, «Two Unpublished Letters of René Descartes: On the Printing of the Meditations and the Groningen Affair », in *Archiv für Geschichte der Philosophie*, 92. 2010, pp. 292-295：『全書簡集』VIII, 311）

この書簡[30]は『省察』第一版の印刷直前に，テキスト構成の大幅な変更があったことを示している。当初の構想では，本文に加えて，『序説』第四部，『省察』序文，「反論と答弁」序文があった。それらを急遽ごっそり印刷しないようにという指示である。その理由は，ピコの友人がデカルトを訪問し，穏やかな表現でプチ氏について語ったので「読者への序文」のプチ批判を緩和せざるをえなくなったからである。それを受けて『省察』全体を穏やかな形で再構成することにしたようである。当初『省察』は，『序説』第四部のラテン語訳あり，複数の序文ありで，かなり複雑な構成であった。さまざまな批判に答えようと工夫を凝らした論争の書であったのである。再構成の結果，全体が整理されて少しスリムになったが，本来の論争的色彩は薄くなった。それが現在われわれの見ている『省察』である。

29. 三種の観念

「私は観念という語を，われわれの思考のうちにありうるすべてのもの

29）　エリザベトからデカルト宛 1647 年 12 月 5 日 AT. V, 97：『全書簡集』VII, 347-348。

30）　この書簡は 2010 年 E.-J. ボスによって新たに発見されたものであり，AT 版には未収録である。拙著『デカルトと西洋近世の哲学者たち』pp. 129-138 を参照。

と解し，それを三つに区別しました。」（メルセンヌ宛 1641 年 6 月 16 日 AT. III, 383；『全書簡集』IV, 351）

　観念（idea）はデカルトにおいて重要語である。ここにはその明快な定義と三種の区別がなされている。この定義によれば，観念とは単に表象像だけでなく思考されたもの，精神に直接に認識されたすべてのもの，である。三種の区別は「第三省察」の議論をさらに説明している。すなわち，外来的なもの（一般の人がもつ太陽の観念），作られたもの（天文学者の太陽の観念），生得的なもの（神，精神，物体，三角形などの観念）である。

　注目したいことは，この区別によって論点先取（循環論）の誤りが回避できるという指摘がなされていることである。ある反論者は次のように指摘した，「彼〔デカルト〕は，証明なしに神の観念を所与のものと認めており，神の観念ということによって「神は存在する」という命題の〔理性による〕認識のことを理解しています。その場合，彼は自らが証明すべきことをすでに認めていることになります」[31]。この反論はいわゆる「デカルトの循環」にも重なるだろう。これに対してデカルトはこの書簡で答えている。「その観念を作るために明らかに私が仮定しているものを，作られた観念から結論するなら，それは論点先取になります。しかし，そこに暗に含まれていたが私がまだ気づいていなかったものを，生得的な観念から結論するとすれば，それは論点先取にはなりえません」[32]。その例として，三角形の観念からその三つの角の和が二直角であることを結論する，神の観念から神の存在を結論する，が挙げられている。これは存在論的証明にも使われた論法である。

　要するに，なにもないところからいきなり神の存在を取り出すのではなく，あらかじめ内に含まれていたものを，推論によって外に取り出すのは論点先取にならない，と言うのである。これでいいのかどうかは大問題であろう。ガッサンディなどは，神の観念は生得的ではない，と直ちに反論した。かりにそれが生得的であったとしても，あらかじめ神の「観念」に「存在」を含ませておいて，それがともに所与のものだとす

31）某からメルセンヌを介してデカルト宛 1641 年 5 月 19 日 AT. III, 377；『全書簡集』IV, 350.
32）メルセンヌ宛 1641 年 6 月 16 日 AT. III, 383；『全書簡集』IV, 352.

第 2 章　『省察』準備期 1639 年〜『哲学原理』1644 年　　　43

るのは，やはり論点先取ではなかろうか。神の観念（本質）には定義によって存在が含まれる，とデカルトは説明するだろうが，そこには存在論的証明と同じ困難があると思われる。

30.　精神は母の胎内でも思考する

「人間の精神はどこにあっても，たとえ母の胎内にあってさえもつねに思考しています。」（某宛 1641 年 8 月 AT. III, 423；『全書簡集』V, 31）

　この書簡の宛名「某」はガッサンディ派の学者である。「第五答弁」に対して長大な反論をなし，デカルトはそれを答弁とともに『省察』に掲載しようと試みたが成功しなかった。

　上の文章はこの反論に対するデカルトの答えの一つである。「人が思考していたのを失念するということはありえる。また胎児が母の胎内で形而上学を考えているわけではない。幼児の精神は身体感覚と密接に結ばれているので，それと別のことを考える余裕がないだろう。だが，幼児も神や自分自身や真理の観念を自らの内に有しているので，身体のくびきを脱すれば，それらは見出されるだろう」とデカルトは論じる。彼はいたるところで「精神はつねに思考する」[33]と主張し，精神はその思考内容をつねに意識しているとする。その反論としてよく出されるのは，胎児や睡眠中の人や狂人の例である。これに対して彼は，人はものをつねに現実的に思考（意識）しているわけではなく，その可能的な能力を有していることで十分である，と答えている。原則として人はつねに思考するのだが，実際には自らの生得的な思考の能力を一時停止したり，失念するという事態もあることを認めているのである。スコラ的な現実的・可能的という論理を使っている。問題は可能的に存在するにすぎないものを存在と言えるかどうかであり，この点をめぐって論争がある。66 項（本書 pp.78-79）を参照。

31.　盲人と色の観念

「生まれつきの盲人が色の観念をもつかどうかは少しも重要ではありません。」（某宛 1641 年 8 月 AT. III, 432；『全書簡集』V, 39）

---

[33]　ジビュー宛 1642 年 1 月 19 日 AT. III, 478；『全書簡集』V, 78；「第四答弁」AT. VII, 228, 246.

同じ書簡はデカルトに反論する,「あなたは三角形の観念は生得的であると言うが，生まれつきの盲人が色について何かを認識するかどうかを言っていただきたい。パリの病院で盲人の哲学者に色の本質を説明したが，彼は色を思い浮かべることができなかった」[34]。これに対する答えが上の引用文である。盲人は色がどういうものかを知らないので，それをわれわれがもっているような色の観念と呼ぶことができない，と言う。デカルトはそれ以上を明言していないが，敷衍すれば，盲人も色の観念（色を認識する能力）をうちに秘めているので，目が見えるようになった時点でただちに色を理解する，ということになろう。これは現代哲学の文脈で言えば，いわゆる「知識論法」に関連するだろう。すなわち，特殊な眼鏡をつけられてモノクロの世界に育った神経科学者メアリーは，色についてあらゆる科学的な知識を有している。しかし眼鏡を外してはじめて，トマトの赤色の何たるかを理解できる。デカルトは，赤のクオリアは生得的なもので，外来的でも作られたものでもないとするだろう。

32. ユトレヒト紛争

「私は少々争いごとをする必要があると思っています。」（ホイヘンス宛 1642 年 4 月 26 日 AT. III, 784：『全書簡集』V, 153）

　ブルダンとの論争で「イエズス会との争いに入る」（25 項）と言ったばかりであるが，今度はユトレヒト紛争である。これはデカルト哲学の迫害事件である。19 項の末尾でも触れた紛争はここにはじまる。以下にその経緯を略述しておく。

　デカルトの新しい哲学は『序説』を中心としてオランダにも浸透しつつあった。しかし他方で，それを大学や社会の伝統的な安寧を破るものとして快く思わなかった人たちもいた。その代表がユトレヒト大学神学部教授のヴォエティウス（G. Voetius, 1589-1676）であった。彼は自分の大学にレネリ，エミリウス，そして医学・自然学教授レギウス（H. Regius, 1598-1679）など，デカルト主義者がいることが混乱の源だとして好まなかった。ヴォエティウスはデカルトをヴァニーニのような無神

---

34) 某からデカルト宛 1641 年 7 月 AT. III, 409：『全書簡集』V, 16.

第 2 章　『省察』準備期 1639 年〜『哲学原理』1644 年　　　45

論者とみなして，反対のキャンペーンを企てた。そして 1640 年にはデカルトの親友であることを知らずにパリのメルセンヌにまで協力を求めに行った。学内ではレギウス批判に照準を当てた。

　レギウスはデカルト哲学を講義などに積極的に取り入れていたが，そのやり方は周囲の批判を招いていた。1641 年 12 月，レギウスが博士論文の公開討論会で「人間は偶有性による存在である」[35]としたことを捉えて，ヴォエティウスは批判を開始した。1642 年レギウスはそれに屈することなく，失職の危険を冒して反論の小冊子を書いた（デカルトもその草案を書くなど援助した）。それに対して大学側は「アカデミー評議会の議決」を出し，アリストテレス以外の自然学の講義を禁止した。事実上のデカルト哲学の禁令である。上の引用文はこの措置に対するデカルトの反応である。レギウスが職を失えば，彼は「デカルト哲学の最初の殉教者」[36]となりえた。この時期の二人は密接な関係にあり，レギウスはしばしばエンデヘストのデカルト邸を訪れていた。デカルトは「当地をお訪ね下さるとのご意向を伺いました。あなただけでなく奥方やお嬢さんも来ていただければ，とてもうれしく思います。いまや木々も緑になり，もうすぐサクランボやナシも熟してくるでしょう」[37]とまで言っている。彼はレギウスの受けている批判に対して，わがこととして応戦しようとしているのである。実際，デカルトは『ディネ師宛書簡』でその「議決」をそのまま載せて批判した[38]。

　その書簡にはヴォエティウスへの批判も含まれていたので，ヴォエティウス側は，弟子であるフローニンゲン大学のスホーキウス（M. Schoockius, 1641-1669）に『デカルトの新哲学の驚くべき方法』

---

35)　デカルトも「人間は偶有性による存在であるいうテーゼほど，粗野で攻撃されやすいテーゼはほとんどありえません。」（レギウス宛 1641 年 12 月 AT. III, 460；『全書簡集』V, 61）と言っている。人間が「偶有性による存在」(ens per accidens) とは，心身の結合が偶然的なものだと解することで，当時の自然学・哲学・神学からすれば誤解を招きやすい主張であった。むしろその結合は必然的であるという意味で，人間は「それ自体による存在」(ens per se) とするのが普通であった。この異端的な主張が，いわゆるユトレヒト紛争の実質的なはじまりとなった。以後，デカルトとレギウスとはこの事件をめぐって，何度も濃密なやりとりをすることとなる。

36)　ホイヘンス宛 1643 年 9 月 20 日 AT. IV, 750.

37)　レギウス宛 1642 年 6 月 AT. III, 568；『全書簡集』V, 166. 本書 pp.180-181 を参照。

38)　AT. VII, 590-593；『ユトレヒト書簡集』pp. 31-34.

（*Admiranda methodus novae philosophiae cartesianae*, 1643）を書かせてデカルトを批判した。それへの反論としてデカルトは 1643 年『ヴォエティウス宛書簡』（*Epistola ad G. Voetium*）を出した。これに対して同年 6 月，ユトレヒト市参事会はデカルトを裁判所に召喚する文書を出した[39]。デカルトは拒否する旨の書簡[40]を出したが，9 月には有罪の判決が出た。『ディネ師宛書簡』と『ヴォエティウス宛書簡』に名誉棄損があるというのが理由である。これに対してデカルトはフランス大使を介してオラニエ公に訴え[41]，かろうじて刑の執行は停止された。ただ，スホーキウスを訴えた裁判では 1645 年 4 月，デカルトが勝訴して一矢を報いた。ユトレヒトでは 1645 年 6 月，賛成・反対を問わずデカルトについての著作の出版・販売を一切禁止する布令が出されて事態の収拾が図られた[42]。

　デカルトはこの紛争で，外国で迫害されることの辛酸をなめたことであろう。ブルダンとの論争とは違う次元の紛争である。あらゆる批判の矢を次々に繰り出すヴォエティウス側に対して，「私の敵たちは眠ることをしないのです」[43]と本音を吐露している。痩せ型のヴォエティウスはこのために「6.5 キロ肉を落とした」[44]のに，デカルトの方は一向に痩せないと言うが，いつもどおり 10 時間ぐっすり眠れたであろうか。彼は，ライデンでも批判されるに及んで，もはやオランダは安住の地ではなく，裁判に負ければこの国から全面撤退する[45]とエリザベトに漏らしている。この紛争はそれほど応えたのであろう。ガリレイがイタリアで有罪となり幽閉されたように，デカルトもオランダで身の危険にさらされたのである。

---

[39]　ホイヘンス宛 1643 年 6 月 26 日 AT. III, 821-824；『全書簡集』VI, 29.
[40]　ユトレヒト市参事会 AT. IV, 8-12；『全書簡集』VI, 12-15.
[41]　ラ・テュイルリ宛 AT. IV, 84-95；『全書簡集』VI, 118-130.
[42]　ヴォエティウス宛書簡 AT. VIII-2, 226；『ユトレヒト書簡集』p. 220；ホイヘンス宛 1645 年 8 月 4 日 AT. IV, 781；『全書簡集』VI, 312.
[43]　ホイヘンス宛 1643 年 11 月 2 日 AT. IV, 758；『全書簡集』V, 52.
[44]　ホイヘンス宛 1643 年 9 月 20 日 AT. IV, 753；『全書簡集』VI, 33.
[45]　エリザベト宛 1647 年 5 月 10 日 AT. V, 17；『全書簡集』VII, 286.

33. 精神は身体を決定しえるか

「人間の精神は（思考する実体にほかならないのに）いかにして身体の精気(エスプリ)が意志的な運動をするように決定しえるのでしょうか。」（エリザベトからデカルト宛 1643 年 5 月 16 日 AT. III, 66；『全書簡集』V.262）

　ドイツ・プファルツ選帝侯の娘でボヘミア王女のエリザベト（Élisabeth, 1618-1680）は，デカルトにとって重要な女性であった。彼女は『省察』を読んで感銘を受け，ハーグの宮廷で著者から直接教えを受けた。二人は多くの書簡を交わしたが，デカルトも利発な王女の質問から啓発されるところが大であった。この文書は，いわゆる心身問題を指摘したものとして有名である。デカルトの形而上学によれば心身は異質なものとして区別されるが，実際には合一している。非物体的な精神がいかにして身体を動かし，身体はなぜ精神に作用するのか。この問いをきっかけに議論はさまざまな展開を見る。デカルトは「心身合一」は原初的な概念であって，説明するまでもなくそれ自身で理解されるものだ[46]，とした。エリザベトはこれに納得せず，精神に物質や延長を認めた方がまだ分かりやすい[47]と答えた。これに対して彼は，心身の合一を理解するようになるのは，知性を用いる形而上学の次元においてではなく，感覚を用いた実生活と日常の交わりの次元においてであり，自分は真面目にそう言っている[48]，と説明した。しかし彼女は，精神がどういう仕方で身体を動かすのかを感覚は教えない，結局最初の疑問は解けないことになる[49]，とした。

　デカルトが心身合一を日常の経験で十分了解されることとしたのは，心身の区別と結合とを同じ次元で主張すれば「矛盾になる」[50]ことを知っていたからであろう。だが，そのように次元を区別することは，心身問題を回避することであっても解決することではない。この問題はガッサンディ，アルノー，ビュルマンによっても指摘されているが，デカルトの答えは以上の内容の域を出ていない。問題として次世代に残され，ス

---

46) エリザベト宛 AT. III, 665-666；『全書簡集』V, 265-266.
47) エリザベトからデカルト宛 AT. III, 685；『全書簡集』V, 289.
48) エリザベト宛 AT. III, 665-666；『全書簡集』V, 265-266.
49) エリザベトからデカルト宛 AT. IV, 2；『全書簡集』VI, 3-4. 本書 pp.90-96 を参照．
50) エリザベト宛 AT. III, 693；『全書簡集』V, 302. 本書 p.121 を参照．

ピノザ，マルブランシュ，ライプニッツに受け継がれることになる。

34. トゥレーヌ

「トゥレーヌは…美しい国です。」（ピコ宛 1643 年 2 月 2 日 AT. III, 616；『全書簡集』V, 223）

　デカルトの出身地は「トゥレーヌの園」と言われたほど麗しい土地であった。ここではその地に地所を求めようとする友人にトゥレーヌを推薦してはいるのだが，「フランス中がそうであるように，小貴族に煩わされるのではないか」と心配もしている。彼は隣人たちとの不愉快な接触から逃れるために，オランダでの静かな田舎暮らしを選んだのである。

　ちなみに，彼の国の好みとしては，イギリスはどの国よりも住みたい国であり[51]，実際に訪問の予定をしていた（ただデカルトは英語を解さなかった）。イタリアは美しいが空気がよくなく，昼間の暑さは耐えがたいし夜には強盗が出る[52]と言っている。スウェーデンはあまり好きではなかったようで，岩や氷に覆われ，熊のいる国，冬は水と同じく人の思考も凍りつく[53]と形容している。なお，デカルトのテキストには，ヨーロッパ以外の国としてアメリカ，カナダ，メキシコ，インド諸国，中国は出て来るが，残念ながら日本は出て来ない。

35. 動物精気

「自然精気と生命精気との間にはほとんど違いはなく…ただ動物精気のみが純粋なのです。」（フォルスティウス宛 1643 年 6 月 19 日 AT. III, 689；『全書簡集』V, 293）

　いわゆる動物精気について説明がなされていることが興味深い。フォルスティウス（A. Vorstius, 1597-1663）は，ライデン大学の医学教授である。ここでは人体における精気（spiritus）が話題になっている。ガレノスによれば精気には三つある。生命精気（spiritus vitalis）は生体の

---

[51] メルセンヌ宛 1640 年 4 月 1 日 AT. III, 50；『全書簡集』IV, 53.
[52] バルザック宛 1631 年 5 月 5 日 AT. I, 204；『全書簡集』I, 187-188.
[53] ブラッセ宛 1649 年 4 月 23 日 AT. V, 349；『全書簡集』VIII, 189．ブレギー宛 1650 年 1 月 15 日 AT6. V, 467；『全書簡集』VIII, 299.

活力を司るもので，心臓で生成されて動脈血によって全身に行き渡る。心臓から来た生命精気は脳実質で精製されて霊魂精気（spiritus animalis, デカルトでは動物精気）となり，これは運動や知覚を司る。自然精気（spiritus naturalis）は肝臓で生じ，消化，栄養などいわゆる植物性機能を支配する[54]。これに対して，デカルトのこの書簡によれば，精気は微細な物質からできた粒子である。自然精気は胃での消化によって血管内に生じるもの，生命精気は心臓の希薄化により生じるものであり，ともに血液であるという点であまり違いはない。だが動物精気だけは，大脳のなかに入るきわめて活発で微細な血液の粒子であり，他の血液から篩(ふるい)にかけられている点で「純粋」であるとされる。別の書簡でも「医師たちが動物精気と呼んでいるものは，血液の最も活発で最も微細な粒子…にほかなりません」[55]と言われている。動物精気は血液がいわば気化したものと考えられている。

　問題は動物精気の存在身分である。ガレノスの場合は，spiritus animalis に意識や知覚といった精神作用が認められている。それゆえこれを霊魂精気あるいは精神精気と訳すのが適切である。しかるにデカルトの場合，spiritus animalis は純然たる微細粒子つまり物質であり，そこには精神作用はまったくない。それゆえ，意識を交えない動物的な反射的行動と言う意味で，動物精気と訳すのが適切である[56]。デカルトが伝統的な精気の理論から精神性を排除した点が注目されよう。『情念論』などで「精気が松果腺を動かす」と言う場合，精神が物体を動かしているのではなく，物体が物体を機械的に動かしているのである。それでは精神はどこへいったか。精神は考えるもの x として，何らかの仕方で松果腺に直接結びついている，と考えられている。

36. 真摯な質問

「あなたの三つの質問には…熱意と率直さがあります。」（ボイタンデイク宛 1643 年 AT. IV, 62；『全書簡集』VI, 98）

　ボイタンデイク（Buitendijck）についてはよく分かっていないが，ラ

---

54) 川喜多愛郎『近代医学の史的基盤』（上）岩波書店 1977, pp. 105-107.
55) ニューカッスル宛 1645 年 4 月 AT. IV, 191；『全書簡集』VI, 234.
56) 野田又夫編『世界の名著・デカルト』中央公論社 1967, p. 419, 注 1.

イデン大学の学生であったようである。若者の真摯な質問にデカルトも率直に答えたものである。三つの質問とは，神を疑うことや，神を偽なるものと想定することは許されるか，などである。これに対して次のように説明される。自然的な理性によって神の存在を吟味するという意味では神を疑うことができるし，明晰な認識を得るための手段として懐疑をする（神についての認識を一時さしひかえる）なら，それは正しいことだ。神を偽と想定することについては，真なる神が明晰に認識されている場合には許されない。だが，神の本性をより明晰に認識するために，偽なる神々や悪霊などを想定したり，真なる神でさえも偽なるものと想定することは許される，と。この質問には当時の人の問題意識が最も濃厚に反映されていると思われる。多くの神学者にとって，神を疑うとか，神を偽なるものと想定するということ自体が許されることではなかったであろう。まさにこれが人々の理解に苦しむ点であり，誤解を与える点であった。デカルトは，私が懐疑論者（無神論者）を論駁したことを根拠にして私は懐疑論者（無神論者）であると非難された[57]と言っている。真面目な若い学生の質問は当然である。デカルトも快刀乱麻を切る如く答えており，現代のわれわれにも納得のいく説明になっていると思われる。

37．風に逆らわない

「風に逆らって航海するのは私の性分ではありません。」（ポロ宛 1644 年 1 月 1 日 AT. IV, 73：『全書簡集』VI, 110）

　この文章の背景には，裁判の件で事の流れをあまり急かさないということがある。だが，デカルトの「性分」一般をも示していると読める。ラフレーシュ時代，少年デカルトは教えられている諸学問を批判しながらも，実際はおとなしく勉強していたようである。卒業して「自分自身において研究する」[58]ことになっても，実生活では「自分の国の法や習

57）シャニュ宛 1646 年 11 月 1 日 AT. IX, 536：『全書簡集』VII, 176. フローニンゲン大学宛 1645 年 2 月 17 日 AT. IV, 178：『全書簡集』VI, 221. ヴォエティウス宛書簡 AT. VIII-2, 5：『ユトレヒト書簡集』p. 49.

58）『序説』AT. VI, 10.

慣にしたがい…子供の頃からの宗教をもち続け」[59]た。ガリレイ裁判を聞いて『世界論』を引っ込めた。要するに，波風を立てず，世間にはあえて逆らわないのである。世界の片隅で平穏に「隠れて生きる」ことが彼の性分なのである。裁判によって町全体を敵に回したり，イエズス会全体を敵に回すようなことはしたくないのである。生活面ではきわめて保守的であると言える。だが本当に保守性を守りたいなら，父や兄のようにフランスの地方で高等法院にでも勤めればよかったのである。しかし彼は一人で外国へ行って勉強し，革新的な学問を内に秘めていた。結論からすれば，思想面でデカルトはスコラ＝アリストテレスに逆らって航海したことになろう。思想と実生活を巧みに使い分ける感のあるデカルトは「仮面の哲学者」と評されることもあるが，ただそれは資料的に確かめられることではない。

38. フローニンゲンの裁判

「フローニンゲンに裁判を請求することは，私にとってきわめて重要なことなのです。」(ポロ宛 1644 年 1 月 8 日：『全書簡集』VI, 113)

　フローニンゲンの裁判とは，32 項（本書 p.46）でも触れたように，スホーキウスに関する裁判である。これはユトレヒト紛争の続編であり，この時期の書簡の多くを占めている。ユトレヒトでは刑の執行停止など裁判はうやむやに終わったが白黒はついておらず，新たな裁判の請求はデカルトにとって名誉を守るために重要であった。訴訟理由は，スホーキウスの側に『驚くべき方法』をレギウスと共同で書くなど，デカルトに対する名誉棄損があったというものである。これもフランス大使に依頼したり，フローニンゲン大学の友人アンドレアエやデマレの協力を得るなどして，告訴にこぎつけた。一年以上の長い審理のあと 1645 年 4 月ようやく勝訴を得た[60]。これは唯一満足できる結果であり，エリザベトから「あなたの正義が認められてうれしい」旨の手紙が寄せられた[61]。スホーキウスとも和解した。ただ，これで紛争が終わりなのでは

---

59)　『序説』AT. VI, 22-23.
60)　マティアス・パソルからデカルト宛 1645 年 4 月 16 日（新暦 26 日）AT. IV, 793-801：『全書簡集』VI, 239-248.
61)　1645 年 6 月 22 日 AT. IV, 235：『全書簡集』VI, 281-282.

ない。1647年ライデンでもデカルトに対して「オランダの聖職者たちの宗教裁判」[62]が始まることになる。

39. 『再論』

「ガッサンディの『再論』を読みはじめたのは四, 五日前からにすぎません。」(ホイヘンス宛 1644年2月26日 AT. IV, 770：『全書簡集』VI, 139)

『再論』とは,「第五答弁」についてガッサンディ (P. Gassendi, 1592-1655) がさらに再反論を企てた書であるが, ここではそれらをまとめた『形而上学論究』(*Disquisitio metaphysica*, 1644) を指す。膨大なもので現代の校訂版 (B. Rochot éd., Paris, 1962) でも600ページを越える。30-31項で見た某氏の反論とは別ものである。デカルトは, 最初は返答するつもりでそれを読んだが, 100ページまで読むと論駁するには値しないと思った。そして『省察』の再版時には「本の三分の一を占める何の価値もない「第五反論」を削除したい」とさえ言っている。ガッサンディは当時多くの尊敬を集めた自然学者で, デカルトも当初は敬意を抱いていたが,「第五反論」を読んで失望した。「第五答弁」にデカルトの反応のすべてが出ている。エピクロス風の感覚論や唯物論は, デカルトにはまったく受け容れることができないものであった。27項(本書 p.40)でも触れたように, ガッサンディとホッブズの二人はデカルトと基本的に相反する哲学者であった。

40. 神は矛盾をもなしうる

「三角形の内角の和が二直角に等しい…ということが真でないようにすることも, 神にとっては自由であり非決定であった。」(メラン宛 1644年5月2日 AT. IV, 118：『全書簡集』VI, 156)

7項(本書 pp.13-14)で触れたように, 数学や論理学の真理も神によって設定された, というのがデカルトの考えであった。ここではそれが具体的に説明されている。すなわち, 神は自由であり, その力にはいかなる限りもない。それゆえ神は, われわれの目には矛盾と思われることをも真理とすることができた。ただ, われわれにはそれを理解することが

---

[62] セルヴィアン宛 1647年5月12日 AT. V, 26：『全書簡集』VII, 295.

できないだけである。ある真理が必然的であるがゆえに，神がそれを必然的に欲したのではなく，逆に神がそう欲したがゆえに，その真理が必然的になる。神において知性で「見ること」と意志で「欲すること」は同じ一つのことである，と主張するのである。同時代人も当惑するような議論だが，「神の力の広大さ」を最大限に認めればこうなるということであろう。本書 pp.220-223 を参照。

　以後メラン（D. Mesland, 1616-1674）との間には，神の存在証明，自由意志，非決定の自由，聖体の秘蹟，『原理』などを主題とした興味深いやりとりがなされている。メランはラフレーシュ学院の若い教授で，デカルトのよき理解者であった。しかし，イエズス会の宣教師として新大陸に派遣され，二度とフランスに帰ることはなかった。「彼はデカルトとあまりにも関係が深かったためにカナダへ追放され，そこで亡くなった」[63]という印象的なコメントが残されている。

41. 精神の治療法

「節食と運動という治療法は，私の考えでは最良の治療法です。しかしもっとよいのは精神の治療法です。」（エリザベト宛 1644 年 7 月 8 日 AT. V, 64：『全書簡集』VI, 165）

　病気がちなエリザベトとの間では健康の維持ということがしばしばテーマになっている。精神と身体とは連動しているので，余計なことをくよくよ考えなければ，身体の方の健康も保たれる。これは 1 項と 15 項でも述べた健康管理に近いだろう。「人は健康であるときには…そう簡単には病気にならない。たとえ病気になっても，とくに若い時には，自然の力だけで簡単に回復できる」というデカルトの見方は現代でも通用するだろう。この点でデカルトは楽天主義だが，エリザベトの憂鬱症は「病は気から」で済むような生易しいものではなかった。「精神の治療法」の是非をめぐって二人はこれからも書簡を交わすことになる。

42. 『哲学原理』

「『哲学原理』をようやく出版しました。」（シャルレ宛 1644 年 10 月 AT.

---

63) AT. IV, 345, note a：『全書簡集』VI, 376, 注 1.

IV, 140；『全書簡集』VI, 180）

　『省察』につづいて『原理』が1644年7月，満を持して出版された。当初は，スコラの最良のテキストであるユスタッシュ・ド・サン・ポールの『哲学大全』(Summa philosohiae, 1609) を組み入れてスコラと比較する構想もあったが[64]，実現しなかった。この書の出版によって，待望の「私の自然学」，「私の哲学」，「私の哲学大全」と言われてきたものが完成した。形而上学を含む彼の自然哲学が体系化されたことになる。デカルトは「どんな低俗な教師でもこの本だけで私の哲学は教えられる」[65]と満足している。これは早速シャルレをはじめ友人・知人に配布され，多くのコメントを得た。そのなかには地質学に関するエリザベトの質問もあった。なかでもル・コントによる反論は詳細かつ長大なものであった[66]。3年後の1647年にはピコによる仏訳も出て，さらに大きな影響を与えることになった。

43. ロワール川

「ロワール川の水は十年前と同じ水ではありませんが…ロワール川は十年前と同じ川と言えます。」（メラン宛1645年2月9日 AT. IV, 165；『全書簡集』VI, 210）

　ここでの問題はキリスト教の「聖体の秘蹟」（キリストの身体がパンになること）の解釈である[67]。われわれには理解しにくい神学議論だが，要するに，キリストの身体（＝パン）がどこに置かれようと，パンをとりまく空気がいくら変わろうと，パンとその周囲の空気との間にある表面（物理的な接触面）はつねに同一である，と言っているように読める。そ

---

[64] メルセンヌ宛1640年11月11日 AT. III, 233；『全書簡集』IV, 203.『省察』もまだ出ていないこの時期に，「私の哲学の諸原理のすべて」として，すでに『原理』の構想があった。

[65] メルセンヌ宛1640年12月 AT. III, 260；『全書簡集』IV, 230.

[66] クレルスリエからデカルト宛1646年7月 AT. IV, 453-471；『全書簡集』VII, 94-120.

[67] 聖体の秘蹟については「第四答弁」末尾（AT. VII, 248-255）に詳しい議論がなされ，本書簡はそれを踏まえている。この書簡で，「数的同一性」という同じ論理を用いて，身体について語られているのも興味深い。すなわち，われわれの身体は子供のときから変化増大している点では，もはや物理的には同じものではない。だが，それが同じ精神と合一しているかぎりは，数的に同一のままであり，同じ人間の身体であると見なされる，と論じている（AT. IV, 166-167；『全書簡集』VI, 211-212）。

の比喩としてロワール川の話が来ている。ロワール川の水は，十年前とはもはや同じ水でもないし，その水を取り巻いていた同じ地面のいかなる部分も，おそらくもはやなくなっているにもかかわらず，ロワール川は十年前と同じ川であると言うことができる。

　これを読んで，日本人ならすぐに「ゆく河のながれはたえずして，しかもゝとの水にあらず」（鴨長明『方丈記』冒頭）を連想するであろう。だが，デカルトはなにも万物の無常を言いたいわけではない。川の水は変化しても川としての同一性を保っている，と言いたいのである。力点は「同一性」にある。鴨長明の場合は，力点は「変化」にあり，同じ川でも水はつねに変化していると言いたいのである。似たような表現でも，力点がまるで違う点が興味深い。

44. 運命は芝居の出来事

「最も偉大な人は，運命がもたらすものを，まるで芝居の出来事を見るようにしか見ません。」（エリザベト宛 1645 年 5 月 18 日 IV, 202；『全書簡集』VI, 255）

　困難なことが起これば，それを突き離して最も好都合な角度から見るということは，15 項（本書 p.24）でも触れられた。ここではそれが情念との関係で説明される。凡俗の人は自らを情念に任せて生きるままだが，偉大な人は情念を理性で制御する。つまり，運命に対して出来るかぎり対処はするが，永遠の観点からは運命をほとんど評価しない。そして上述のように，観客席から芝居を見て楽しむように運命を突き離して見る。かくして悲しい出来事においてさえも，自らのうちに満足を得るだろう，と言うのである。このストア的な「不参加」の論理は繰り返し主張されている。さらには，精神をあらゆる悲しい考えや学問的な思索から解放し，花鳥風月を愛でるならば，健康を取り戻すだろう[68]，とも言われている。しかし，エリザベトは納得しない。女の身に不幸な災厄が実際に次々に降りかかり，その憂慮は理性によって鎮めることができない。理性で情念を統御できるのは情念の嵐が去ったあとでしかない。ものを考えずに感覚だけに身を任せることも実際にできない[69]，と反論

---

(68) エリザベト宛 1645 年 5 月または 6 月 AT. IV, 220；『全書簡集』VI, 267.

(69) エリザベトからデカルト宛 1645 年 5 月 24 日 AT. IV, 208-209；『全書簡集』VI,

している。この対比は，デカルトの理論が実際にどこまで有効かがエリザベトによって検証されている，と読めるであろう。

45. 精神は身体の様態ではない

「あなた［レギウス］は，精神を単なる「身体の様態」としたいのです。この誤りは…もっとよくないものです。」（レギウス宛 1645 年 7 月 IV, 250：『全書簡集』VI, 288）

　デカルトはユトレヒト紛争時にはレギウスを強力に支援し，レギウスもデカルトに愛着を感じていた[70]。しかし，その後レギウスはデカルトから徐々に距離を置くようになっていた。おそらく二人の考え方の基本的違いに気づきはじめたからであろう。それを象徴するのが上掲の文章である。精神と身体とはまったく本質を異にするというデカルトの主張を知りながら，レギウスは精神を身体の様態と見ている。これは人間を偶有的存在としたこと以上に間違っている。レギウスは彼の『自然学の基礎』において形而上学に立ち入るべきではない，とデカルトは憤慨している。これに対してレギウスは，自然的理性よりも聖書によって，精神は身体から区別された実体でありうると同時に，身体の様態でありうる。逆にデカルトの哲学こそ，聖書の権威よりも自然理性を使おうとすることで，多くの人の信用を失い，曖昧で不確実だと判断されていると反論した[71]。これがデカルト主義者であったあのレギウスの口から出たことにわれわれは驚く。これはデカルト哲学の姿勢への見当違いな批判であり，「身体の様態」の理由もなんら説明されていない[72]。レギウスはデカルトの忠告を聞き入れずに『自然学の基礎』（*Fundamenta physices*, 1646）を出版した。そのなかには『人間論』などからの剽窃があり[73]，

260-262：同 1645 年 6 月 22 日 AT. IV, 233-234：『全書簡集』VI, 280-281.

　70）　デカルトとレギウスとはかつては家族ぐるみで交流していた。1642 年ライデン郊外のエンデヘストにいたデカルトはレギウス一家を自宅に招待している（レギウス宛 1642 年 6 月 AT. III, 568：『全書簡集』V, 166）。本書 p.45 を参照。

　71）　レギウスからデカルト宛 1645 年 7 月 23 日 AT. IV, 254-255：『全書簡集』VI, 302-303.

　72）　これは『掲貼文書への覚え書』の第五・六項で，精神が身体の様態ではないと言えるのは身体を疑うかぎりにおいてでしかない，身体がさまざまに配置されるのに応じて精神の思考もさまざまである（*Notae in programma quoddam*, AT. VIII-2, 343-344）と説明される。

　73）　エリザベト宛 1647 年 3 月 AT. IV, 625-627：『全書簡集』VII, 253-254. これに対する

デカルトをさらに不愉快にさせた。以後，レギウスへの批判が続くことになる。周知のように，レギウスは 1647 年匿名で批判的な「掲貼文書」を送り，デカルトに『掲貼文書への覚え書』（*Notae in programma quoddam*, 1648）を書かせた。

46. 幸福に生きる

「幸福に生きるとはどういうことかを知る必要があります。」（エリザベト宛 1645 年 8 月 4 日 AT. IV, 263-264；『全書簡集』VI.307）

　セネカの『幸福な生について』（*De vita beata*）が話題になっている。デカルトとエリザベトはこの書の解釈をめぐって意見を交換している。デカルトによれば，幸福に生きる（至福のうちに生きる）とは，完全に満足し内的に充足した精神をもつことであるが，そのためには『序説』で述べた道徳を守り，理性を正しく使用すればよい，とする（エリザベトは，病気などで理性がはたらかない例をあげて異論を唱えている）。また最高善について，ゼノンはそれを徳としエピクロスは快楽としたが，快楽は精神の満足にあるので両者は相反しない。精神の満足を得るためには，徳を行うこと（最善と判断したことを実行すること）が必要である，と結論した[74]。これに対してエリザベトは，最善を判断するためには情念を交えることなく，善がなんであるかを知る必要がある。また，情念を知るために情念を定義して欲しい，と言っている[75]（デカルトが『情念論』を書くきっかけである）。ここで注目されることは，「道徳を論じた古代異教徒たちの書物」[76]に対するデカルトの考えが初めて明らかにされ，また『序説』第三部の道徳の格率が，理性にアクセントを置いて再提出されていることであろう。

47. 実践的世界観

「実生活の行為で最善を選ぶために知性を強化する方法に関して…。」

批判が『哲学原理』仏訳序文 AT. IX-2, 19-20 にもある。そこでは『自然学の基礎』が「全面的に否認」されている。レギウスの「掲貼文書」はこれへの応答と考えられる。

74)　エリザベト宛 1647 年 8 月 18 日 AT. IV, 271-278；『全書簡集』VI, 317-322.
75)　エリザベトからデカルト宛 1645 年 9 月 13 日 AT. IV, 289；『全書簡集』VI, 331.
76)　『序説』AT. VI, 7.

(エリザベト宛 1645 年 9 月 15 日 AT. IV, 291：『全書簡集』VI.333）

エリザベトが 46 項で言われた「最善と判断したことの実行」の内容を問うのに対して，デカルトは自らの実践的世界観を具体的に開陳した。これは他のテキストには見られないことである。四つあり，善なる神が存在すること（したがってこの世は善であること），精神は身体よりも高貴であること（来世が期待されること），宇宙は広大であること（人間の都合で目的論的に解釈できないこと），人間は全体のうちの個として生きていること（社会全体の利益を重んじること），である。しかし，エリザベトはさまざまな反例を出して異論を唱えている。この世界には善よりも悪が多く，人間に強いられる不幸は神の決定ということでは慰められない，来世が期待されるなら自殺を認めることになる，宇宙が広大ならこの世界や神に対する愛着が失われる，全体の利益という場合，なにが全体のためになるかを決めることは難しい，などである。この世界観は実際には運用できないと彼女は言いたいようである。これに対してデカルトは「この世にはつねに悪よりも善のほうが多い」[77]とするなど，二人の間で多くの議論が延々続けられることになる。

この実践的世界観は，厳密な推論の帰結というよりも，デカルトの道徳の背景をなす基本的信念である。この信念に立ってデカルトは哲学しているのであり，相手がエリザベトであろうと譲歩することはできない。この論争から浮かび上がってくるのは，議論の優劣よりも，両者の立場の鮮やかな相違である。やや類型化して言えば，エリザベトは憂鬱症であり，厭世的な悲観主義者である。場合によっては悪や暴力をも否定しない。厳格なカルヴァン派のキリスト教徒として信仰のみを絶対とし，人間に自由の余地はないとする。議論は理路整然として気骨があるが，あくまで日常性に軸足を置いてものごとを判断している。デカルトの方は，健康的で快活な楽観主義者であり，人間の善性をあくまで信じている。神の決定については人間の自由と調和させて考えようとしている[78]。現実社会を顧みないわけではないが，孤独の中で思索することを

---

77) エリザベト宛 1645 年 11 月 3 日 AT. IV, 333：『全書簡集』VI, 366.
78) それは，途中で会えば決闘すると分かっている二人の貴族を王が使いに出す，というたとえで説明されている。使いに出すことは絶対的意志（神の決定）だが，決闘することを王は強制しているわけではなく，それは相対的意志つまり人間の自由裁量である，と言う。

優先させた。彼の哲学はこのような土壌の上に成り立っていることに，われわれは改めて気付かされるのである。

この区別によって調停が試みられている（エリザベト宛 1646 年 1 月 AT. IV, 352-354；『全書簡集』VII, 4-5）。

第三章

『情念論』準備期 1645 年～客死 1650 年

---

48. 農民への恩赦

「近所に住む哀れな農民で，不幸にも他の農民を殺めてしまった者に慈悲を施していただきたくお願いします。」（ホイヘンス宛 1646 年 1 月 AT. IV, 782；『全書簡集』VII, 8）

　誤って人を殺めてしまった農民に刑の情状酌量をして欲しいということである。事件の詳細を語る必要もないだろう。ことの背景には，その農民は自分の母親と再婚し離婚した義父から「子供たち（つまり自分たち）を殺す」と脅迫されていた，ということがあったようである。「千の悪人が処罰されるよりも，一人の善良な人間が救われることの方に価値がある」とし，オラニエ公に仕えていたホイヘンスに，その農民への恩赦を期待したのである。この件は恩赦が下りてことなきをえた。村人から見ればデカルトは，城館に住むなにやら偉い貴人に見えたかも知れない。外国人でありながら彼は心を開いてその相談を受けたのであろう。そして，その任でもないのに彼が地域の事件にまで立ち入ったのは，「立ち現れるものすべてについて哲学するのが私の慣わし」であったからであろう。この言い方は，人間であるかぎり人間に関するすべてのことには無関心ではおれないという，古典的なヒューマニズムを想起させる。デカルトはこんなことまでしていたのであり，けっして「砂漠」で人との交わりを断って隠棲していたわけではない。彼の人間性の一面を垣間見ることができよう。

49. 尊敬する人々との交際

「人生における最大の善は，尊敬する人々との交わりを楽しむことです。」
（シャニュ宛 1646 年 3 月 6 日 AT. IV, 378；『全書簡集』VII, 22）

　　これはデカルトの人生観であり，自作による座右の銘とも言えるであろう。彼は群衆を避けて隠遁生活をしていたが，何人かの尊敬に値する友人との交わりを最も大切にしていた。「交わり」に相当する conversation は「会話」だけでなく，古語で「人との交際」の意味がある。友人たちとの知的な交際こそ最大の善だとされている。15 項で「死を恐れずに生を愛する」（本書 p.24）と言われたが，「生を愛する」の内容は主として友人との交わりである。当たり前のようだが含蓄がある。それは神や自然との交わりではない。また読書のように過去の人と交わることでもない[1]。この地上で同じ時間を生きている人，しかも尊敬できる人との会話や交わりである。それこそが何ものにも代えがたい最大の宝物である。とくに友人たちから遠く離れて生活する人にとってはそうである。東洋的には「朋あり，遠方より来たる，亦た楽しからずや」（『論語』）である。デカルトの場合，尊敬する人としてシャニュが名指されているが，それ以外にもメルセンヌはもちろんのこと，クレルスリエ，ポロ，ホイヘンスなどがあった。格違いだがエリザベトもそのなかに入れてよいであろう。心を許せる友人たちとの交わりこそ人がこの世に生きていることの最高の喜びであるということは，なにも生活に余裕がある貴族だけに限られたことではない。庶民の間でも友人たちとの楽しい交わりが人生の善であることは，ルノワールの絵画が示している。

50. 振動中心の決定

「物体がその一点で吊るされた点から，この揺れの中心までの距離が等しい物体は，すべて等しい時間で往復を行う。」（1646 年 3 月 10 日 AT. IV, 364；『全書簡集』VII, 25）

　　物体に重心があるように，振り子の揺れにも中心がある。その振動中心（揺れの中心）をどう決定するかが問題である。ガリレイによって，振り子の等時性（振り子の周期は，振幅や錘の質量に関係なく振り子の長さ

　　1）「あらゆる良書を読むことは，過去の時代に著者であった最も教養ある人たちと会話をするようなものである」（『序説』AT. VI, 5）。

だけで決まる）は，すでに知られていた。しかしそれは単振り子の場合であって，複振り子の振動中心については，振り子時計を発明したホイヘンスまでは知られていなかった。デカルトは，（空気抵抗を除外した場合）それに一定の解答を与えているが，複振り子の形の違いによってさまざまなケースがありえた。この点をめぐってメルセンヌ，キャヴェンディッシュ（二人はデカルトの推論が実験結果と合わないと指摘），ロベルヴァル（振動の方向を考えていないと批判）と多くの書簡を交わして論争した[2]。これとは別に，ロベルヴァルの『アリスタルコス』への批判も重要なテーマになっている。これは地動説による宇宙論で，宇宙の体系，潮の干満，彗星の形成などが論じられているが，デカルトはその推論の根拠が疑問であるとしている。ロベルヴァルについては，その幾何学をはじめデカルトは一貫して評価していない。要するに，『哲学原理』を出した後のこの時期，デカルトはこのような自然学（力学・宇宙物理学）の諸問題について真剣に議論していたのである。

51. 原理の二義

「原理ということばは，さまざまな意味に理解されます。」（クレルスリエ宛 1646 年 6 月または 7 月 AT. IV, 444；『全書簡集』VII, 88）

　哲学の第一原理などと言われる場合の「原理」には二つの意味があるとしている。第一は，「同じものが同時ありかつあらぬことはない」のように，すべてのものを証明する原理となる「共通概念」（論理学の公理）のことである。これによって知識が増すわけではない。第二は，「われわれの精神が存在する」のように，われわれに最もよく認識され，そこから他のものを認識する原理として役立つものである。そこでは（第一の場合のように）他のすべての命題が第一原理に還元される必要はなく，他の命題の発見に役立てば十分である，つまり自分の存在の考察から，神の存在，他の被造物の存在へと進むことができるのできわめて有用だ，と言う。

---

[2] 近藤洋逸『デカルトの自然学』pp. 316-320 によれば，デカルトはいまだ「慣性効率」をよくつかんでいなかった。理論と実験とが適合しない点を空気や微細物質の妨害で補おうとした，という。微細物質についてはその通りだと思われるが，デカルトの理論はそもそも空気抵抗を除外した場合のことを言っているのではなかろうか。

この箇所は『序説』の「私は考える，ゆえに私はある…を私が求めていた哲学の第一原理…として受けとめる」[3]への注釈として読める。「第一原理」とは第一の意味の原理ではなく，明らかに第二の意味である。単に論理学の公理のようなものではない。かりにそうだとするなら，その公理がなぜ第一原理になるのかの原理をさらに求める必要があり，議論は無限に遡及するだろう。これに対して第二の意味では，精神の存在は最もよく知られ，そこからさまざまな真理が演繹されてはなはだ有益である。それが第一原理である根拠は，それが最初に認識されるからにほかならない[4]。

52. 『君主論』

「私の意見を述べるようにお命じになったその書物を読みました。」（エリザベト宛 1646 年 9 月 AT. IV, 486；『全書簡集』VII, 137）

その書物とはマキアヴェリの『君主論』（*Il Principe*, 1532）である。なぜここでマキアヴェリなのか。エリザベトはデカルトに私的な世界観を尋ねたのに続いて，「社会生活に関する格率」[5]を求めた。デカルトは，その任ではないが「社会生活では…理性よりも経験にしたがって身を処す方がよい」[6]とのみ答えた。これに対して，彼女は当時その新版が出ていた『君主論』についての意見を求めることで，さらなる説明を要求したと思われる。デカルトが国家社会のあり方を論じることは稀であるが，ここではその章ごとにかなり詳しい議論が展開されている。すなわち，悪をなせ，偽れ，裏切れなどの格率は非合法的に国を奪った君主にのみ当てはまるだろうが，臣下・盟友・敵をきちんと区別すべきである。君主は善人でなく悪人にならねばならないということも，善人が理性にしたがう人であるかぎりは，認められない，とする。デカルトは性悪説とは相容れない。他方エリザベトは，マキアヴェリは好きではない

---

3) AT. VI, 32.

4) なおこの書簡の後半部分では，「アキレスは亀を追い越せない」という所謂ゼノンのパラドックスの解法が示されていて興味深い。線分の無限分割というのは想像であって実際には有限回になり，アキレスが亀を追い越す地点が図示されている。メルセンヌ宛 1646 年 9 月 7 日 AT. VII, 499-500；『全書簡集』VII, 151 も参照。

5) エリザベトからデカルト宛 1646 年 4 月 25 日 AT. VII, 405-406；『全書簡集』VII, 58.

6) エリザベト宛 1646 年 5 月 AT. VII, 412；『全書簡集』VII, 66.

第 3 章　『情念論』準備期 1645 年〜客死 1650 年

が，彼の格率の目的がすべてものを確立することにある点は認めてよいし，大きな暴力でも迅速かつ一挙になされるときには，小さな暴力が続くよりもまだ害が少ない[7]，と一部肯定もしている。彼女はデカルトよりもリアルな見方をする人である。

53.　自分自身を知る
「死は重くのしかかる／すべての人にあまりにも知られながら／自分自身には知られないままに死する者に」（シャニュ宛 1646 年 11 月 1 日 AT. IV, 537；『全書簡集』VII, 176）

　これもデカルトの座右の銘である。ストアの哲学者セネカの悲劇『ティエステス』の一節（Thyestes, 401-403）である。コルネリス・ド・グランデ宛[8]にも同じ記載がある。世間で有名になりすぎることよりも，無名であっても自分で自己をよく知ることの方が大切であることを言っている。もう一つの座右銘（オウィディウス「よく世に隠れた者がよく生きたのだ」）に通じるだろう。ここでの趣旨は，ブルダンらの非難を避けるために今後は書物を公にすることは控えよう，そして自分を教育するためにだけ研究をし，親しい友人たちだけにそれを伝えることとしよう，ということである。この決心は 1649 年『情念論』の出版によって破られることになる。自分の教育（m'instruire）という『序説』以来しばしば出て来ることばが重要だろう。ソクラテス的な「自知」，アウグスティヌス的な「神と精神」が踏まえられている。そして自分の精神の何たるかを，他人によってではなく自分で探究すること，理性をよく涵養し，精神をよく用いて実際に役立てること，要するに自分で哲学するということであろう。

---

[7]　エリザベトからデカルト宛 1646 年 10 月 10 日 AT. VII, 520；『全書簡集』VII, 161-162. ついでながら，この書簡の後半にあるドイツ・ホルンハウゼンの「奇跡の泉」の話を要約しておく。「この水は奇跡的な治療をもたらすと言われている。この地は貧しい人であふれており，彼らは生まれつきの病気がこの水に入って治ったと喧伝している。しかし彼らは日雇い人であり，奇跡を信じやすい土地にいるので，それが理性的な人を説得できるとは思われない」（『全書簡集』VII, 164）。三十年戦争で荒廃したドイツの村の状況が，エリザベトの鋭い観察眼によって切り取られている。

[8]　1644 年 11 月 10 日 AT. IV, 726；『全書簡集』VI, 185. ここではこの詩句の揮毫だけである。

54. 動物に思考があるか

「モンテーニュたち…が動物にも知性や思考があるとしている点については，私はその意見にしたがうことができません。」（ニューカッスル侯宛 1646 年 11 月 23 日 AT. IV, 573；『全書簡集』 VII, 202）

　『序説』第五部で，動物は本能によって行動しているだけで意味のあることばをもたず，人間のように精神をもたない，と言われた。これには多くの異論があった。上掲の文章はモンテーニュ[9]を引き合いに出してなされた異論（動物も思考する，ことばをもつ，情念をもつ）へのデカルトの解答である。すなわち，たしかに人間にも思考によらない身体的（本能的）行為がある。しかし身体は動く機械であり，動物の身体のなかに思考をもった精神があるとは言えない。また，動物は思考なしに情念を表明しているので，情念をもつからといって動物が思考するとは言えない。オウムはことばを話すが思考なしに発声している。（思考を伴った）ことばは人間にのみふさわしい。動物は多くの身体的行為を本能によって行っており，思考によってではない，と論じている。この議論は『序説』第五部の域を出るものではない。おそらく『序説』はモンテーニュを意識しながら書かれたのであり，モンテーニュを典拠とされてもデカルトは驚かなかったであろう。これに対するわれわれのコメントは 18 項（本書 pp.27-28）を参照していただきたい。

55. 愛

「愛とはなにか…。」（シャニュ宛 1647 年 2 月 1 日 AT. IV, 601；『全書簡集』 VII, 235）

　愛とはなにか，自然の光と神への愛，愛の錯乱と憎しみの錯乱，がここでの主題である。この主題はシャニュから要求されたものである（三番目はスウェーデン女王からの宿題である）[10]。デカルトの返答は，女王に見せることを意識して詳細に書かれている。次のようにまとめられよう。

---

　　9)　モンテーニュ『エセー』第 II 巻第 12 章。この書は教養人の書として広く読まれており，イギリスのニューカッスル侯キャヴェンディッシュが知っていたのは当然である。

　　10)　シャニュからデカルト宛 1646 年 12 月 1 日 AT. X, 610-612；『全書簡集』 VII, 215-217.

（a）愛には理性的な愛と感覚的な愛との二つがある。理性的な愛とは，自己と何らかの善とを結合しようすることである。その愛が情念でなく理性的な思考であるかぎり，それは精神のうちに見出され，完全に認識される。他方，感覚的な愛とは，精神のうちに惹き起される混乱した思考であり，これによって精神は対象を自分に結びつけたいと思う。ふつう理性的な愛には感覚的な愛が伴っている。精神の思考（愛すること）と身体の運動（心臓の熱が情念を惹き起すこと）とが自然に結ばれているからである。人間精神は幼児のときからこのように身体に密接に結びつけられ，愛や憎しみなどの情念を感じて来たので，愛の本性は認識しにくくなっている。

（b）自然の光だけで神を愛するようになるか否かついては，神は本来われわれを越えたものである。だが，われわれは自らの本性のみによっても神を愛することができる。すなわち，われわれの精神の本性は神のそれと類似性をもっている。それゆえ，神の創造，広大な摂理，不可謬な決定，被造物の大きさ（われわれの小ささ）を省察すれば，人は喜びに満たされ，意志によって自己を全面的に神に結びつける（つまり神を愛する）ようになる。愛とは何らかの対象に自己を合一させることであり，自分が神の大なる被造物の小さな一部にすぎないと見なすことである。こういう仕方でわれわれは神を愛しうる。

（c）愛の錯乱と憎しみの錯乱とはどちらが悪いかについては，場合によってさまざまである。それらが徳を遠ざけるという意味なら，愛の対象はいつも善であるので，愛がいかに錯乱であっても憎しみほど悪いとは言えない。われわれの満足に反するという意味なら，愛はどれほど錯乱であっても快楽を与えるので，憎しみの方が悪い。有害になるという意味なら，憎しみよりも愛の方が勢いをもっているので，愛の方である。とるに足りない対象への愛が錯乱になると害を及ぼす。

なお，この3点に加えて後の書簡では，愛するようになる身体的原因は，脳のなかに出来る襞にある，と論じられる[11]。既述した3項の「斜視の少女」（本書 p.7）が出て来るのは，この文脈においてである。

愛に的を絞って議論されているので，これは「愛についての書簡」と

---

11) シャニュ宛 1647年6月6日 AT. IV, 56-58：『全書簡集』VII, 321-322.

呼ばれる。さまざまな解釈がありえるだろうが，二点だけコメントしておく。その一つは，愛という情念の生成が，「心臓になんらかの熱を感じる」や「肺に多量の血液を感じる」など，身体の生理学的仕組との関連で分析されていることである（上述の「脳の襞」もそうである）。そして愛が，憎しみ，喜び，悲しみ，欲望など他の情念との関係において論じられていることである。おりしも『情念論』[12]は執筆中であり，こうした議論はごく自然なことであったろう。これは「愛についての書簡」とはいっても，甘い恋愛論などではさらさらになく，愛の情念の生理学なのである。ここにはデカルトの機械論的な身体観の特徴が表れていると言えよう。他の一つは（b）の議論において，自然的な理性によっても神について語りうることが強調されていることである。神や精神という主題は，元来信仰や神学に関わるところであるが，哲学によっても十分証明することができる。これが哲学者デカルトが最も言いたかったことだろう。証明できる根拠は，神と人間と間には本性的な「類似性がある」，「人間精神は神の知性の流出である」ということである。この類似性を手がかりとして，人間は，神と被造的世界との関係を深く捉えることができる。そして被造物の欠片であるわれわれはおのずから神を愛するようになるだろう，とするのである。問題は神を愛しうるか否かよりも，理性による議論の正当性であろう。それゆえこの書簡は長文で力が入っていると思われる。

56. 食後の時間

「彼は昼食後，たいてい友人たちとの会話や庭の植物の栽培や散歩に時間をあてるようになった。」（ピコ宛 1647 年 4 月 26 日 AT. IV, 640：『全書簡集』VII, 267）

　これはバイエの伝える書簡である。デカルト自身が語った日常が三人称で記されている。昼食後は午後四時から夜遅くまで長時間研究に励んだ。しかし省察や瞑想はしても，ものを書くことにはいや気がさしていた。運動が好きで，息抜きの時間によく行った，ともいう。「長時間の研究」とは自然学とくに動植物の研究であろう。庭にその効能を知るべ

---

12) 愛についてはその 56 節および 79-83 節で論じられているが，この書簡の方が具体的である。

く薬草を栽培していた[13]。エリザベトはエフモントの新居の庭を見に行きたいと言っていた[14]。ある紳士が訪ねてきたとき裏庭で解剖する予定の子牛を見せて，これが私が愛読している自然学の書ですと言ったというのは[15]，同じエフモントだがこの時期ではない。「運動」(les exercises du corps) が何を指すかは不明であるが，散歩など身体を動かすことには間違いないだろう。かつては乗馬をよくしていたが数年前からやめている。あるいはジュ・ド・ポームのようなものだったかも知れない。

　エフモント・ビンネンにいた頃の，五十路を越えたデカルトの様子である。この時期，彼は新たにライデン大学での紛争に対処するなど騒然としていたはずだが，普段どおり，研究をし，近隣の友人を招いて食事をするなど，静かな日々を送っていたようである。

57. ライデン事件

「学位論文を目にしたとき，私は憤慨した…ことを告白します。」(ライデン大学評議員宛 1647 年 5 月 4 日 AT. V, 1；『全書簡集』VII, 272)

　デカルトはユトレヒトに続いてライデン大学でも弾圧を受けた。この書簡は大学の評議会にその理非曲直を質したものである。すなわち，神学教授のレヴィウス (Revius)[16]とトリグランディウス (Triglandius) は，学位論文（テーゼ）のなかで，『省察』が，神を欺く者としているのは神への冒瀆であり，人間の自由意志を神よりも大としているのは不敬虔なペラギウス主義であると非難した。だが，これはまったくの曲解に基づく誹謗である，と訴えた[17]。しかし大学側がデカルトを「異端審問」にかける可能性も十分あった。この論争には政治的なところはなく純粋な神学・哲学論争なのだが，デカルトは今度ばかりは成功が期待できないかもしれないと思っていた。5 月 10 日，エリザベトに「私が勝訴できなかった場合には（勝訴はとても難しいと予想していますが），この

---

[13] エリザベト宛 1645 年 6 月 AT. IV, 238；『全書簡集』VI, 278.
[14] エリザベトからデカルト宛 1645 年 6 月 22 日 AT. IV, 235；『全書簡集』VI, 316.
[15] 1643 年 5 月頃の話である。AT. III, 353.
[16] 論敵のレヴィウスはデフェンテルでデカルトと会っており，プロテスタントとカトリックとの違いについてどう思うかと尋ねた。デカルトは「私は乳母の宗教をもっており，それによって何の疑念もなく生き，平穏に死ぬつもりだ」と答えた (A. Baillet, II, p. 515)。
[17] エリザベト宛 1645 年 5 月 10 日 AT. V, 16-17；『全書簡集』VI, 285.

国から全面撤退しなければならないと思います」[18]と決意を述べている。エリザベトは「敵に陣地を譲るのはあなた相応しくありません。一種の追放のように見えますので」[19]と諫めた。デカルトは5月12日，今回もフランス大使を介してオラニエ公に善処を依頼した。おそらく公の意向で事は迅速に運ばれた。5月20日付で評議会の返信があり，神学者には沈黙を守るよう，デカルトにはこれ以上の議論を控えるよう求めた。しかしデカルトは事をうやむやのままに収めたくはなく，5月27日付でその処遇に不満である旨を告げた。そして同じ日にウィレムなどの友人たちに，さらに事を構えるつもりであることを表明している。32項（本書p.46）でも述べたように，裁判に関してデカルトはすでに二つを経験している。あくまでことがらの理非をはっきりさせようとするのが，彼のやり方であった。しかし，デカルトは6月9日にフランスへと発った。そのとき彼は二度とオランダには帰らないと思っていたかもしれない[20]。

58. 宇宙の広大さ

「私が宇宙は広大であるとしたことに関して，女王陛下の…反論の力と重さを拝見して，私の驚きは倍増されました。」（シャニュ宛 1647年6月6日 AT. V, 51；『全書簡集』VI, 316）

　47項でデカルトの実践的世界観の一つとして「宇宙は広大である」（本書p.58）とされた。これに関してスウェーデン女王クリスティナ（Christina, 1626-1689）が意見を述べた。上の文章はそれを指している。デカルトはここでそれに対する詳しい説明を試みている。すなわち，クザーヌスは世界を無限であるとしたが，無限であるのは神だけなので私（デカルト）はそれを無際限（indéfini）と言う。この物質世界の延長には空間的にも時間的にも限界がないからである。人間だけが神の創造の目的であるわけでは必ずしもなく，世界には人間以外の多くの被造物が

---

18) エリザベト宛 1647年5月10日 AT. V, 17；『全書簡集』VII, 285-286.
19) エリザベトからデカルト宛 1647年5月 AT. V, 46；『全書簡集』VII, 285-286.
20) これはアダンの推測である（Ch. Adam, *Vie et œuvres de Descartes*, p. 348）。実際にはピコを伴って9月末にエフモントに帰り，静かな生活を楽しんだ（シャニュからデカルト宛 1647年11月9日 AT. V, 80；『全書簡集』VII, 331）。

ある。だからといって，神から与えられた人間の特典が目減りするわけではない。それは，神の作品がそれだけ広大であることを示しているので，人間はそれだけ多く神を称賛することになる。全宇宙に較べて地球は小さく，砂の一粒にも及ばない，と言われている。

これはデカルトの聖書解釈とも読める。宇宙が広いということは，いわゆる「閉じた世界から無限宇宙へ」ということだけでなく，人間中心的な世界観の放棄をも意味する。ここでデカルトは「地球外の知的な生物」の可能性にさえ触れ，無際限な宇宙の相対性を言っている。最後の「砂の一粒」にはパスカルの「考える葦」（『パンセ』B.348-L.113-S.145）を連想させるものがある。

59. パスカルの真空実験

「先日，『新実験』についてのあなた［デカルト］のお話を伺ったあとで，その印刷物をあなたに送るよう，著者本人［パスカル］から，頼まれました…。」（ホイヘンスからデカルト宛 1647 年 11 月 14 日 AT. V.651；『全書簡集』VII, 332）

「新実験」とはブレーズ・パスカル（B. Pascal, 1623-1662）の『真空に関する新実験』（*Expériences nouvelles touchant le vide,* 1647）である。数ページの短い実験の報告であり，得られた結論を命題や原理の形で述べるだけでなく，予想される異論まで述べてある。その後，送られて来たものをデカルトは一読して「小冊子を書いたこの若者はその頭脳に真空が少し多くありすぎ，また急ぎすぎている。彼の根拠はその証明を企てたことと同じくらい危い」[21]と，批判的な論評をしている。パスカルが真空の存在を認めていることを揶揄してのことである。20 項（本書 p.31）で述べたように，デカルトにとっては真空（空虚）があるとは，ないものがあるという論理的な矛盾であった。ただ，水銀柱の実験にはデカルトも関心があり，オランダなどでもしばしば行った。

デカルトとパスカルの関係については因縁浅からぬものがある。メルセンヌを介してデカルトは父エティエンヌを知っていたが，1638 年フェルマの極大・極小論などをめぐって論争をした。息子ブレーズの『円錐

---

21) ホイヘンス宛 1647 年 12 月 8 日 AT. V, 653；『全書簡集』VII, 349.

曲線試論』(1640) については, 「16 歳の子供が苦心して解決したらしいものとは別のことを, 人は示すことができます」[22], 「半分も読まないうちに, その筆者はデザルグ氏の教えを受けたに相違ないと思った」[23] などと冷やかな反応を示している。デカルトはパリ滞在中の 1647 年 9 月 22-23 日パスカルと会談し, 計算器, 真空, 微細物質, 気圧などを論じ合ったと言われている[24]。この後すぐに, パスカルはホイヘンスに小冊子をデカルトに送るよう依頼したと思われる。後にデカルトは, 私がパスカルに山の上でも水銀が上昇するかどうかの実験をすすめたとも言っており[25], 実験の発案者がだれなのかも争点の一つである。デカルトとパスカルとではその哲学の仕方も内容も根本的に異なるが, 自然学においても最初からお互いに認める余地が少ないのである。

60. 最高善

「…古代の哲学者たちが語った意味での「最高善」について私見を申し述べてみよとの陛下の仰せ, 光栄に存じます。」(クリスティナ宛 1647 年 11 月 20 日 AT. V.81；『全書簡集』VII, 334)

デカルトがスウェーデン女王クリスティナ宛に「思いきって出した書簡」である。その経緯は次のようなものである。あるとき女王がウプサラのアカデミーに行き, そこでドイツ人でフラインスヘミウスという修辞学教授の「最高善」についての講義[26]を聴いた。しかし彼女はそれに満足できなかった。そこで, 同じ主題でデカルトの意見を徴するようにシャニュに命じた, ということによる。その意向を受けてシャニュがデカルトに依頼したのである。内容は最高善と自由意志であり, これまでエリザベトなどに書いてきたことを短くまとめている[27]。すなわち, 最

---

22) メルセンヌ宛 1639 年 12 月 25 日 AT. II, 627-628；『全書簡集』III, 306.

23) メルセンヌ宛 1640 年 4 月 1 日 AT. V, 653；『全書簡集』IV, 50.

24) AT. V, 72-73, A. Baillet, II, 327-328 (=『全書簡集』VIII, 89-90)。前者は妹のジャクリーヌによるもの, 後者はバイエである。両者の報告では, 会談の経緯, 場所, 内容がやや違っている。バイエは, パスカルの方がデカルトをミニモ会修道院に訪ねたとしている。

25) メルセンヌ宛 1647 年 12 月 13 日 AT. V, 99；『全書簡集』VIII, 353. カルカヴィ宛 1649 年 6 月 11 日 AT. V, 366；『全書簡集』VIII, 205.

26) デカルトはその内容を見てみたいと言っている (シャニュ宛 1648 年 2 月 21 日 AT. V, 131；『全書簡集』VIII, 26)。

27) この書簡に加えて, エリザベト宛の全書簡集や『情念論』もシャニュに送った (そ

高善とは自由意志を用いて最善と判断したことを実行することであり，そこから最も確固たる満足が生じる，ということである。デカルトの道徳哲学のエッセンスがここにある。とくに，「自由意志がわれわれを神に似たものにする，神への従属を免除してくれる」という言い方は，「第四省察」[28]よりもさらに踏み込んだものである。最高善というテーマは他から与えられたものにせよ，デカルト自身，最高善と自由意志とが結びつくというこの点が道徳において最重要と思っていたであろう。

公務に忙しい女王がこの書簡を果たして読んでくれるかどうか，デカルトもシャニュも気をもんでおり，エリザベトにまでその気持ちを伝えている。一年後の1648年12月12日付で女王の礼状[29]が届いた。「好印象」とのことばがあった。一国の君主が外国の一学者に親書を認めることは，何らかの意図がなければ異例であろう。翌年2月26日デカルトは返事[30]を書いて恭順の意を表した。このときクリスティナはデカルトの招聘を決めていた[31]。

61. 『掲貼文書への覚え書』

「理性的魂に関する20ほどの命題を含んだ，ある「掲貼文書」に対する私の答弁についてあなたのご意見をお願いしていますが…。」(ホーヘランデ宛1647年12月 AT. V, 109-110：『全書簡集』VII, 343)

45項の最後で述べたレギウスの「掲貼文書」[32]に対する『覚え書』(Notae in Programma quoddam, 1648) が話題になっている。1648年の出版前に友人ホーヘランデに見せて意見を求めているのである。その文書は匿名で，いきなりデカルトに送りつけられたものだが，彼はそれがだれの手になるものかは分かっていたがゆえに『覚え書』を書いた。

のことを同じ日にエリザベトに宛てても書いている)。女王の期待に応えるべく，この主題に関するあらゆる関連資料をかき集めている感がある。デカルトのこうした積極的な姿勢が，女王に招聘を考えさせる動機になったのかもしれない。

28) AT, VII, 57.
29) クリスティナからデカルト宛 AT. V, 251-252：『全書簡集』VIII, 104.
30) クリスティナ宛 AT. V, 294：『全書簡集』VIII, 136.
31) シャニュからデカルト宛 AT. V, 295：『全書簡集』VIII, 138.
32) そのタイトルは「人間精神ないし理性的魂の解明。そこで人間精神が何であり，何でありうるかが解明される」となっている。21項の命題が証明ぬきで列挙されている。そのなかには「精神は身体の様態である」も含まれている。

21 の命題のそれぞれについて,「反論と答弁」の要領で詳細な批判が展開されている。ただ,彼はそれを進んで書いたわけではない。デカルトはそれをエリザベトに送り,「私はそれを,レギウス氏による誹謗のために書かざるをえませんでした。この小冊子は私が知らぬ間に印刷されました」[33]と言っている。「掲貼文書」を受け取ったことはもちろん,『覚え書』を草することも出版することも,デカルトの本意ではなかったのである。しかし,そのおかげでわれわれは彼の晩年の形而上学を知ることができる[34]。

　もう一つ注目されるのは,この『覚え書』に対するレギウス側の反応である。「掲貼文書」を師とともに起草したワッセナール[35]は,『覚え書』をはじめとするデカルトのレギウス批判に反論した[36]。すなわち,人はみな自分が正しいと思う意見をもつ自由がある。レギウスの説には間違いはない。たしかに彼はデカルトの足跡を追いかけてきたが,彼がその説を歪曲したなどの断定は無用にして有害である,と。おそらくこれはレギウスが書かせたものだろうが,彼の視点からすればデカルトはこういう風に見えた,ということをうまく説明している。とくに,「レギウスはデカルトの跡を追ってはいたが,それは独自な道によって探究し,別の道を進むような仕方においてである」としている点には納得させるものがある。元はといえば,レギウスはパドヴァ大学で学んだ経験論の医者であった。帰国してたまたま新思想のデカルトに関心をもったわけだが,立場は根本的に異なっていたと思われる。

62. 静かな冬の日々

「この冬の残りの日々はおそらく私の人生で最も静かな時であろうと思っています。それゆえ,この時を…その研究に費やしたいと思いま

---

33) エリザベト宛 1648 年 1 月 31 日 AT. V, 114：『全書簡集』VIII, 7.

34) 村上勝三「掲貼文書への覚え書」解説『デカルト著作集』第 4 巻,白水社 1993) p. 581.

35) ワッセナール（P. Wassenaer）はユトレヒト大学の師レギウスの下で,この文書の元になる学位論文を書いた。ワッセナールについては『全書簡集』VIII, 17 の注 2 を参照。本書 p.28 の数学論争をしたワッセナール（J. van Waessenaer）とは別人物である。

36) ワッセナールからデカルト宛 1648 年 2 月 9 日 AT. V, 596-601：『全書簡集』VIII, 17-23. なおレギウス自身の反論は *Brevis explicatio mentis humanae*, 1648 にあると言うが（AT. V, 596),筆者は未見である。

す。」(エリザベト宛 1648 年 1 月 31 日 AT. V, 112-113『全書簡集 VIII, 6』)

「その研究」とは，12，3 年前に「動物と人間との諸機能」について書いた『動物論』の手直しであり，『人体の記述』第四部（動物の形成について）に相当するものと考えられる。それは『ビュルマンとの対話』[37] からも明らかであろう。この書簡では「私は少し冒険をして，動物がその発生の始まりからいかに形成されるかを，そこで説明してみたいとさえ思っています」とも言っている。「冒険」というのは，動物の身体の諸機能を生理学的に説明するだけでなく，その発生に立ち戻って解明することを意味している。実際，デカルトの解剖学研究は発生論を射程に収めており，ファブリキウスにならって牛の胎児や卵とヒヨコの実験を自分でも行っている[38]。ただ，動物の発生の原因は発見できる見込みがなかったので，動物の機能について正確に知られたことのみを記述する[39]と後に言っている。発生の原因は不明だが，形成のプロセスだけを記述するということであろう。いずれにせよ，この時期のデカルトは動物の諸機能と発生の問題に集中するのである。『原理』の構成で言えば，第五部の「動物および植物の状態について」にさしかかっている。第六部「人間の本性について」はまだであるが，さらにこの国で実験を重ねれば「念願どおり全自然学を書き終える」[40]ことができるのをデカルトは疑っていない。

なお，この時が「最も静かな時だろう」とデカルトは言うが，実際その通りになった。裁判の件もほぼ片が付き，落ち着いた環境のなかで研究に没頭できたのはこの時であろう。彼はこの地での孤独で静かな生活を愛していた。56 項でも見たように，ここには友人たちとの穏やかな交わりがある。エリザベトとは遠く離れているが，たえず文通して近況を知らせ合っているので意思の疎通に問題はない。翌年 10 月にデカルトはストックホルムに移住し，宮廷の喧騒のなかにいる。スウェーデンでいつも念頭にあったのは，そこは自分のいるべき場所ではない，エ

---

37) 「この冬に仕事をした『動物論』でも，卵からの動物の形成を説明しなければ動物の諸機能がほとんど説明できないことが分かりました」(AT. V, 170)。この対話の日付は 1648 年 4 月 16 日となっている。
38) メルセンヌ宛 1646 年 11 月 2 日 AT. IV, 555；『全書簡集』VII, 187-188.
39) 某宛 1648 年または 1649 年 AT. V, 261；『全書簡集』VIII, 112.
40) 某宛 1648 年または 1649 年 AT. V, 261；『全書簡集』VIII, 113.

フモントの静かな日々に早く戻りたい[41]，ということであった。しかし，二度と帰れないことになるのだが。

63. 年金

「フランスでは，私が申請したわけでもないのに国王から年金を受ける栄誉が与えられました。」（エリザベト宛 1648 年 1 月 31 日 AT. V, 113『全書簡集』VIII, 6）

　デカルトに年金の三千リーブルが国から下りることになった。「人類への多大な功績と有益性，実験継続のため」[42]というのが理由である。友人シオンらのはたらきかけによるものであるが，一民間人に与えられることは異例のことであったという。そのため 1648 年 5 月– 8 月パリへ行った（論敵ガッサンディと和解したのはこの時である）。しかし折から「フランスの嵐」（フロンドの乱）が勃発した。年金が下りるどころではなく，年金証書の郵送料を支払わされただけであった。デカルトは死の床にあったメルセンヌに心を残しつつ，パリを脱出してオランダに帰った。そして言っている「彼らが私を呼ぼうとしたのは，あたかも象や豹のような物珍しさのためであって，なにか有益なもののためではないのです」[43]。

64. 情念

「私の哲学は情念の使用を排除するほど粗野でも荒々しくもありません。」（シオン宛 1648 年 3 月または 4 月 AT. V, 135『全書簡集』VIII, 31）

　『情念論』の出版は 1649 年 11 月末であるが，その草稿はすでにエリザベトをはじめ各方面に配布されていた。ここでデカルトは友人シオンにその論点のコメントしている。この引用に続いて，「反対に私は，この人生の楽しさと幸福のすべてを，まさにこの情念の使用のうちに置いています」と言っている。デカルトはストアとは反対に情念を頭から否定せず，それをいかに使うかが最も重要な点だとしているのである。『情念論』の結論部分でも「情念はその本性上すべてよい。その誤った

41）ブレギー宛 1650 年 1 月 15 日 AT. V, 467；『全書簡集』VIII, 300.
42）ピコ宛 1648 年 11 月 13 日 AT. V, 68；『全書簡集』VIII, 88.
43）シャニュ宛 1649 年 3 月 31 日 AT. V, 68；『全書簡集』VIII, 170.

用法や過剰を避けるだけでよい」（211 節），「情念に最も多く動かされうる人々が，人生において最も多くの楽しさを味わいうる」（212 節）と言われている。情念に対するこのポジティブな考えこそが，彼が最も主張したかったことであろう。

65. 直観的な認識

「「私は考える，ゆえに私はある」という命題の認識は…われわれの精神が神から直観的な認識を受け取る能力を持つことの証拠なのです。」（シオン宛 1648 年 3 月または 4 月 AT. V, 138 『全書簡集』VIII, 33）

　「私は考える，ゆえに私はある」が，直観的な認識の一例であるとのコメントである。すなわち，神を知るという場合，その知り方には二つがある。一つは理性によって（推論あるいは自然本性的な観念によって）知る場合である。この知り方は原理に関して闇を伴うので不確かである。もう一つは，直観によって知る場合である，これは，精神が神の光に照らされることにより，直接的な内なる刻印によって神を知るのである。知性はその認識を受け取るのみである。これが直観的な認識である。ところで精神が身体から切り離されるとき精神はこのような認識をもつとされるが，そうではないときでも精神がそのような照明を受け取ることが可能である。たとえば「私は考える，ゆえに私はある」という確実な認識は「あなたの推論の結果でもあなたの先生たちの教えでもなく，あなたの精神がそれを見，それを感じ，それを取り扱うのだ」，という。

　要するに「私は考える，ゆえに私はある」は，理性による推論の産物などではなく，精神が神の光に照らされて直接的に知る命題である。その意味で，神を直観的に知る場合と同じく，これは直観的な認識であるとデカルトは言っている。これは，コギトの命題についてのアウグスティヌス的な照明説による彼自身の解釈として，よく取り上げられる。その命題は三段論法による演繹ではなく，「あたかもおのずから知られたものとして，精神の単純な直観によって認識される」という「第二省察」[44] とも符合する。たしかに一歩踏み込んだ説明になっている。だが，

---

44) AT. VII, 140.

「直観的な認識」や「神の照明」は他のテキストにはあまり出て来ないことである。なぜ「私は考える」から「私はある」が出てくると言えるのかという根本問題を含めて、シオン宛のこの解釈をどう受け止めるかはオープンな問題であろう。

66. 精神はつねに思考する

「精神がつねに現実的に思考しているということは必然的であるように思われます。」（アルノー宛 1648 年 6 月 4 日 AT. V, 193；『全書簡集』VIII, 52）

　アルノー（A. Arnauld, 1612-1694）との往復書簡は 4 通残されている。デカルトはアルノーを「第四反論」においてそうであったように、優れた論客として認めている。ここでの主題は、精神は本当につねに思考するかどうかである。アルノーは、胎児は母の胎内でかりに考えたとしても、その痕跡を記憶していない。精神の本性は思考であるにせよ、つねに思考するとする必要はない、と反論した[45]。これに対してデカルトは、胎児には混乱した感覚があるのみで、思考を想起するには脳に残された痕跡だけでは不十分である。想起には知的な記憶の反省が必要だが、それは胎内では使われなかった。思考は精神の本質だから「精神がつねに現実的に思考しているということは必然的である」と答えた。アルノーはさらに質問する。なぜ胎児には混乱した感覚しかないのか、知的な記憶の反省とはなにか、それがなぜ胎内で用いられなかったのか。もしわれわれがつねに思考しているなら、その思考をつねに意識しているはずだが、睡眠中はそうではない[46]と。デカルトは答える。心身は合一しているので、胎児や睡眠時においては、精神は感覚から解放されない。反省とは過去の記憶を知性で想起することであり、胎児の思考は直接的であっても反省的思考ではない。夢を見ている時、われわれは自分の思考を自覚しているが、多くの場合それを忘れてしまう[47]と。

　デカルトは、精神の本質は思考であるという原則論で押し通そうとして苦心している感がある。30 項（本書 p.43）でも触れたように、アル

---

45) アルノーからデカルト宛 1648 年 6 月 3 日 AT. V, 186-188；『全書簡集』VIII, 45-46.
46) 同 1648 年 7 月 AT. V, 212-214；『全書簡集』VIII, 69-71.
47) アルノー宛 1648 年 7 月 29 日 AT. V, 219-221；『全書簡集』VIII, 75-77.

ノーらとのやりとりは，そこにさまざまな個別的な論点ないし困難があることを浮き彫りにしている。たとえば，思考している時にわれわれは動物精気の力まで意識していないという論点[48]には，うまく答えられていないと思われる。

67. 心身の相互作用は自明

「きわめ確実できわめて明証的な経験がこのことを毎日われわれに示しています。」（アルノー宛 1648 年 7 月 29 日 AT. V, 220 :『全書簡集』VIII, 78）

　アルノーは問うている，「非身体的なものがどのようにして物体的なものを動かすことができるのか，ほとんど理解できません」[49]と。それに対する解答が上の引用文である。「このこと」とは精神が物体（身体）を動かすことである。これは 33 項（本書 p.47）でも述べた心身問題である。エリザベトがそうであったように，アルノーも心身の相互作用の理論的な説明を真剣に求めている。しかるにデカルトは，それはいかなる推論や比較によっても示されず，むしろ経験や日常の感覚によって示される。自明なことを他のことで説明するとかえって不明瞭になる，としている。同じく『ビュルマンとの対話』でも，その説明は困難だが経験で十分である[50]，と言っている。不明瞭であるがゆえに問題提起がなされているにもかかわらず，デカルトそれは実践レベルで自明なことだとして問題を切り捨てているのである。むろん戦略的にそうしているのだが，それでは理論的な解答にはならない。アルノーはとうてい納得できなかったであろう。本書第九章（pp.215-220）を参照。

68. 物体は延長実体

「なぜ私は，物体は延長する実体であると言い，感覚可能，接触可能，不可入な実体と言わないのか。」（モア宛 1649 年 2 月 5 日 AT. V, 268 :『全書簡集』VIII, 114）

　48）　アルノーからデカルト宛 1648 年 7 月 AT. V, 215 :『全書簡集』VIII, 71. 本書 pp.211-215 を参照。

　49）　同 AT. V, 215 :『全書簡集』VIII, 71.

　50）　AT. V, 163. この対話の日付は 1648 年 7 月 29 日であり，アルノーとの往復書簡の時期に重なっていることに注意すべきであろう。

モア（H. More, 1614-1687）との間には全部で 8 通の往復書簡がある。最後の書簡[51]はデカルトの死後のものである。それらは『序説』、『屈折光学』、『気象学』、『原理』への反論であり、内容的に多岐にわたっている。ここで注目したいのは、物体（延長）の定義の相違である。モアによれば、「延長」は「物体」よりも概念が広いので（神も延長である）、物体＝延長とするのは物体を広く定義しすぎである。古来考えられてきたように、物体を、形をもつ、感覚できる、触れうる、なかに入れない（不可入な）もの、と限定すべきである。空虚や無際限な延長というものも理解に苦しむ、とする[52]。デカルトは答える、「真の延長」を神や精神などの非物体的な実体のうちに想定することには反対である。物体の本性は延長する実体であって、感覚可能、接触可能、不可入などは物体に帰すべき本性ではない。空虚は存在しない。無際限な延長というのは無限なる神と区別してのことである[53]、と。これらの点について二人の議論はなお続いている。本書 pp.232-235 を参照。

　デカルトの物体観の基本である延長実体に関して、どういう点が当時の人に誤解されやすかったか、どこがおかしいと見えたかが、モアが反面教師となってよりよく説明されている。とくに蜜蠟がつねに形をもつはずだという批判[54]などは一見明快に見えるが、蜜蠟のなんたるかは感覚ではなく、精神の洞見によって知られる[55]ことをモアは理解していない。また、モアはホッブズの物体観に反対したが、デカルトの物体＝延長、精神＝思考という二元論にも否定的であり、神にも精神にも延長を認める人であった。デカルトからすれば、モアこそ延長の意味を広くとりすぎたことになろう。

69. 動物は思考するか

「動物は思考するということ以上に、われわれが慣れ親しんでいる先入見はありません。」（モア宛 1649 年 2 月 5 日 AT. V, 275-276；『全書簡集』

---

51) モアからクレルスリエ宛 1655 年 7 月または 8 月 AT. V, 642-647；『全書簡集』VIII, 319-324.
52) モアからデカルト宛 1648 年 12 月 11 日 AT. V, 238-242；『全書簡集』VIII, 94-99.
53) モア宛 1649 年 2 月 5 日 AT. V, 268-275；『全書簡集』VIII, 114-122.
54) モアからデカルト宛 1648 年 12 月 11 日 AT. V, 239；『全書簡集』VIII, 101.
55) 「第二省察」AT. VII, 31.

VIII, 122）

　18, 54 項と同じく，モアは動物−機械論を，すべての動物から生命と感覚を奪う「悲惨で凶悪な説」として批判し，動物にもそれなりの感覚と記憶がある[56]，と言う。これに対してデカルトが答えているのが上の引用である。続けて言う，動物の運動は精神ではなく物体的・機械的なものに由来している。動物が思考を欠いていることの証拠は，彼らが自然本性的な衝動を声にすることはあっても，「真のことば」を持たないことである。身体に関するかぎり私は動物に生命や感覚を否定してない[57]，と。モアはイヌの振舞いなどを例にしてさらに反論し，議論はその後も続くことになる。

　デカルトの説明は「先入見」の一点張りであり，これまで以上に新しい論点は提出されていない。ただ，人間精神は動物の心に入り込まないので，動物のうちに思考がないことの証明はできないという指摘[58]は，その当否は別として面白いと思われる。またモアの反論のなかで，動物が思考するなら，動物も不死なる魂をもつことになるので都合が悪いのだろう[59]，としているのは，当たらずとも遠からずと思われる。モアは動物の魂の不死性にも肯定的な立場であった。動物の思考については本書 pp.235-238 を参照。

70.　英国王の処刑

「このあまりにも激烈な死は，寝床の上で待つ死よりもたしかに何かもっと恐ろしいものです。しかしその方がより名誉あるもので，より幸福であり，より穏やかです。」（エリザベト宛 1649 年 2 月 22 日 AT. V, 282；『全書簡集』VIII, 129）

　激烈な死とは，清教徒革命により，エリザベトの叔父でイギリス国王のチャールズ一世が処刑（斬首）されたことである。傷心の彼女に向けて，人々から惜しまれながら死ぬので名誉なことだと言って慰めている。それはよいとしても，このすぐあとで，斧の一振りはあっと言う間

---

[56]　モアからデカルト宛 1648 年 12 月 11 日 AT. V, 239；『全書簡集』VIII, 100.
[57]　モア宛 1649 年 2 月 5 日 AT. V, 275-278；『全書簡集』VIII, 122-124.
[58]　同 AT. V, 276-277；『全書簡集』VIII, 123.
[59]　モアからデカルト宛 1648 年 12 月 11 日 AT. V, 244-245；『全書簡集』VIII, 101.

のことなので苦痛はないのではないか，としているのは無骨な言い方であり，エリザベトがそれで慰められたかどうかは疑問である。

　ともあれ，デカルトはこのような歴史的事件に遭遇しており，これはその間接的な証言になるだろう。この種の証言はその他にもいくつかある。4項のドイツでの「戦雲の動き」（本書p.9）は三十年戦争のはじまりであり，11項はガリレイ事件のことである。63項などでしばしば登場する「フランスの嵐」はフロンドの乱である。1648年のウエストファリアの講和条約については，（エリザベト一家は）多くの領地を失うことになるが，それでも満足して受諾すべきであり，「プファルツの小さな部分でも，タタール人やモスクワ人の帝国すべてよりも価値がある」という見解をこの書簡で述べている。事件のさなかにある当事者に向けて政治的なアドヴァイスをしているわけだが，これはデカルトには稀なことである。

71.　『哲学原理』の注意点

「『原理』について，経験によって割り出された二，三のことを注意するだけにいたします。」（シャニュ宛1649年2月26日 AT. V, 291；『全書簡集』VIII, 133）

　クリスティナ女王は，60項に登場したフラインスヘミウス教授を補佐役として『原理』を読み始めていた。それを聞いたデカルトは，シャニュ宛にその読み方についての注意点を挙げている。(1) この本の第一部は『省察』の要約にすぎないが，『省察』は難しいので立ち返る必要はない。(2) 第二部46項以下の運動の規則は他の理解には必要ではないので飛ばしてよい。(3) 私は，物体のうちに，大きさ，形，運動のみを考えてはいるが，同時に，光，熱，その他の感覚できる性質をも説明している。それらの性質はわれわれの感覚のうちにのみあり，その対象のうちにはない。対象のうちにあるのは形と運動のみであり，それらが光や熱などの感覚を惹き起す。

　このうち，(1)『原理』第一部が『省察』の単なる要約とであるという点は，それこそ注意しておいてよいだろう。むろん，論述の仕方，スコラ的説明の濃淡，自由意志の解釈，誤謬の原因について説明，などの違いはむろんある。だが，基本線は変わらないということである。逆に

いえば,『省察』を読まなくても『原理』第一部は理解できるように書かれている, ということであろう。また (3) をわざわざ注意しているのは, いわゆる物体の一次性質と二次性質との区別をきちんとすべきであるからである。この区別はデカルトとアリストテレス＝スコラとを分ける重要な論点の一つでありながら, 曖昧にされ, 誤解されやすい論点であったのであろう。

72. 神の存在証明

「私は, 神の存在証明をわれわれが神について持っている観念ないし意識から惹き出そうと意図しました…。」(クレルスリエ宛 1649 年 4 月 23 日 AT. V, 354 ;『全書簡集』VIII, 194)

　ここでは, 神の存在証明, 観念, 実体, 無限と有限, 真理など, 形而上学の諸問題が再び取りあげられているが, いくつかの論点が新たに出されていることが注目される。たとえば,（「第三省察」のはじめで）意識の種類を区別したのは, どういう意識がわれわれを欺きうるかに注意し, キマイラそのものは虚偽のうちに含まれないことを示すことで, 神＝キマイラとする意見を封じるためである。また, 観念を三つに区別したのは, 神の観念がわれわれによって作られたものであるとか, 他から聞いたものだとする意見を未然に封じるためであった, としている。三区分そのものは 29 項（本書 pp.41-43）でも詳しく説明されたが, ここで彼は議論の舞台裏をみずから示していることになろう。さらに観念の真理性を論じるに際して, 21 項（本書 pp.32-33）とはやや異なる視点から,「真理は存在においてあり, 虚偽はただ非存在においてのみある」[60]という伝統的な言い方をしている点も興味深い。デカルトは最晩年にいたるまで, 自然学だけでなく形而上学の細かい論点にも気を配っていたのである。

73. ストックホルム

「四, 五日前にストックホルムに到着いたしました。」(エリザベト宛 1649 年 10 月 9 日 AT. V, 429 ;『全書簡集』VIII, 261)

---

[60] クレルスリエ宛 1649 年 4 月 23 日 AT. V, 356 ;『全書簡集』VIII, 195.

デカルトは長らくスウェーデン行きをためらっていたが，迎えの軍艦が差し向けられるに及んでようやく腰をあげた。1649年9月初めにオランダを発ち，10月初めにストックホルムに着いた。これはその第一報である。謁見したクリスティナ女王の印象が率直に語られている。評判に違わぬ素晴らしい人である，エリザベトの消息を聞かれた，文学に熱心でギリシア語の習得や古書を収集している，好きな時間にだけ参内すればよいことになった，しかしあまりこの国に長居したくない，などである。同じ日付のピコ宛書簡でも彼は言っている。スウェーデン貴族の位が用意されていたが，受ける気はなくオランダの隠居に戻りたい，エリザベトについて話があった，哲学を学ぶために毎朝5時に宮廷の図書室に詰めている（フラインスヘミウスも同席），宮廷の儀式はすべて免除される，しばらく時間をかけてこの国に馴染むよう請われた，などである[61]。

　デカルトはスウェーデンに行く4ヵ月前から，フラインスヘミウスに対してあらかじめ女王や王宮についての情報を求めている[62]。万全の態勢で臨んだわけだが，ストックホルム滞在はあまり快適なものではなかったようである。冬は寒く「水も人の思考も凍る」のはまだしも，宮廷にいる女王の取り巻きがよくないということだろうか。とにかく水が合わない。ここは自分の本来の居場所ではなく，静かで安らぎのある私の「砂漠」に早く戻りたい[63]，という気持ちだった。しかし彼はフランスにもオランダにも，二度と戻ることはなかったのである。

74. 臨終

「彼［デカルト］は優しくシャニュを抱擁して最期の別れを告げた」（兄たち宛1650年2月10日 AT. V, 470：『全書簡集』VIII, 302）
　デカルトは異郷の地に来てわずか4ヵ月で命を落とした。肺炎を起こしていたシャニュを看病するうち，自分が同じ病に罹患してしまったの

　61）　ピコ宛1649年10月9日 AT. V, 432-433：『全書簡集』263-265．
　62）　フラインスヘミウス宛1649年6月 AT. V, 362-363：『全書簡集』202-203．「新しい哲学の著者であるという資格で私には多くの敵がいる」という言い方は，ユトレヒトやライデンの事件を想起しているのであろうか。「自己評価」として興味深い。
　63）　ブレギー宛1650年1月15日 AT. V, 467：『全書簡集』299-300．

である。10日に満たぬ思いであった。臨終が近付くと,シャニュに別れを告げたあとで,二人の兄（実兄ピエールと義兄）宛の手紙を筆記させ,乳母に生活費の支給を忘れないようにと依頼した（これは3項,本書 p.8 で触れた女性である）。1650年2月11日デカルトは死去した。54歳であった。その報にクリスティナ女王は涙した。葬儀は質素にとり行われ,墓地も宮廷専用の寺院ではなかった。クリスティナはその4年後,王位を棄ててカトリックに改宗し,ローマに住んだ。1667年デカルトの遺体がフランスに返還されたとき,彼女は語っている,「もし私が王国にいたとしたなら,この宝物がスウェーデンからもち去られるのを決して許さなかっただろう」[64]。デカルトはいまパリのサン・ジェルマン・デ・プレ教会で眠っている。

---

64) Ch. Adam, *Vie et œuvres de Descartes*, p. 604.

第 II 部

精神と身体

第四章

心身合一の世界
――デカルト哲学と西田幾多郎――

　周知のように，デカルトは心身関係を説明する際に，心身の区別と同時に心身の合一を主張した。ここでは合一という主題の下に，デカルト哲学と西田幾多郎との異同を考えてみたい。話の順序として，第一に，デカルトの言う心身合一の世界とはどのようなものであり，どういう問題を含むのかを見る。第二に，西田の場合もデカルトとは別の意味ではあるが，心身合一の世界を大きく肯定していたように思われる。それはどういうことであるのかを，主として『善の研究』を中心に見る。第三に，デカルトと西田とを比較し，西田はデカルトの心身に関わる思想をどう受けとめ，デカルトは西田の考えをどう批判するだろうかを見る。これらの問題を意識しつつ，西田とデカルトの思想の根本にある相違を探ってみたい。

第 1 節　デカルトと心身合一

　デカルトのテキストにおいて「心身合一」という言葉は頻出している[1]。その意味は，痛みの感覚などにおいてわれわれが経験しているよ

　　1)　「人間は精神と身体とから構成されるであろう。…われわれに似かよった人間を構成するためには，これら二つのものがどのように結合（joindre）され，連結（unir）されねばならないかを示すはずである」（『人間論』AT. XI, 119-120）。「私は…身体ときわめて緊密に結ばれ（arctissime esse conjunctus），いわば混合されており，したがって身体とある一なるもの（unum quid）を構成している。…飢え，渇き，痛みなどの感覚は，精神と身体との合一（unio）といわば混合とから生じるある不分明な意識様態にほかならない」（『省察』AT. VII,

うに，精神と身体が緊密に結合して一なるものをなしており，両者がはたらき合っている[2]ということである。それゆえ，心身合一の世界とは，感覚や情念をもって生きている「真の人間」[3]の世界のことである。生活世界と言ってもよい。そのこと自体にはとくに問題はないだろう。心身合一がとりわけ話題にされるのは，エリザベト宛等の書簡において，デカルトが合一の概念によって心身関係を説明しようとしているからである。だが，それは必ずしも成功しておらず，いくつかの問題が残されていると思われる。そこで，以下，合一の意味とそれが語られる文脈をエリザベトとの往復書簡を手がかりとして復習し，問題の解釈を試みる。

　二人の間には全部で 5 通の往復書簡が残されている。

1．人間の精神（âme）は（思考する実体にほかならないのに），いかにして身体の精気（esprit）が意志的な運動をするよう決定しえるのか[4]。

　これがエリザベトの最初の疑問[5]であり，出発点である。この疑問がデカルトのどのテキスト（例えば『省察』のどの箇所）を想定したものかは特定できない。むしろそれは，精神的なものが物体（身体）的なものを動かすことは金輪際ありえない，というエリザベト独自の考えによるものだろう。周知のように，デカルトは，精神が松果腺を介して精気をはたらかせて身体を動かし，松果腺は精神に直接影響を及ぼすと考えていた。これは心身関係の生理学的な解明を担う重要な仮説であり，医学

81），など．
　2)　「精神が身体と合一しているゆえに身体とともにはたらき合う（agir et pâtir）」（エリザベト宛 1643 年 5 月 21 日 AT. III, 664；『全書簡集』V, 265）という側面は「第六省察」ですでに論じられたが，エリザベト宛書簡を経て『情念論』で再度光が当てられる。それは心身を二元論的に区別するのではなく，密接に一体化したものと捉える考え方である．
　3)　『序説』AT. VI, 59.
　4)　1643 年 5 月 16 日 AT. III, 661；『全書簡集』V, 262.
　5)　エリザベトの疑問の背景には，デカルトのように心身を区別するかぎり，それはどこまで行っても交わらないという自然な考え方がある。精神が身体を動かすとするなら，それは身体に接触して延長を持つので，精神も物体的になるはずだからである（同 AT. III, 661；『全書簡集』V, 263）.

第4章　心身合一の世界　　　　　　　　　　91

的には誤りでも，二元論をとるかぎり心身を繋ぐ何らかのものが必要であることを示している。エリザベトは松果腺のことをすでに知っていた可能性があるが[6]，この往復書簡にはその話は一切登場しない。デカルトは松果腺には全く触れずに，次のように答える。

2．心身の合一を私はどういう仕方で理解しているか，精神がいかにして身体を動かす力をもつかについてここで説明しよう。…われわれのうちにはある種の原初的概念（notion primitive）がある。［身体については延長の概念が，精神については思惟の概念があるが］精神と身体とを合わせたものについては合一の概念があるのみである。この概念に，精神が身体を動かし身体が精神に作用する力の概念が依存し，そこから感情や情念が生まれる[7]。

デカルトは，心身合一を原初的概念（つまりそれ自体で自明な概念）として説明しようとする。そして，精神と身体との相互作用の力がこの概念に依存するとしている。ただ，そこから心身関係がどのように明ら

───────

6)　1643年の時点でエリザベトは，『人間論』1633（AT. XI, 129, 170-）の草稿，メイソニエ宛書簡（1640年1月29日 AT. III, 19；『全書簡集』IV, 23-24），メルセンヌ宛書簡（1640年4月1日 AT. III, 47；『全書簡集』IV, 51-52）などから，松果腺のことを知っていたかもしれない。彼女はデカルトが過去に書いた草稿を目にしていたからである（エリザベト宛1645年10月6日 AT. IV, 310；『全書簡集』VI, 353）。しかも『序説』と『屈折光学』(1637)，『省察』(1641) はすでに出版されており，とりわけ『省察』が踏まえられていることは明らかである（エリザベト宛1645年5月21日 AT. III, 666；『全書簡集』V, 266）。それゆえ「観念が受け取られる場としての共通感覚」（AT. VI, 55），「共通感覚の座としての小さな腺」（AT. VI, 129），「精神は…脳のごく小さな部分からのみ直接影響される」（AT. VII, 86）という考え方に，彼女がすでに親しんでいた可能性は十分にあるだろう。そうだとした場合，彼女は，精神が思考を専らとするものなら，この仮説を以ってしても心身の相互関係は明確にならないと感じ，さらなる説明を求めたことになろう（ただ，かりに松果腺を全く知らなかったとしても，彼女が提出している問題の本質は変わらないだろう）。これに対してデカルトは，ここで松果腺について詳しく語り，精神と精気との関係を説明することができたはずである。しかるにエリザベト宛書簡には「松果腺」は全く登場せず，心身合一は日常的生の次元で明晰に理解されると主張されるのみである。心身合一をどう生理学的に説明するかという問題と，心身合一の概念をどう理解するかという問題（それがここでの主題である）との間には，論点の違いがあると思われる。本書 pp.117-120 を参照。

7)　1643年5月21日 AT. III, 664-665；『全書簡集』V, 265（［　］内は山田）．この後に物体間の力の概念を説明するものとして「重さ」の比喩が続く。そして，この比喩は物体間の力関係を説明するには適していても，心身の相互関係の説明には適さないとされる。

かになるのかは説明していない[8]。この点については「第六答弁」の最後を見るのが有益である，とデカルトは言う。たしかにそこでは心身の複合（compositio）[9]が言われているが，しかし複合の具体的内容についてはあまり詳しくは語られない。もとよりエリザベトはそれに納得しない。「精神がいかにして身体を動かすことができるのか」は，依然として明らかでないからである。

3．精神がいかにして身体を動かすことができるのかは［…重さの観念によっては］理解できない。非物質的なものに，身体を動かしたり動かされたりする能力を求めるよりも，むしろ精神に物質や延長を認めたほうが分かりやすい[10]。

こう詰め寄るエリザベトに対してデカルトはさらに敷衍する。以下が最も詳しい説明である（a, b, c…の区分けは山田）。

4．(a) 合一は心身相互の比較（comparaison）によって知られるのではなく，ある特定の仕方（une façon particulière）で知られる[11]。
　(b) 精神と身体との合一に属することがらは，知性のみによっても想像力によって助けられた知性によっても漠然（obscurément）としか理解されないが，感覚によってきわめて明晰（très-clairement）に理解される。それゆえ，全く哲学したことがなく感覚しか使わない人は，かえって精神が身体を動かし身体が精神に作用することを少しも疑わない。彼らは両者を一つのものと見なしている，つまりそれらの合一を理解しているのである。というのは，二つのものの間の合一を理解するとは，それらを

8）ここでの問題は心身合一という概念の「理解の仕方」であり，いかにしてそれが明晰に理解されるか，であった。「精神がいかにして身体を動かすか」はこの書簡では説明されず，『情念論』第一部で改めて取り上げられることになる。

9）心身は事実として「複合」されていても，精神が身体から実在的に区別されることは明晰に知られる（AT. VII, 444-445）と説明される。しかし，エリザベトに対しては複合の意味を分析した記述（同 423）の方が適切ではなかったかと思われる。

10）1643 年 6 月 20 日 AT. III, 684-685；『全書簡集』V, 289（［　］内は山田）．

11）1643 年 6 月 28 日 AT. III, 691；『全書簡集』V, 300．

(c) …精神と身体との合一を理解するようになるのは，実生活（vie）と日常の交わり（conversation ordinaire）だけを用い，省察を差し控え，想像力をはたらかせることがらの研究をさし控えることにおいてである[13]。

(d) 心身の区別とその合一とを［省察によって］きわめて判明にかつ同時に理解することは，人間精神にはできない…。そのためには心身をただ一つのものと理解すると同時に二つのものと理解しなければならないが，それは矛盾するからである[14]。

(e) 哲学することなく，自分自身において経験している合一の概念を思い描く。つまり，身体と同時に思考をし，思考が身体を動かし，身体に起こる出来事を感じることができるただ一人の人間（une seule personne）であることを思い描く…[15]。

合一は，重さの比喩などによる精神と身体との比較検討から外的に知られるのではない。たとえば「飢えや渇きなどの欲求，怒りなどの情念，痛みなどの感覚は，精神と身体との密接で内的な合一（arcta & intima unio）に由来するもの」[16]である。密接ということは合一をそれ以上は説明できないということである。飢えであれ，痛みであれ，それ自体において知るしかない。(a) の「ある特定の仕方」とはこの意味である。たしかに『人間論』や『屈折光学』では，われわれの脳が外界からの感覚刺激をいかにして感知するかのメカニズムが説明されている。しかし，それは外からの生理学的説明[17]であって，相互関係の仔細（心

---

12) 同 691-692；『全書簡集』V, 301.
13) 同 692；『全書簡集』V, 301.
14) 同 693；『全書簡集』V, 302（［　］内は山田）.
15) 同 694；『全書簡集』V, 302.
16) 『哲学原理』I-48.
17) デカルトは『情念論』第　部 30 節以下において，これまでの研究を総括する形で心身の相互関係を生理学的に説明している（松果腺は「小さな腺」として 31 節に登場）。これはエリザベトに対する最終的回答でもあろう。この書は彼女の求めに触発されて書かれたものであり，その出版は 1649 年だが，彼女は 1646 年 3 月にその草稿を手にしている。デカルトの主張を要するに，合一の概念は日常的生の次元において理解されることだが，合一のメカニズムを生理学的に分析すればこうなる，ということである。しかしそれは，精神におけるある思考の動きが，なぜ動物精気や小さな神経を特定の方向に動かし，松果腺を傾ける

身関係の形而上学）を明らかにするものではない。むしろ経験において合一は自明のこととして示される[18]，とするのである。

　(b) は概念とその対象とする領域を明確に区分すべきことを言っている。心身の区別は純粋知性をはたらかせる形而上学的思考の領域において捉えられるが，合一は実生活と日常の交わりのみを用いる領域において，感覚によって明確に知られる。これらの領域の区分と理解の手段を取り違えてはいけない（エリザベトのように精神に物質や延長を帰属させることは，実は心身合一を言っていることになる）。心身合一とは，だれでも喉が渇けばおのずから水を飲むような日常の経験，日常的な生の次元を言っている。これが (c) の「実生活と日常の交わり」の意味だろう[19]。デカルトは軽々にそう言うのではなく，「ここで自分は真面目（sérieusement）に語っている」[20]と念を押している。合一を理解するためには知性や想像力を使わず，感覚に身を委ねる必要がある。そして「緑の樹，色とりどりの花，飛ぶ鳥など，どんな注意も要しないことがらを眺める」[21]のである。それは一般の人や子供でも理解していることだろう。これは知的分析をするなということだ。哲学者として分析的に見れば心身は区別されているかもしれないが，普通の人間として見れば

───────

のかを究極的に説明するものではない。生理学的説明では心身間の溝はどこまで行っても埋まらないであろう。エリザベトは生理学的説明の限界を予想し，心身関係の形而上学を求めていたのかもしれないが，デカルトは結局それを示していないのである。

　18)　アルノー宛書簡でも同じことが言われている。アルノーは「非物体的なものがいかにして身体（物体）的なものを動かすことができるのか，ほとんど理解できない」(1648年7月 AT. V, 215；『全書簡集』VIII, 71) と問うた。これに対してデカルトは次のように答えている。「非物体的である精神が身体（物体）を動かすことができるという点ですが，いかなる推論も，他の事柄から引き出された比較も，このことをわれわれに示してはいません。むしろしかし，極めて確実で極めて明証的な経験（experientia）がこのことを毎日われわれに示しているのです。実際このことは自明（per se notus）な物事の一つであり，われわれは，そのことを他のことによって説明しようと欲するたび度に，不明瞭にすることになるのです」(1648年7月29日 AT. V, 222-223；『全書簡集』VIII, 78)。ここでも直接の説明はなされず，松果腺も登場しない。本書 pp.79, 215-216 を参照。

　19)　それをロディス＝レヴィスは「生きられた経験」(expérience vécue)（G. Rodis-Lewis éd., Les passions de l'âme, 1955, Paris, p. 7) と呼ぶ。アルキエも「経験のみが合一を事実としてわれわれに示している。合一は体験される」(F. Alquié éd., Œuvres philosophiques de Descartes, tome III, Paris, 1973, p. 47) と注している。いずれも日常的生の次元を示す適切な理解であろう。本書 p.122 を参照。

　20)　エリザベト宛 1643年6月28日 AT. III, 692；『全書簡集』V, 301.

　21)　エリザベト宛 1645年5月または6月 AT. IV, 220；『全書簡集』VI, 267.

第4章　心身合一の世界　　　　　　　　　　　　　　　95

明らかに心身は合一している。それで十分だと言いたいようである。

　(b) の最後にある「二つのものの間の合一を理解するとは，それらを一つのものと理解すること」とはどういうことか。この場合の合一とはスコラ的には「実体的合一」(unio substantialis)[22]である。だが，心身の合一は「本性による一性」(unitas naturae) ではない。つまり，本来的に同質なものが同一の実体に帰属する（たとえば運動と形とが物体に属する）という意味での一性ではない。むしろ「複合による一性」(unitas compositionis) にすぎない。つまり，本来が親近性のない異質なものが偶然的に連結している（動物が骨と肉からできている）という意味での一性[23]にすぎない。精神と身体という本来別々のものが，たまたま合わさって人間を構成しているという考え方である。心身の合一を一つのものと理解するとは，両者のはたらき合いを，ここまでは精神の機能，ここから向こうは身体の機能という風に，二元論的に分析して理解することではない。そのまま一元論的に，いわば頭から鵜呑みにすることである。心身の合一は二つのものの複合ではあるが，それを「ある一つのもの」(unum quid)[24]，すなわち (e) の「一人の人間」として見る。これが合一を本当に理解するということだ，ということになろう。

　(b) でも言われたように，心身合一の概念は，感覚によって明晰に捉えられるのであって，知的な省察によってはかえって漠然としている。なぜなら，認識対象とその認識手段とが対応してないからである。知性でそれを知ろうとするならそれは筋違いであり，逆に，神を知るのに想像力をもってすれば[25]漠然とした認識しか得られないのと同じだろう。(d) の，心身の区別とその合一とは，同時に理解しようとするなら矛盾を来たすという言明は重要であろう。区別と合一は entweder oder であって両立しない。同じ次元で同時に語るなら，論理的に矛盾する。逆に言えば別の次元でなら語りうるということだ。心身はある側面から見れば区別されるが，別の側面から見れば合一している。そのかぎり矛盾

---
　22)　「第四答弁」AT. VII, 228.
　23)　「第六答弁」AT. VII, 423.
　24)　「第六省察」AT. VII, 81.
　25)　「神と精神の観念を把握するために想像力を使おうとする人は，音を聞き，匂いを嗅ぐために眼を使おうとする人と全く同じことをしている」（『序説』AT. VI, 37)。

はない，とするのである。(e) の「一人の人間」は「第六省察」の文章を想起させる。「私は船頭が舟に乗っているような具合に，私の精神にただ乗っているだけではなく，身体ときわめて緊密に結ばれ，いわば混合されており，したがって身体とある一つものを成している」[26]。心身の合一とは知的に抽象されたコギトの領域のことではない。心身の相互関係の領域，生きた人間の領域（生活世界）のことである。「感情や欲求をもった真の人間」[27]がここでの主題である。

　しかし以上の詳細な説明に対してもエリザベトは反論をやめない。

5．感覚は，精神が身体を動かしていることを私に示すが，どういう仕方で動かしているのかを教えない（知性や想像力も同様に教えないが）。…私は，精神の概念と身体の概念とを一般の人と同じ理由で混同していることの言い訳はしない。しかし，それは私から最初の疑問を除去するものではない[28]。

　彼女にしてみれば，心身合一は感覚で知られる云々といくら説明されても，精神が身体を動かす「仕方」が具体的に示されないかぎり納得できない。心身関係への疑問は解かれないまま，この論争は終わるのである。

　われわれの見るところ，これらの往復書簡では合一の仔細（心身の相互作用の仕組み）は最後まで詳らかにされない[29]，という点に問題があろう。デカルトによれば，心身の区別と合一とは両立できないものであった[30]。そこで，心身の区別を言う場合と，合一を言う場合とでは状況が

---

26)　AT. VII, 81.
27)　『序説』AT. VI, 59.
28)　1643 年 7 月 1 日 AT. IV, 2；『全書簡集』VI, 3-4.
29)　本章注 17 でも述べたように，相互作用の生理学的な仕組みは『情念論』で示されることになるが，書簡においては，相互作用は心身合一という文脈のなかで，それ以上説明できないものとして処理されている。書簡において心身関係の生理学的な説明をしている場面があるにもかかわらず（エリザベト宛 1645 年 10 月 6 日 AT. IV, 309-313；『全書簡集』VI, 353-355），松果腺のことはあえて伏せられている。上述のアルノー宛書簡においても同様である。生理学的文脈と日常的生の文脈との間には懸隔があると思われる。本書 pp.117-120 を参照。
30)　現代のデカルト研究者の多くは，心身の区別と合一とが両立できないということの意味をいろいろ解釈している。だが本当の問題は，合一の領域の理論的・形而上学的な位

異なると主張する。そして，カントのように[31]，知の問題を棚上げにして実践の場に目を移すことになる。だが，合一は日常的生において感覚で分かるからと言っても問題の根本的解決にはならない。あくまで理論の場で決着をつけて欲しい，合一の仕組みを示して欲しい。これがエリザベトの主張であった。そのため彼女は，精神に物体的要素を認めようとさえした。スピノザやライプニッツもエリザベトと同じ正攻法で，つまり形而上学の問題として解決しようとしたのである。しかし，デカルトにすれば，相互関係は生理学的に説明できても，それ以上の形而上学的な決着はつかないと言いたいようである。この点で，エリザベトの望む意味での解答は与えられていない，むしろ与えられないということである。むろんそれでは問題は済まされない。合一の概念によって分かるといっても，「合一」の詳細を理論的に説明できないからである[32]。

　この問題をどう処理すべきであろうか。心身問題がここで袋小路に入っているのでは必ずしもないと思われる。一つの解釈の仕方として，「心身の合一」の主張は心身問題の正面からの解決にはならないものの，結果として心身が共にはたらき合う「人間」の領野を開拓している。感覚や情念などで「生活世界」を豊かに色づけしている，という見方がある。たしかに，精神だけでも身体だけでもない第三の領域として心身合一の世界がとり出され，意味づけがなされていることは十分認められる。これは古くはメーヌ・ド・ビラン，新しくはベルクソンやメルロ＝ポンティなどにつながる「生の哲学」であろう。しかし，この解釈は問題の核心を突いたものではなく，そこから出て来る副産物を多として評

置づけであり，心身合一と区別とがどう関係しているかである。最近の解釈を見るに，ゲナンシアは原初的概念という点に重きを置き（P. Guenancia, *Descartes, chemin faisant*, 2010, Paris, pp. 253-261），カンツィアーニは形而上学に対して生の領域を重視する（G. Canziani, « La métaphysique et la vie. Le sujet psychosomatique chez Descartes », in Kim Sang Ong-Van-Cung, éd., *Descartes et la question du sujet*, Paris, 1999, pp. 67-91）。だが，いずれも合一と区別との関係にまでは立ち入って論じていない。コレスニク・アントワーヌはこの問題をとりあげ，デカルトの生理学が形而上学の要請に基づいて心身の合一（相互作用）を説明しているとする（D. Kolesnik-Antoine, *L'homme cartésien, La « force qu'a l'âme de mouvoir le corps» : Descartes, Malebranche*, Rennes, 2009, p. 78）。しかし，合一の機械論的・生理学的分析が形而上学的な区別とどう関係するのかを説明するにはいたっていないと思われる。

31）　カントは形而上学を考える際に，知（Wissen）を棄てて信（Glauben）に場を空けなければならなかった（Kant, *Kritik der reinen Vernunft*. B. XXX）と言う。

32）　本書 pp.123-124 を参照。

価しているにすぎない。

　もっと別の解釈がありうるのではなかろうか。これまであまり議論されなかったことだが，心身の合一も区別も，ともに神の力が根拠になっているとする以下のテキストに注目したい。

　　たとえ神が思考する実体に，ある物体（身体）的実体を，それ以上は不可能であるほど緊密に合一し，それら二つの実体からある一つのものをつくりあげたと仮定しても，それにもかかわらず，それらは依然として実在的に区別されている。なぜなら，…神はそれらを分離する［別々に保存する］ためにあらかじめ持っていた力（potentia）を失うことはありえなかったから[33]。

　「神が二つの実体からある一つのものをつくりあげた」とは，神による人間の創造[34]を指している。この意味ではじめに心身合一ありきであり，合一は神によって人間に与えられた最初の状態である。だが，その合一は「本性」的なものではなく偶然的な「複合」による合一である。それゆえ，心身は緊密に合一しているにもかかわらず，神は心身を分離し，別々の実体として区別することができる。それを根拠として人間は心身の区別を認識できるのである。要するに，心身の合一も区別も所詮は神の力のなせることだという根本思想に注目しておきたい。合一と区別とは基本的には別の事態である。しかし，ともに誠実なる神の力によって維持されているので不都合が生じることはない。合一の世界には合目的的な自然の設定[35]が施されているので決して混頓の世界にはならない。また，心身は認識論的に区別されはしても神の力によって緊密な相互関係を保っており，世界が実際に心的なものと物的なものとに分断

---

　　33)　『哲学原理』I-60（［　］内は山田）．
　　34)　「主なる神は土のちりで人を造り，命の息をその鼻に吹きいれた」（「創世記」2-7）．それを踏まえてデカルトは次のように言っている。「人間は精神と身体とから構成されるであろう。…われわれに似かよった人間を構成するためには，これら二つのものがどのように結合され連結されねばならないかを示すはずである。私は身体を，神が意図してわれわれにできる限り似るように形づくった土の像あるいは機械にほかならないと想定する」（『人間論』AT. XI, 119-120)．
　　35)　「第六省察」AT. VII, 87．

されて相互通行が不可能という事態にはならない。

　これを機械仕掛けの神(デウス・エキス・マキナ)であると批判することは容易であるが，あまり短絡すべきではないと思う。心身問題を実践の場に譲り，その解決を最終的に神に預けるということは，現代の言葉に「翻訳」すれば次のようになろう。第一にそれは，精神は身体（物体）に還元しつくされないという立場（反・物理主義）をとる，ということである。デカルトは精神を身体的機能とは別の原理を有するもの，物理的な説明をどこまでも拒否するあるものと考えるのである。第二にそれは，心身の究極の接点があるとしてもそれは人間知性には示されない，ということである。心身合一の仕組みは最終的には自然の設定によるものであって人知による分析の及ぶところではない，合一概念が経験において実際に了解されていることでよしとすべきである，ということである。問題を神に預けるとは，こうした事態を意味していると解釈できるのではなかろうか。このことは次章（本書pp.127-129）でさらに詳しく考えてみたい。

第2節　西田幾多郎と心身合一

　デカルトが描いたような「心身合一」の世界が西田にあるだろうか。それを単に精神と身体の入り混じった世界と解するなら，少なくとも『善の研究』の時代にはとくに主題としては取り上げられていないと思われる[36]。西田は，心身の合一は心理学や生理学の問題であって哲学の対象ではない，とするだろう。これでは議論が全く噛み合わない。ま

---

36)　この時期の西田は「身体」についてあまり詳しく語っていない。「我々の身体もやはり意識現象の一部にすぎない。意識が身体の中にあるのではなく，身体はかえって自己の意識の中にある」（『善の研究』岩波文庫版 2012, p. 72），「我々の身体は動物のそれと同じく一つの体系をなせる有機体である」（同 p. 142），と言われる程度である。ただ『善の研究』前後の研究ノートに興味深い記述がある。「我々の身体が特に精神と密接な関係をもっているのは何故であるか。これは最も自動的なるに由る。…身体は物体界に於ける自己の代表である。物心並行は経験的事実ではなく思惟の要求である。…身体あって精神あるのではない。精神の機関としての身体は精神の主観的作用を客観的物体に顕すために思惟の要求として吾人が考えた者である」（「純粋経験に関する断章」16：407 =『西田幾多郎全集』第16巻，岩波書店 1996 p. 407）。この記述はデカルトの身体観に近い。

た，それを西田の言うような「知識と対象とが合一」(17)[37]した状態とか，知るものと知られるものとが区別される以前の根源的な無意識の事態とするなら，そのようなものはデカルトにはなく，この意味では二人の間で「心身合一」の理解にズレがあるだろう。

　しかし，それを精神と物体（身体）とが経験において一体化した原初的状態，すなわちそれらが知的に分析される以前の（ある意味で）主客未分の事態と解するなら，西田の純粋経験に近い概念となるだろう。西田は「直接経験の事実においては主客の対立なく，精神物体の区別なく，物即心，心即物，ただ一箇の事実あるのみ」(239)と言っている。主客未分の状態においては心身（心物）の区別はなく，主客は合一している。最晩年には「身心一如」[38]という表現も使われている。この意味で，心身は緊密に結合したもの，あるいは結合以前の融合したものと考えられている。心身の一体化という事態が前提されていなければ，主客合一もないであろう。それゆえ，デカルト的な心身合一は西田の主客合一の概念のなかに含意されていると思われる。逆に，もし心身を分離したものと見なすならば，主も客も独立した実在と考えざるをえないであろう。心身合一をこのように解するなら，西田にもデカルトにも，精神と身体（物体）が区別される以前の経験の世界があると言えるだろう。そこで，ニュアンスは異なるにせよ「心身合一」をキーワードとしてデカルトと西田をここで比較検討するのは，あながち見当違いではなかろう。

　では『善の研究』において心身合一の世界，すなわち精神と物体とが分離する以前の事態とはどのようなものか。それは一語で言えば純粋経験であろう。よく知られたテキストをとりあげて，「純粋経験」のさまざまな特徴[39]を復習しておきたい。

---

37) 『善の研究』（岩波文庫版 2012）p. 17. 以下『善の研究』からの引用については，書名を略してページ数のみを記す。それ以外の書については『西田幾多郎全集』岩波書店 1996 の巻数とページを，16：407 のように記す。

38) 「我々は抽象的意識的自己を否定した所，身心一如なる所に，真の自己を把握する。…身心一如的自己の自覚の立場から，従来の哲学を考え直してみなければならない」（「デカルト哲学について」11：168）。

39) 「純粋経験に関する断章」16：274 以下において，意識経験の特徴が 12 列挙されている。

第4章　心身合一の世界

- 自己の意識を直下に経験した時，未だ主もなく客もない，知識とその対象が全く合一している。これが経験の最醇なる者である。(17)
- 我々は少しの思想も交えず，主客未分の状態に注意を転じて行くことができるのである。例えば，一生懸命に断崖を攀ずる場合の如き，音楽家が熟練した曲を奏する時の如き…。(20)
- 普通には主観客観を別々に独立しうる実在であるかの様に思い，この二者の作用に由りて意識現象を生ずる様に考えて居る。従って精神と物体との両実在があると考えて居るが，これは凡て誤である。(81)
- 普通には精神現象と物体現象とを内外に由りて区別し，前者は内に後者は外にあると考えて居る。しかし，かくの如き考えは，精神が肉体の中にあるという独断より起こるので，直接経験より見れば凡て同一の意識現象であって，内外の区別があるのではない。(125-126)

　これらは，純粋経験が主客未分ないし主客同一の事態であることを言っている。精神が物体を対象として捉える以前の状態においては，主と客，知識と対象との区別はもはやなされない。それゆえ意識の上ではそれらは同一である。合一している。クライマーや音楽家の例は分かりやすいだろう。ここにおいて精神と身体を二元論的に区別する見方は完全に拒否される。精神が身体の内に宿るとか，精神が内で物体（身体）は外という伝統的な見方も拒否される。主客未分の立場からすれば精神現象と物体現象とは同一である。なぜなら，意識の上では「物体精神の区別はない」(239) からである。そのことを西田は「未だ主客の分離なく，物我一体，ただ一事実あるのみ」(226) と言う。それが主客合一である。これは，意味は少し違うにせよ，デカルト的な心身が緊密に合一した世界に通じるであろう。
　同じことを西田は「物我相忘」とも表現している。

　　主観客観の対立は我々の思惟の要求より出でくるので，直接経験の事実ではない。直接経験の上においてはただ独立自全の一事実ある

のみである，見る主観もなければ見らるる客観もない。恰も我々が美妙なる音楽に心を奪われ，物我相忘れ，天地ただ嚠喨たる一楽声のみなるが如く，この刹那いわゆる真実在が現前して居る。これを空気の振動であるとか，自分がこれを聴いて居るとかいう考は，我々がこの実在の真景を離れて反省し思惟するに由って起こってくるので，この時我々は已に真実在を離れて居るのである。(80-81)

　周知のように，物我相忘は禅籍「十牛図」の第八図（人牛倶忘）から来ている。見る主観，見られる客観の別がなくなり，ただ一つの事実のみがある。再び音楽の例が出て来る。反省や思惟を加えるのでなく，ただ事実としての音のみがある。そういう事態を西田は物我相忘と呼び，さまざまな言い方をしている。「純粋経験の状態において，主客相没し…」(51)。「雪舟が自然を描いたものでもよし，自然が雪舟を通して自己を描いたものでもよい。元来物と我と区別のあるのではない」(205)。「主客相没し物我相忘れ，天地唯一の実在の活動あるのみ」(同)となっている。そして，物我相忘が破られてはじめて認識が生じる。すなわち「意識が統一の状態にある間は，いつでも純粋経験である。…その統一が破れた時，即ち他との関係に入った時，意味を生じ判断を生ずる」(25-26)。それ以前には意味も判断もなく，ただ事実のみがあることになる。
　純粋経験はしばしば「事実そのまま」とも表現される。

- 経験するというのは事実其儘に知るの意である。全く自己の細工を棄てて，事実に従うて知るのである。純粋というのは，…毫も思慮分別を加えない，真に経験其儘の状態をいうのである。(17)
- フェヒネルは或る朝ライプチヒのローゼンタールの腰掛に休らいながら，日麗に花薫り鳥歌い蝶舞う春の牧場を眺め，色もなく音もなき自然科学的な夜の見方に反して，ありの儘が真である昼の見方に耽ったと自ら云って居る。私は…早くから実在は現実そのままのものでなければならない，いわゆる物質の世界という如きものはこれから考えられたものに過ぎないという考えを有っていた。(10)

第4章 心身合一の世界

　事実そのままとは，サンスクリットの yathā-bhūta（あるがまま）に由来する漢訳の「如実」が基礎になっているようである[40]。情報を加工したり，判断を加えるのは事実を曲げていることになる。無垢のことがらそのものを問題とするのである（思慮分別を加えないという点はデカルトを思わせる。心身合一の事実は，知性による反省や形而上学的思惟で捉えようとすると逆に曖昧になるからである）。真に経験そのままという場合の「そのまま」とは，直接的な知覚（直覚）であり，主客の区別を設定しないということだ。「主観と客観とを分かつこともできない，事実と認識との間に一豪之間隙がない」。「直覚というはただ…ありのままの事実を知る」（66）ということである。そして西田は，デカルトがコギト・エルゴ・スムにおいて事実を直覚していた可能性もあるとする。すなわち「デカルトの「余は考う故に余在り」は推理ではなく，実在と思惟との合一せる直覚的確実をいい現わしたものとすれば，余の出立点と同一になる」（67）と言う。この注釈は今のデカルト解釈に照らしても有効と思われる。ただ，西田は基本的にコギト命題には批判的であり，それはすでに直接経験の事実ではなく，すでにスムということが推理されていると考えている。

　フェヒネルで始まる文は『善の研究』改訂版（1937年）に添えられた序文だが，そこには初版（1911年）と同じ思想が流れている。「夜の見方」はこの世界を数学的・物理的に見る見方である。デカルトの原子論や機械論的自然学などはその最たるものである。そこでは物質の世界は，精神（思惟）の世界とは異質な実在とされている。他方，西田は物質とか延長は意識現象にすぎないとする。これに対して「昼の見方」は，色も香りも音もあるこの世界の様相をそのままに肯定する見方である。純粋経験においては，見るものと見られるものとの区別はない。西田の挙げている例は花である。「事実上の花は決して理学者のいう様な純物体的の花ではない。色や形や香をそなえた美にして愛すべき花である」（81）。「我々が物を知るということは，自己が物と一致するというにすぎない。花を見た時は即ち自己が花となって居るのである」（124-125）。これは科学者の見方でなく芸術家の見方だろう。これが純粋経験

---

[40]　氣多雅子『西田幾多郎「善の研究」』晃洋書房 2011, p. 29.

の立場から見た「事実そのまま」,「現実そのまま」ということである。それは感覚にそのまま信頼を置く実在論では必ずしもない。澄んだ感覚でものの本質を捉えることであろう。

『善の研究』の25年ほど後に,西田は,純粋経験は日常の経験であり,日常性の根拠づけが哲学であるという認識を示している。

- 純粋経験は…主観客観の区別の無い立場から此の世界を考えることであった。純粋経験は学問上の考としては不完全であったように思う。今日では純粋経験の立場を論理的に考えようとしているのである。…此の現実の世界の論理的構造がどうなっているかを明かにすることが現在の私の問題になっている[41]。
- 『善の研究』で述べた純粋経験というものはつまり我々の日常の経験から出発したものである。それは我々の日常の経験である。…我々は其処から出発し其処へ帰らねばならぬ。…我々は此の世界に生れ,此の世界に於て働き又此の世界に於て死んでゆく…。我々の現実の世界,日常の世界が何であるかをよく摑んでみなければならない。…我々の最も平凡な日常の生活が何であるかを最も深く摑むことに依って最も深い哲学が生れるのである[42]。

最初の文中の「不完全」とは,『善の研究』が心理主義との批判を受けたことを指すのであろう。だが純粋経験の立場は変わらない。ただ後期の西田は,それを論理的に反省し,現実の世界の論理的構造を考えるようになっている。「場所」の概念によってそれを論理化したことは周知の如くである。ここでは現実の世界（心身合一の世界）という点に力点があると読んでおきたい。後の文では現実の世界が,日常の経験とか生活という言葉になっている。それをそのまま肯定するのではない。それが何であるかを摑むことが哲学することである。現実の世界,日常性の根底にある論理を知り,平凡な日常性の背後にある論理や根本の原理を得ようとしている。純粋経験の概念の中に日常性が入るようになっている。日常性の論理化,根拠づけが哲学の仕事である。これは心身合一

---

41)「現実の世界の論理的構造」14：216.
42)「歴史的身体」14：266-268.

（生活世界）の基礎づけと言ってもよいであろう。日常経験を出発点として，西田は現実の世界が何であるかを考え，日常性の何たるかを根拠づける原理を見出す方向に行くのである。

　以上のように，西田における心身合一の世界は，デカルト的な合一をも含んだ純粋経験の世界であろう。それは主客未分，主客合一，物我相忘，事実そのまま，などさまざまな観点から深められ，最後には日常性の基礎づけという事態に発展していると言えよう。

第3節　西田＝デカルト仮想論争

　以上の分析をもとに，西田はデカルトの心身に関する思想をどう受けとめたか，またデカルトは西田の考えをどう批判するだろうかを，簡単に見ておきたい。もとより実際に「論争」が存在する訳ではないので，これは仮想のものにすぎない。また西田とデカルトとでは時代も文化的背景も異なるので，そもそも問題が嚙み合うのかという根本の問題もあるだろう。だが，心身合一などの主題をめぐって，消極的であるにせよ両者には関連する点が多くある。これによって二人の根本の相違が明らかになるだろう。以下，コギト，心身，神，の三点についての論争を見て行く。

　まず西田のデカルト批判である。二人の考え方の違いを象徴するのが「コギト・エルゴ・スム」の理解である。既述のように，西田はそれを「実在と思惟との合一せる直覚的確実」と解するなら自分の考えと同じだと補足するが，基本的にはコギト・エルゴ・スムを拒否している。その理由は，それを「直接経験の事実ではなく…推理」（67）と見ているからである。つまり，コギトそのものは直接経験の事実であるとしても，コギトを立てた時点でコギトの対象がすでに想定され，そこからスムが推論的に取り出されている。求めるべきは，思惟と対象という知の枠組みが設定される以前の直接の事実であった。後年の西田は行為的直観の立場から「私は考える」（Je pense）ではなく，（メーヌ・ド・ビランにならって）「私は欲する，私は働く」（Je veux, j'agis）を採用する。そ

して「私が考える故に私があるのではなく，私が行為するが故に私はあるのである」[43]と考える。最晩年の西田は（おそらくカントの批判を意識して），コギト命題は「否定的自覚」でなく「主語的論理の独断」であると明言している[44]。西田は最後までコギトの立場には賛成せず，その考えを徹底させるならスピノザ主義に行くはず[45]と見ている。これは哲学史的には一応納得できる見方であろう。

　心身二元論については，西田はそれを全く認めない。純粋経験の立場においては，二つの実在が区別される以前の状態こそが真の実在であるからである。区別ということにはすでにわれわれの判断（思惟の要求）が入っている。それは科学的な「夜の見方」であり，現実そのままの「昼の見方」ではない。しかも二元論は心身問題を引き起こす。それを論理的に徹底させるならスピノザ主義に行かざるをえない。「二元論は一元論に帰着する」[46]と考える。『善の研究』の時代の西田は，「意識現象が唯一の実在である」(71)とする明瞭な一元論をとっている。他方，デカルト的な心身合一の世界を西田は一応評価するだろう。なぜなら，それはありのままの「昼の見方」であり，心身が知的に区別される以前の状態を問題にしているからである。だが，日常的生の次元は哲学以前の感覚的世界を素朴に認めているにすぎず，純粋経験とは全く別の話であるとするであろう。西田は，日常の感覚的世界と知的世界との領域を分けて済ませるのではなく，哲学は日常の世界の根底にあるものを探究すべきであると考える。

　心身の合一にせよ区別にせよ，神の力という超越的なものを根拠にして議論をすることに西田は反対である。「知識の客観性を基礎付けるのに…超越的なる神の媒介を要すると考えるのは，主語的論理の形式に囚れ居るが故である。それは分からないものを，更に分からないものを以って説明するに他ならない」[47]，と手厳しく批判している。西田も実在の根底に神を置いているが，それは超越的な神ではない。「神とは決し

---

43)「哲学の根本問題」7：174.
44)「デカルト哲学について」11：162.
45) 同 11：160.
46)「哲学概論」15：141.
47)「デカルト哲学について」11：170.

第4章　心身合一の世界

てこの実在の外に超越せる者ではない。実在の根柢が直に神である。主観客観の区別を没し，精神と自然とを合一した者が神である」(128)。

　以上のような西田の反論に対して，デカルトはどう答えるであろうか。コギト・エルゴ・スムは推理であるという批判に対しては，有名なデカルトの答弁がある。「それは三段論法によって演繹されるのではなく，あたかもおのずから知られたものとして精神の単純な直観（simplex mentis intuitus）によって認識される」[48]。これはコギト命題が西田の「直覚的確実」に相当することを意味している。逆に「私は行為する，ゆえに私はある」は批判される。それは「私は歩く，ゆえに私はある」が成立しないのと同じである。すなわち，歩いていると「私が考える」のであれば「私はある」は帰結するが，歩くという身体の運動だけからは帰結しない。なぜなら，夢のなかで歩いている場合，そこから身体の存在は帰結しないからである[49]。これに対して，コギトは，私が夢を見ていようが欺く神に騙されていようが，真なるものとして肯定される。西田の論点は，コギトにはすでに行為が含まれる[50]ということにあるだろうが，デカルトからすれば「私は行為する…」は意識としてのコギトなしには成立しない。西田の「行為的自己」はデカルト的コギトに回収されることになる。

　心身について言えば，精神現象と物体現象は同一の意識現象であり，身体も意識現象の一部である，という西田の主張は認識の問題としては肯定できる。物体（身体）の観念は，私の意識（精神）に由来するからである[51]。だが存在の問題としては，精神と物体（身体）は存在するために互いに他を要しない，全く異質で独立した実在である。この意味で明確な二元論が採用される。これは明らかに「夜の見方」である。この

---

48)　「第二答弁」AT. VII, 140.
49)　「第五答弁」AT. VII, 352.
50)　行為や意志の問題と関連して，コギト・エルゴ・スムは複数形でもよいではないかという疑問がしばしば提出される（A. Fouillée, *Morale des Idées-forces*, Paris, 1907, p. 7 を参照）。デカルトにおけるコギトの発見は一人称的な懐疑と内省に由来するもので，他者は射程に入っていない。だが，他者の存在はコギトの内に暗に想定されているとも読める。拙著『デカルト哲学の根本問題』pp. 5-27 を参照。
51)　「第三省察」AT. VII, 44.

見方では，たしかに心身の相互関係を形而上学的に説明できなくなる。だがスピノザ主義に行く必要はない。なぜなら，心身関係は理論の手前にある合一の世界（生活世界）において，経験的に示されているからである。他方，心身（心物）未分状態としての西田の純粋経験や直接経験は，デカルト的なコギトを踏まえており，夢の仮説や欺く神の仮説を破る立場として評価できる。しかし，自己と対象との一体化や物我相忘という事態は拒否されるであろう。それは明晰判明に捉えられないことであり，学問的知識にはなりえないからである。日常性の根拠づけということは，デカルト的に言えば，神が人間に心身合一という環境を与えた事実[52]を省察するということだろう。心身の合一も区別も誠実なる神なしには考えることができない。神を考慮せずに意識一元論を基礎づけうるのか[53]，という問題が残されるであろう。

最後に，神とは超越ではあるが同時に内在である。その根拠は，レヴィナスも言うように[54]「神の観念」（idea Dei）が私の内に在ることである。デカルトは，知識の基礎づけにおいて超越者の媒介を外に求めているのではなく，内なる神の観念を手がかりにして神と自己との関係を考えようとしている。それが彼の形而上学である。神は万物の原理であり理由であるが，その観念が内在するかぎり，不明なものでは決してない。逆に，神の観念は最も明晰判明であって，先入見を除去すれば「神よりも容易に知られるものはない」[55]とされる。神を導入するのは主語的論理の独断でも破綻でもなく，むしろことがらの必然性である。逆に，コギトとの関係を論じることなく「主観客観の区別を没し，精神と自然とを合一した者が神である」（128）とするのは曖昧とせざるをえない。

---

52) 心身合一は最初に神から人間に与えられた状態であった（本書 p.98 を参照）。西田も「直接経験は全く我々に与えられたる者である。…我々は之をいかんともすることはできない」（「純粋経験に関する断章」16：275）としている。

53) 形式的に見る限り，「意識現象が唯一の実在である」とした第二編第二章には神は登場せず，第十章においてようやく「実在としての神」が論じられる。

54) E. Lévinas, « Dieu et la philosophie », in *De Dieu qui vient à l'idée,* Paris, 1998, pp. 93-127.

55) 「第五省察」AT. VII, 69.

第 4 章　心身合一の世界

　西田とデカルトとの基本的な対立点を見てきたが，最後に心身合一の世界に関して二人の立場の違いをまとめておく。

　デカルトについて言えば，彼は心身を原理的に区別されるものと捉えた一方で，現実には合一したものと考えた。心身合一の世界は神によって最初に与えられた原初的な知覚世界であり，日常の生活世界である。それは形而上学とは基本的に別次元である，とする。しかし，問題として残されているのは，神の誠実による根拠づけや非還元主義をかりに認めるとしても，心身合一の世界を理論の問題と切り離して考えてよいのか，合一の世界の出来事と心身を区別する立場とをどう折り合わせるのか，ということであろう。後にデカルトは合一の立場から『情念論』を書いたが，それ以後，事実としての心身合一の世界の諸相を分析するのがフランス哲学の一つの伝統となる。

　西田においても，はじめに所与として心身合一ありきである。だが，区別は最初から拒否されている。西田の純粋経験はこの立場で貫かれ，理論と切り離さずに哲学の基礎に据えられる。そして日常経験の世界の根底にあるものが求められる。しかし，神との関連なしに一元論をどう基礎づけるのか。もしそれが単なる心理主義に基づくものなら，当然批判があろう。そこで後に西田は，純粋経験の立場を維持しつつ，合一（純粋経験）の世界の諸相を，自覚，行為，ポイエシス，歴史など入れて発展的に展開させる。これは一元論の多面的な発展であり，それを日本の哲学の一つの特徴とすることができるかもしれない。

　デカルトと西田の思想は根本において違うが，ともに心身合一の世界（生きられた経験）を大切にしている点で共通している。それぞれ問題点も内蔵しているが，その相違は，合一の世界をどう理解し，どういう仕方で発展させて行くかにあると思われる。先人たちが考えた心身合一の世界を，今どう受けとめるか。それはわれわれ自身の問題であろう。

第五章

心身の相互関係
——エリザベト宛書簡と『情念論』——

　周知のように，心身の相互関係については，『人間論』(1633) において「小さな腺」(松果腺) による生理学的な分析がなされて以来，さまざまな著書や書簡で展開され，『情念論』(1649) 第一部においてまとめがなされた。この著作にデカルトの最終的な公式見解があると言えるだろう。ところが 1643 年のエリザベト宛書簡や 1648 年の他のテキストにおいて，デカルトは心身の相互関係についてのあらゆる分析的な説明を拒み，それは日常の生活や経験においてそれ自身で理解されるものとしている。ここで取り上げたいのは，このテキスト上の齟齬と思しき点をどう処理するかである。われわれは，エリザベト書簡にある二つの問い（心身の合一をどういう仕方で理解するか，その相互関係がどうなっているか）に，その答えがあると見ている。だがエリザベト自身は，デカルトの解答にまったく満足できなかった。なぜデカルトは，心身関係をそれ以上説明せずに日常の経験で分かると主張するのか，彼が行っている相互関係の生理学的な説明をどう解釈すべきか，これらの点を考えよう。

第 1 節　テキスト一覧

　テキスト上，心身の相互関係は，共通感覚，小さな腺，松果腺，心身の結合，合一など，さまざまなことばで語られている。以下それを執筆年代順に列挙しておく。

『規則論』*Regulae ad directionem ingenii*, 1627-28：「第二に，外部感覚が対象によって動かされるとき，それが受け取る形は，身体のある他の部分すなわち共通感覚（sensus communis）と呼ばれる部分へ，同じ瞬間に，かつそのさい何か実在的なものが一方から他方へ移り行くことなしに，移されると考えるべきである。…第三に，共通感覚もまた，外部感覚から物体の助けを借らずにそれ自身だけで到来するこれらの形または観念を…想像または想像力のなかに印象づける働きをする，と考えるべきである」（AT. X, 413-415）。

『人間論』*Traité de l'homme*, 1632-1633：「脳の空室の入口のすぐ近く，脳実質の中央に位置する，ある小さな腺（la petite glande）」（AT. XI, 129）。「神がこの機械［身体］に理性的精神を結びつける時には，そのおもな座を脳中に置き，そして脳の内表面にある孔の入口が神経の仲介によって開くそのさまざまな開き方に応じて，精神がさまざまな感情をもつように精神をつくるだろう」（AT. XI, 143）。「これらの形象のうちで，観念と考えられねばならないものは，外部感覚の器官や脳の内表面に刻みこまれる形象ではなく，想像力と共通感覚の座である腺 H（glande H）の表面に，精気によって描かれる形象だけである」（AT. XI, 176）。

『解剖学摘要』*Excerpta anatomica*, 1637[1]：「脈絡叢は脳室に付着せず，絨毯のように脳室に引っ掛かっていた。松果腺（glandula pinealis）の周囲では，そこから蚊帳のようなものが垂れ下がり，脳の漏斗を受ける孔を覆っていた。精気が十分に強ければ，鼻汁槽と呼ばれる腺からこの漏斗を通って上ってくる精気は，そこで松果腺に達することになる」（AT. XI, 582；『デカルト医学論集』p.49）。

『方法序説』*Dicours de la méthode*, 1637：「飢えや渇きやその他の内的情念が，いかにして脳にそれらの観念を送ることができるのか。これらの観念が受け取られる場所である共通感覚（sens commun）とは，どういうものと解されるべきか」（AT. VI, 55）。

『屈折光学』*La Dioptrique*, 1637：「そこから私はさらに，その絵を，脳［脳の内部表面に描かれた対象の似像］の空室のほぼ中央にあ

---

[1] この断片の執筆年代は不明だが，この引用に続く次の断片に「1637 年 11 月」という日付が入っている。

り，本来は共通感覚の座である小さな腺に移送することもできよう」(AT. VI, 129)。

「メイソニエ宛書簡」*Lettre à Meyssonnier*, 1640 年 1 月 29 日：「松果腺（Conarion）と呼ばれる小さな腺は精神の主要な座であり，そこでわれわれの思考のすべてが形成される場です」(AT. III.19；『全書簡集』IV, 24)。

「メルセンヌ宛書簡」*Lettres à Mersenne*, 1640 年 4 月 1 日：「精神がそのように［脳に］結合されうるのは，この腺［松果腺 Conarium］においてのみです。なぜなら，この腺だけが頭のなかで対をなしていない唯一のものだからです」(AT. III, 48；『全書簡集』IV, 51)。1640 年 7 月 30 日：「松果腺と言われるものは精神の主要な座です…。精神は身体のある部分と結合していなければなりません」(AT. III, 123；『全書簡集』IV, 108)。1640 年 12 月 24 日：「松果腺の機能は…動物精気を受け入れることです。脳のうちで固い部分はここだけですから，必然的にそれは共通感覚の座，すなわち思考の座，その結果精神の座でなければなりません」(AT. III, 263；『全書簡集』IV, 234)。1641 年 4 月 21 日：「共通感覚の座は，感覚から来るすべての印象を受け取るためには，きわめて動きやすくなければなりません。しかし，それはこれらの印象を運ぶ動物精神によってのみ動かされるものでなければなりません。松果腺のみがこうした性質のものです」(AT. III, 362；『全書簡集』IV, 330-331)。

『省察』*Meditationes*, 1641：「精神が身体から実在的に区別されることが論証される。それにもかかわらず，精神は身体と緊密に結合しており，身体といわば一なるものを成していることが示される」(AT. VII, 15)。「精神はすべての身体の部分から直接に影響されるのではなく，ただ脳から，あるいはおそらく脳のごく小さな部分から，すなわちそこに共通感覚があると言われている部分からのみ，直接に影響される」(AT. VII, 86)。

「エリザベト宛書簡」*Lettres à Élisabeth*, 1643 年 5 月 21 日：「精神は身体と合一しているがゆえに，身体とともに作用したり作用を受けたりすることができます。…私はここで，私が心身の合一をどういう仕方で理解しているのか，精神はいかにして身体を動かす力

をもつのかを説明いたします。…精神と身体とを合わせたものについては，われわれは合一の概念しかもちません。この概念に，精神が身体を動かし，身体が精神に作用する力の概念が依存しており，その力が精神の感情や情念を惹き起こします」(AT. III, 664-665；『全書簡集』V, 265)。1643 年 6 月 28 日：「心身の合一が理解されるのは，ただ実生活（vie）と日常の交わり（conversation ordinaire）だけを用い，省察したり想像力を使うものを研究したりすることをやめることにおいてのみです」(AT. III, 692；『全書簡集』V, 301)。

『哲学原理』 *Principia philosophiae*, 1644:「神経の末端の運動は…脳のなかの魂の座（sedes animae）のまわりに集められている，同じ神経のもう一つの末端へと伝えられる。神経によって脳に惹き起された運動は，脳に緊密に結合されている魂あるいは精神を，運動が多様であるのに応じて多様な仕方で触発する」(IV-189, AT. VIII-1, 316)。

『ビュルマンとの対話』 *Entretien avec Burman*, 1648 年 7 月 29 日：「このこと［心身の相互関係］の説明は困難ですが，しかしここでは経験（experientia）で十分です。諸情念などにおいて明示されるように，経験はいかにしても否定できないほど明晰です」(AT. V, 163)[2]。

『人体の記述』 *La description du corps humain*, 1647-1648：「外網組織は，松果腺（conarium）と呼ばれる小さな腺がそこで後に形成される場所の周りに寄り集まり，すべてが一緒になって脳を養うところの三角形の脈管の中央に入る」(AT. XI, 270；『デカルト 医学論集』p. 188)。

「アルノー宛書簡」 *Lettre à Arnauld*, 1648 年 7 月 29 日：「非物体的である精神が物体を動かすということは[3]，それはいかなる推論

---

2) この文献の存在は次の論文から教わった。D. Kambouchner et F. de Buzon, «L'âme avec le corps : les sens, le mouvement volontaire, les passions», in leurs *Lectures de Descartes*, Paris, 2015, pp. 288-289.「議論の余地なき合一」，「なぜと問う余地なき生」の章 (pp. 281-292)はわれわれの主題にとってきわめて重要である。

3) アルノーは『序説』や『屈折光学』の議論を踏まえてデカルトに質問した，「非物体的なものがいかにして物体的なものを動かすことができるのか，ほとんど理解できません（1648 年 7 月 AT. V, 215；『全書簡集』VIII, 71)。

第 5 章　心身の相互関係　　　　　　　　　　　　　115

や他のことがらから引き出された比較からも，われわれには示されません。それはむしろ，きわめて確実できわめて明証的な経験（experientia）から，毎日われわれに示されるのです。実際，それは自明なことがらの一つであって，われわれがそれを他のことによって説明しようとすると，かえって不明瞭にしてしまうのです」（AT. V, 222：『全書簡集』VIII, 78）。

　『情念論』 Les passions de l'âme, 1649：「精神が直接的にその機能を果たす身体部分は…脳の最も奥まった部分である。それは一つのきわめて小さな腺（glande）で，脳実質の中心に位置し，脳の前室の精気が後室の精気と連絡する通路のうえに垂れているので，その腺のなかのごく小さな運動でも精気の流れを大きく変えることができる。また逆に，精気の流れに起こるごく小さな変化も，この腺の運動を大きく変えることができる」（31 節 AT. XI, 351）。

　以上は，心身の相互関係に関する文章のうちで特徴的なものだけを抜き書きしたものにすぎないが，それでも思想の脈絡はおよそつかめるであろう。
　『規則論』では，共通感覚が外界から観念を受け取り，その印象を想像に伝える媒介をしている，とされる。『人間論』でデカルトは，腺 H[4]が共通感覚の座であり，その腺を介して精気の流れが精神と身体との関係を決めると考えている。しかしながら，彼はここでは──『解剖学摘要』や『屈折光学』においてもそうであるが──その相互関係を積極的に究明することはしていない。むしろその腺を単なる仮説であるかのように提起しているのみである。実際，コナリウム（松果腺）ということばが最初に登場するメイソニエ宛やメルセンヌ宛書簡で，デカルトは，精神は身体のこの部分に結合しているはずだと考えているが，これをめぐっては論争があると言うのみで[5]，その相互関係の理論を展開していないのである。『省察』や『原理』では，デカルトはこのことばを使うことを慎重に避け，共通感覚とのみ言っている。ただ『原理』の最

　4）　「腺 H」は Caspar Bauhin, *Theatrum anatomicum*, 1605 に見える。これは A. Bitbol-Hespériès, *Le principe de vie chez Descartes*, 1990, p. 195 による。
　5）　メルセンヌ宛書簡 1641 年 3 月 4 日 AT. III, 319：『全書簡集』IV, 296.

後（IV-189 節以下）では，相互関係のメカニズムが感覚を例にして要約されている。その積極的な解明は『情念論』（31 節以下）においてはじめてなされることになる。コナリウムということばこそ用いないが，相互関係の生理学的な説明が豊富に展開されている。

しかし，1643 年のエリザベト宛書簡，1648 年のアルノー宛書簡および『ビュルマンとの対話』で，デカルトはそれとはまったく別の語り方をしている。すなわち，心身は人間において緊密に合一しているが，その合一概念は「原初的概念」[6]であって，日常の内的な経験によってそれ自身で明晰に理解され，小さな腺や共通感覚など外からの説明を要しない，としている。しかも「真面目に」[7]そう言っているのだと念を押している。つまり彼はこの問題に関して，あらゆる分析的な推論や比較を拒否しているのである。

心身の結合ないし合一について，たしかにデカルトは「第四答弁」で生理学とは別の観点から，それは実体相互の合一という意味で「実体的合一」[8]であると論じている。しかし，実体同士がなぜ，どのように合一しているかについては，なにも説明していない。これらのテキストからは，デカルトは一切の理論的な説明を拒否しているような印象を受ける[9]。そのとき松果腺のことが念頭にあったかもしれないにもかかわらず，なぜかそれについてはまったく触れてない。しかも，執筆年代順に見るかぎり，分析的な説明を拒否するテキスト（エリザベト，ビュルマン，アルノー宛書簡）と，生理学的な関心を寄せるテキスト（『哲学原理』，『人体の記述』）とが交互に入り乱れているような印象がある。そして 1649 年の『情念論』で，なにごともなかったように再び生理学的な説明に戻っているのである。心身の結合や合一の説明は困難である，説

---

[6] エリザベト宛 1643 年 5 月 21 日 AT. III, 665；『全書簡集』V, 265.「原初的概念」（notion primitive）とは，それ自身で理解される自明の概念であり，それが原型になって他の認識が形成されるものである。ここで挙げられているのは，存在や数などの一般的な概念，精神についての思考の概念，身体についての延長の概念，そして精神と身体とを合わせたものについての心身合一の概念である。

[7] エリザベト宛 1643 年 6 月 28 日 AT. III, 319；『全書簡集』V, 301.

[8] 「第四答弁」AT. VII, 228.

[9] 周知のように，スピノザ，マルブランシュ，ライプニッツは，デカルトの相互関係説を批判しつつ，他の可能性を探究した。しかしデカルト自身は，そうした形而上学的な解明の方向をみずから断っている。

明すればかえって曖昧になる，経験によって了解すれば十分だと言うなら，『情念論』の説明はまったく無益になるのであろうか。これはテキストあるいは思想の不整合に見えるだろう。本章ではこのテキスト上の齟齬[10]と思われる点を問題とする。

第2節　テキスト間の解釈

『省察』でデカルトが精神と身体との区別をしたとき，エリザベトは「人間精神は（思考する実体にすぎないのに），いかにして身体の精気(エスプリ)が意志的な運動をするように決定できるのでしょうか」[11]と質問した。これが『省察』の特にどの部分を踏まえたものかは分からないが，彼女はその書の主題を読み取ったうえで，純粋に精神的なものが物体（身体）的なものを動かすことは元来ありえない，と素朴に感じたのであろうか。先述のアルノーも同じ感想を漏らしている。

だが同じ問いは，すでにガッサンディの「第五反論」および『形而上学論究』において出されている[12]。エリザベトはその反論には批判的であったにせよ，彼女の議論はガッサンディやレギウスに近いと考えられる[13]。彼女は，彼らの唯物論的な議論を踏まえて質問していた，とも推察できるだろう。また，この手紙を書いている時点ですでに松果腺のことを知っていた可能性がある。王女はデカルトの『序説』『屈折光学』

---

10)　心身の区別と合一との齟齬はデカルトのテキストのなかで多く見出されるが，ここでは『情念論』とエリザベト宛書簡との齟齬に問題を絞った。人間が単に身体から区別された精神ではないということは，船に乗った船頭の比喩（『序説』AT. VI, 59：『省察』VII, 81）として語られている。だが，区別と合一との両立可能性あるいは不可能性（『省察』概要 AT. VII, 15：エリザベト宛 AT. III, 693）は大きな問題をはらむとわれわれには思われる（拙著『デカルト『省察』の研究』pp, 385-391, 401-406）。

11)　エリザベトからデカルト宛 1643年5月6日 AT. III, 661；『全書簡集』V, 262.

12)　*Objectiones Quintae*, AT. VII, 337；*Disquisitio Metaphysica*, 399b. 後者の出版は1644年だが，その内容は出版以前に人の知るところとなっていた。

13)　D. Kolesnik-Antoine, «Élisabeth philosophe:un cartésianisme empirique?», in D. Kolesnik-Antoine et M.-F. Pellegrin dir., *Élisabeth de Bohême face à Descartes : deux philosophes?* 2014, p. 128. 晩年のエリザベトはガッサンディに関心を示し，文通を試みたという説がある。

はもちろん,『動物論』[14]や『人間論』の草稿も，1640-41年のメルセンヌ宛およびメイソニエ宛書簡をも読むことができたはずだからである。そして，共通感覚や小さな腺という用語に馴染んでいたかもしれない。だが彼女は，これらを以ってしても心身の相互関係は具体的に示されないので，満足できなかったであろう。要するに，彼女はデカルトの生理学を熟知した上でさらなる説明を求めた，とも考えることができるだろう。ただ，かりにガッサンディや松果腺を全く知らなかったとしても，彼女が提出している問題の本質は変わらないだろう（本書 p.91 注6を参照）。

この質問への解答としてデカルトは，人間精神を「思考するもの」という側面からでなく，「身体と合一しているがゆえに，身体とともに作用したり作用を受けたりすることができるもの」という側面から考察しよう，そして「私が心身の合一をどういう仕方で理解しているか，そしていかにして精神は身体を動かす力をもつか，を説明しよう」[15]と言う。だが，後者すなわち精神の身体への影響力についてはここで語らない。「精神が物体を動かす仕方を理解するために」心身合一という概念がわれわれに与えられていることが経験されている[16]，と言うのみである。

デカルトはここでエリザベトの問いに直接答えてはいない。彼女の問いは，精神がいかにして身体と相互関係をもつかを決定することであったのに対して，彼はそれにはまったく触れず[17]，合一の概念がどういう仕方で理解されるかを以って答えとしている。ここに論点の齟齬があるとしなければならないだろう。だが，それにもかかわらずこのテキストは重要である。ここには次の二つの問いがあることが示されているからである。

14）エリザベト宛 1645 年 10 月 6 日 AT. IV, 310；『全書簡集』VI, 353.
15）エリザベト宛 1643 年 5 月 21 日 AT. III, 665；『全書簡集』V, 265.
16）エリザベト宛 1643 年 5 月 21 日 AT. III, 667-668；『全書簡集』V, 267.
17）「松果腺」は 1640-41 年のメルセンヌ宛書簡に何度も登場しており，デカルトはこの時点で精神と精気との関係を「松果腺」によって詳しく説明することもできたはずである。彼は『情念論』では松果腺を語っていながら，エリザベトやアルノーの書簡においてはそのことをまったく話題にしないのである。デカルトはなにも生理学の話題を避けていたわけではない。ある書簡（エリザベト宛 1645 年 10 月 6 日 AT. IV, 309-313；『全書簡集』VI, 353-355）には，情念発生の生理学的メカニズムについての記述もある。だが松果腺については，なぜか固く口を閉ざしたままである。

(1) 心身の合一はどういう仕方で理解されるか。
(2) 精神はいかにして身体を動かす力をもつか。

　これらの問題はむろん相互に関連している。(2) 精神が身体を動かす力を理解するためには、まず (1) 心身合一の概念をもたねばならない。われわれの読み方によれば、エリザベト宛書簡では (1) のみが問題になっている。デカルトはここで (2) に関して、伝家の宝刀である松果腺を援用して心身の相互作用のメカニズムの詳細を語ることもできたはずである。だが、それについては沈黙を守っている。「松果腺」はまだ工事中なのであえて触れないのか、それとも彼女が反対することが予想されていたからなのだろうか。その理由は分からないが、おそらくデカルトは、エリザベトが望んだような方向で問題を解決することは困難であることを知っており、それゆえ「小さな腺」を持ち出すことを差し控えたのではなかろうか。そして彼女が「［延長をもたず非物質的な］精神がいかにして身体を動かすことができるのかを判断すべき観念を…理解することができない」[18]のを見て、おそらく彼は、まずは合一についての「曖昧さ」[19]を除去し、それについて明晰な観念をもつ必要があると考えたのであろう。こうして彼は、エリザベト宛書簡（1643年5月21日）では (1) だけに答えることにしたと思われる[20]。(2) については別途、1649年の『情念論』で説明されることになる。

　ところで (1) は認識の上で (2) に優先する。(1) の合一の概念は原初的概念であり、感覚によってきわめて明晰に知られ、日常生活において理解されるものである。日常の感覚、実感ということだろうか。(2) の心身の相互作用は、その根源である合一概念の認識を前提にしている。心身の合一という概念が知られてはじめて、その相互作用が認識されることになるからである。デカルトによれば、この概念は精神が身体を動かす仕方を理解するために、まずは知っておかねばならない必要な要件である。しかし、「精神が身体（物体）に作用する力の概念と、あ

---

18) エリザベトからデカルト宛1643年6月20日 AT. III, 684；『全書簡集』V, 289.
19) エリザベト宛1643年6月28日 AT. III, 693；『全書簡集』V, 302.
20) エリザベトが求めていたのはむろん (2) の方である。ちなみに、彼女は (1) (2) ともに納得していない。

る物体が他に物体に作用する力」とを混同してはならない[21]。たとえば「重さ」は物体を動かす力を知るための架空の概念にすぎない。これに反して，精神が身体を動かす力——それはあらゆる物体的な説明を拒む——は，合一の概念そのもののうちに実際に見出されると考えるのである。

　結論として，エリザベト宛書簡と『情念論』とのテキスト上の懸隔は，問題そのものの相違から来ている，と言えるのではなかろうか。すなわち書簡では，もっぱら合一の概念をどう理解するかに的が絞られ，生理学的な「小さな腺」などを語る余地はなかった。それと同様に『情念論』では，心身の相互関係の分析が問題であり，合一の概念を語る場所ではなかったのである[22]。

第3節　生の経験

　テキスト上の問題は，このような読み方をすることで一応解決できると思われる。だが哲学の問題は依然として残されている。デカルトの解答にエリザベトは納得せず，次のように言っている，「非物質的なものに，物体を動かしたり動かされたりする能力を求めるよりも，むしろ精神に物質性や延長を認めたほうが分かりやすい」[23]。ここには唯物論的な考え方が提出されているわけだが[24]，それはデカルトにはまったく受け

---

　21)　エリザベト宛1643年5月21日 AT. III, 667；『全書簡集』V, 266.
　22)　ただ，これはエリザベト宛書簡に関してのみ言えることで，アルノー宛書簡と『ビュルマンとの対話』については，その限りではない。なぜなら次節で見られるように，そこでは（2）の心身の相互関係そのもの分析が頭から否定されていると思われるからである。本章の目的は主としてエリザベト宛書簡の読み方を示すことであり，アルノーやビュルマン宛の書簡では話は別である。そのかぎりでは論点の齟齬は依然として残っており，疑問として残しておかざるをえない。
　23)　エリザベトからデカルト宛1643年6月20日 AT. III, 684-685；『全書簡集』V, 289.
　24)　こうした考え方が示すように，デカルト的な二元論は必ずしもその時代に多くの人が受け容れた常識ではなかった。たとえばレギウスは，心身が同じ人間で緊密に合一していることから，精神は単なる「身体の様態」にすぎないと考えた（レギウス宛1645年7月 AT. IV, 250；『全書簡集』VI, 288）。この論争の背景には，人間精神とはなにかという大問題がある。精神は身体とは別のものであり，「身体なしに考えることができる」（レネリを介してポロ宛1638年4月または5月 AT. II, 38；『全書簡集』II, 223）というデカルトの命題を改めて

容れがたいことである。精神の非物質性，精神と物体（身体）との相違こそが，彼の哲学の生命線だからである。彼は答える，「それは，精神を身体と合一したものと理解することにほかならない」[25]と。つまり精神は，理論的には身体から区別されるにせよ，実際には身体と合一しているものと見なされるという事態を言っている。視点が理論から実践に移っている。

　デカルトはこの実践的視点から，合一という原初的な概念を理解する仕方を説明する。たとえば，痛みが明晰に知られるのは，知性や想像力によってではなく感覚によってである[26]。それは生理学的に分析するまでもなく，日常の経験で知られることである。彼によれば，この合一の概念は「ある特定の仕方で」[27]知られる。すなわち「実生活と日常の交わり」だけを用い，省察や想像力をはたらかせることを止めることによって知られる。というのも，精神の集中を要する形而上学においては，合一は曖昧なものになる。なぜなら「人間精神は，心身の区別とその合一とをきわめて判明にかつ同時に理解することはできず，そのためには心身をただ一つのものと理解すると同時に，二つのものと理解しなければならないが，それは矛盾するからである」[28]。実際，心身が区別されると同時に合一していると語ることは，あるものが A であって同時に A でないと言うのに等しいことだろう。これはグイエが言うような

吟味する必要があろう。
　25)　エリザベト宛 1643 年 6 月 28 日 AT. III, 694；『全書簡集』V, 302.
　26)　「精神と身体との合一に属することがらは，知性のみによっても想像力によって助けられた知性によっても漠然としか理解されないが，感覚によってきわめて明晰に理解される。それゆえ，まったく哲学したことがなく感覚しか使わない人は，かえって精神が身体を動かし身体が精神に作用することを少しも疑わない。かれらは両者を一つのものと見なしている，つまりそれらの合一を理解しているのである。というのは，二つのものの間の合一を理解するとは，それらを一つのものと理解することだから」（エリザベト宛同 AT. III, 691-692；『全書簡集』V, 300-301）。
　27)　エリザベト宛 1643 年 6 月 28 日 AT. III, 691；『全書簡集』V, 300. 以下，本書 pp.92-96 を参照。
　28)　エリザベト宛 1643 年 6 月 28 日 AT. III , 693；『全書簡集』V, 302.

心理的な障害[29)]ではなく，むしろ論理的矛盾[30)]である。この困難を避けるために，デカルトは理論の場を離れ，実生活や日常の交わりを持ち出したのだろう。合一は「哲学することなく」，それ自体として感覚で明らかである，としたいのである。要するに心身の合一は，知性による分析からではなく，日常において「体験された」こと，あるいは「生きられた経験」であるということであろう[31)]。

エリザベト宛のテキストにおいて，デカルトは理論と実践との二つの次元を明瞭に区別している。前者つまり形而上学の次元では，知性によって心身の区別がなされる。後者すなわち生の経験の次元では心身の合一が感覚によって知られる。それらを混同してはいけない。人間において心身は緊密に結合している。それゆえわれわれは，たとえば痛みを感じる。痛みのメカニズムが理論的・生理学的に究明されても，痛みそのものはただ経験においてのみ感得されるのである。

この関連で『省察』概要のなかの次の文章にも注目しておく必要がある。「精神は身体から実在的に区別されるが，それにもかかわらず精神は身体と密接に合一しており，身体といわば一なるものを構成している」[32)]。これはしばしば読み手を困惑させるものだが，われわれの読み方では，形而上学の次元では心身は二つの異なったものだが，生の経験

---

29) H. Gouhier, *La pensée métaphysique de Descartes,* 1969, p. 334. だが，この原初的概念が意識に直接与えられたものであり，そのかぎりで明晰なものとするグイエの解釈には同意できる。この問題の困難さについては，D. Kambouchner, *L'homme des passions,* I, 1995, pp. 32-58 に詳しい。

30) 「二つの別のものとして明晰に認識されるものが，内的にまた複合にもよらず同じ一つのものとして作られているということは，いかなる意味でも区別されないものが分離されているということに劣らず，概念において矛盾があるからです」(「第六答弁」AT. VII, 444-445)。これは論理的矛盾と言える。

31) 「体験された合一」(union éprouvée) や「生きられた経験」(expérience vécue) については，F. Alquié éd., *Œuvres philosophiques de Descartes,* III, 1973, p. 47 : G. Rodis-Lewis éd., *Les passions de l'âme.* 1955, p. 7 を参照。ただ，これはデカルトが論理的に行き詰ったときに用いる常套手段である。存在とはなにか，思惟とはなにかが定義されていないと批判されたとき，彼は，それは最も単純で自明なものであり，それ自身によって認識される，経験そのものや意識ないし内的証言で納得される，それを更に説明しようとするとかえって曖昧になるという答え方をした (『原理』1-10:『真理の探究』AT. X, 523-524)。それ以上議論しないわけだが，それで納得されるかどうかは別問題であろう。

32) AT. VII, 15.

の次元では心身が人間という一つのものを構成している[33]，と理解する。このように，区別と合一とを同じ次元で同時に理解しようとしないという戦略をとることで，矛盾を来たさないことになる。

　だが，それでことが済むのだろうか。デカルトはここで真面目に語っていると言うが，合一の概念は生の経験によって知られると言うだけで，二つの次元の関係については何も語らないのである。そのかぎり，次元を区別しても問題への十分な解答にはならないだろう。「生の経験」は心身の相互関係の理論的解明についてなんら貢献するところがない。それは体系の整合性を維持するためのいわば避難所にすぎないのではないか。エリザベトを決して満足させてはいない。実際，彼女は「感覚は，精神が身体を動かしていることを私に示しているが，どういう仕方でそれがなされるのかを教えない」[34]とさらに反論した。彼女が求めていたのは相互関係の理論的な説明であるが，デカルトはそれを与えていないし，与えることができないのである。デカルトは彼女から疑念を除去することに成功していない[35]。

　生の経験については，同じことがアルノー宛書簡に関しても言える。このパリの若い神学博士は，精神がいかにして物体を動かすのか理解できない[36]とエリザベトと同じ質問をした。これに対してデカルトは，先にも引いたように，それは推論や比較から示されることではなく，明証的な経験によって自明なこととして毎日われわれに示される，と言っている。ここでも肝心の心身の相互関係はまったく論じられず，ただ経験で知られるとのみ答えている。それは『ビュルマンとの対話』でも然りである。ビュルマンが「精神と身体とはまったく区別された本性をもつのであれば，いかにして精神は身体から影響を受け，またその逆もあり

---

　33)　「私は身体ときわめて緊密に結ばれ，いわば混合されており，したがって身体とある一なるものを構成している」(「第六省察」AT. VII, 81). Cf. エリザベト宛 1643 年 6 月 28 日 AT. III, 694；『全書簡集』VIII, 302.

　34)　エリザベトからデカルト宛 1643 年 7 月 1 日 AT. IV, 2；『全書簡集』VI, 3. エリザベトは，感覚が心身の合一を示すと言うなら，そのメカニズムを説明しなければならない，としている。この批判はきわめて合理的だと思われる。

　35)　エリザベトからデカルト宛 1643 年 7 月 1 日 AT. IV, 2；『全書簡集』VI, 4. 本書 p.96 を参照。

　36)　本書 p.114, 注 3.

うるのか」[37]と尋ねたのに対して、デカルトはただ一言、経験で十分であるとしているのである。これらのテキストは、心身合一の理解に関するものではなく、相互関係そのものが分析をまたずに経験で知られる、と言っているように読める。おそらくアルノーやビュルマンも不満であったであろう。

　結局ここで、デカルトは理論的解決をいったん放棄しているとしなければならないだろう。彼はそれ以上の知的分析が不可能であるかのように、相互関係の解明をやめてしまっているからである。そして彼は問題を生の実践の場にずらしている。それは、形而上学の次元でそれを議論するのがもはや困難であることをおそらく知っていたからであろう。この点で彼は真面目に、正直に語っているのである。このことは後のカントを想起させる。カントは形而上学を扱う際に「信に場所を譲るために知を棄てなければならなかった」[38]のである。

第 4 節　精神と小さな腺

　心身の合一もその相互関係も生の経験によって明らかだとしながらも、デカルトは再び相互関係の分析に戻る。1649 年の『情念論』において（2）の問題（精神はいかにして身体を動かす力をもつか）が吟味されている。その記述内容は『人間論』に比べて簡潔であるが、心身の相互関係がここで最も具体的に説明される。『情念論』はエリザベトに捧げられたが、彼女は事前に草稿を読んでおり、彼女を意識したと思われる文章が多く見られる。その 30 節以下でデカルトは相互関係の生理学的分析をしている。「小さな腺」は最初に 31 節で登場し、「精神と身体はいかにして相互に作用し合うか」と題する 34 節が、（2）の問題への直接解答になっていると思われる。

　まずデカルトは「精神が実際に全身体に結合している」[39]ことを事実

---

37)　AT. V, 163.
38)　Kant, *Kritik der reinen Vernunft*, B. XXX.
39)　『情念論』30 節。

第5章　心身の相互関係

上認める。しかし精神が「その機能を直接的に果たしている」[40]のは，とりわけ小さな腺においてであり，それによって腺の運動と精気の流れとは相互に影響し合う，と考える。精神はその「主要な座」をこの腺のうちに宿し，「この腺は対象のもつ感覚的多様さに応じた多様な仕方で，精気によって動かされる。その腺はまた精神によっても多様に動かされる」[41]。そして，この小さな腺は「一方で精神によって，他方で…物体にほかならない動物精気によって押されうる」[42]とする。

　一般的に言えば，この小さな腺こそが心身を媒介するものである。より特殊的に言えば，人がたとえば猛獣を見るとき，精気は視覚神経によってそれを感知し，腺のうちにある種の運動を惹き起こす。こうしてその動物の像は腺に放射され，「それが直接に精神に作用して，その動物の形象を精神に見させる」[43]。他方，この特殊な運動は精神に恐怖の情念を感じさせる。腺は，精気を介して神経を動かし，逃げるために筋肉を動かすが，その際「精神の助けを借りることはない」[44]。しかし別の場合は「精神がなにかを想起しようと意志するとき，この意志のはたらきによって，腺は次々にさまざまな側に傾き，精気を脳の各所に押しやる」[45]。

　ここには小さな腺を介した心身の相互作用の詳しい描写がなされている。心身の結び目は，精神が身体に「放射される」，腺が精神によって「動かされる」「押される」，腺は精神に「直接に作用する」，精神は腺のなかに知覚を「受けとる」などという点に具体化されている。ただ，それがどういう事態であるか，いかにしてであるかは説明されていない。また，精気と腺との関係は生理学的に明らかにされていても，腺と精神との関係が十分に議論されていない。電子回路で言えば，次のように精

---

40)　『情念論』31節。
41)　『情念論』34節。
42)　『情念論』47節。「動物精気」（spiritus animales）はガレノスにおいては霊魂的な精気であり，非物体的なものであったが，デカルトにおいては単なる物体である。animales は animalis「霊魂的」という形容詞ではなく，animal「動物」の複数属格と読む。あえて「動物」と訳されてきたのは（精神を欠いた）動物的な反射行動の意味を出すためである。本書pp.48-49 および野田又夫編『世界の名著・デカルト』p.419，注1を参照。
43)　『情念論』35節。
44)　『情念論』38節。
45)　『情念論』42節。

気と腺はつながっているが，腺と精神との関係は説明されておらず，そのかぎりでは切れているのである。

精気 ── 小さな腺 ─×─ 精神

　実際，アルノーも示唆したように，精神におけるある思考の動きが，なぜ（物体である）動物精気や小さな神経（petit nerf）を特定の方向に動かし，同じく物体的な器官にすぎない松果腺を，ある特定の方向に傾けることができるのか，そしてなぜその逆も言えるのかは，問題であり続けるだろう。生理学的説明として，松果腺の運動が精気の流れを変え，逆に精気がその腺の運動に影響を与えることは了解できる。だが，なぜ「精神がなにかを意志するというそれだけのことから，精神が密接に結びついている小さな腺を動かし，この意志に応じる効果を生むようにできている」[46]のか，なぜ精神がこの腺をさまざまな側に傾けて精気を押すのか。他方，なぜ「精神は，この腺のうちに起こるさまざまな運動に対応するさまざまな知覚を受け取る」のか。これらは説明されず，なお曖昧さが残るとしなければならない[47]。精神の座がコナリウムと呼ばれる小さな腺にあり，そこでわれわれの思考のすべてが形成される，ということは仮説として認めることができる。だが，すでに見たように，この小さな腺も精気も物体的なものにすぎない。問題は非物体的である精神が，物体的であるこれらの腺や精気といかに相互に関係するかである。それは十分に説明されているとは言えないからである[48]。

　『情念論』において，精神はこの腺に緊密（étroitement）に結合しており[49]，その関係は直接的（direct）である[50]と言われる。だが緊密とか

---

46) 『情念論』41 節。
47) 　カンブシュネルもまた，精神が身体を動かす力をもつという点に曖昧さを認めている。D. Kambouchner «Descartes et les ambiguïtés de l'interactionnisme», in S. Roux éd., *Le corps et l'esprit. Problèmes cartésiens, problèmes contemporains*, Paris, 2015, pp. 64, 73-75.
48) 　生理学的には精神の松果腺への通路は説明する必要がないという解釈がある（D. Kolesnik-Antoine, *L'homme cartésien, La « force qu'a l'âme de mouvoir le corps »*: *Descartes, Malebranche*, Rennes, 2009, p. 74）。だがわれわれによれば，これこそエリザベトが問題としたかったことである。
49) 『情念論』41 節。
50) 『情念論』35 節。

第5章　心身の相互関係

直接的とはどういうことか。デカルトはそれを明らかにせず，ただそれは「自然の設定」(institution de la nature)[51] によるものだと言い，これによってその腺のある特定の運動が，ある特定の情念を精神に感じさせることになるとする。「自然の設定」は『屈折光学』でも『省察』でも繰り返されるが[52]，ただそれがどういうことか，それ以上の説明はない。ごく大まかに言えば，デカルトの用語では「自然」と「神」は親近語である[53]。あることが自然によって設定されているということは，それが神によって基礎づけられ，人間理性の与り知らぬことであるということである。それゆえ，しばしば理性的な分析を越えているということにもなるのである。(2) の問いに対するエリザベトへの最終的な解答としては，心身の相互関係についてはさまざま分析が可能だが，究極のところは不明である，ということになるだろう。デカルトは『情念論』においてその説明を試みたわけだが，彼女はおそらくそれには満足しなかったであろう[54]。生理学や形而上学の論拠でもって心身の間に橋を架けることは困難であり，つねになにか説明できないものが残されることを認めなければならない。

---

[51]　松果腺の「ある特殊な運動は，自然の設定によって精神に恐怖の情念を感じさせるようになっている」（『情念論』36 節, AT. XI, 357）。つまり松果腺という身体部分は，精神と密接に合一しているがゆえに，精神に直接はたらきかけをするように設定されている。心身の相互関係の仕組みは，畢竟するに人知を越えた「自然の設定」によるものと見なすのである。「自然の設定」の問題は D. Kambouchner , *L'homme des passions*, I, Paris, 1995, pp. 313-319 で詳しく論じられている。

[52]　『屈折光学』第六講では，われわれが，脳の内部表面に描かれた外的対象の形象を知覚するのは，その形象をなしているある運動が，精神が身体と一体化しているかぎりで，精神に直接に作用し，精神にそのような感覚を抱かせるよう自然によって設定されているからである」と言う（AT. VI, 130）。「第六省察」では足の痛みを（あやまって）足にあるかのように精神が感じるような場合が例になっており，自然の設定（教え）はしばしばわれわれを欺くとしている（AT. VII, 87）視覚にせよ痛みの感覚にせよ，精神との直接性が話題になっている。「自然の設定」は「直接」の代名詞であって，それ以上の説明は要らないし，できないということだろうか。

[53]　「一般的に見た自然ということで私が理解しているのは，神そのもの，あるいは神によって制定された被造物の相互秩序である」（「第六省察」AT. VII, 80）。

[54]　エリザベトは問題の生理学的な説明の限界を予想し，形而上学的な解釈を求めていたのかもしれない。生理学的説明と形而上学（機会原因論や予定調和）とが背反しないという議論については，D. Kolesnik-Antoine, *op. cit.*, p. 78 を参照。生理学（自然学）的な詳しい説明については D. Kambouchner, *op. cit.*, I, pp. 131-205 を参照すべきである。

第 5 節　結　論

われわれの主張は次の三点にまとめられる。

- エリザベト宛書簡と『情念論』との間のテキスト上の乖離は，(1) 心身の合一をどう理解するか，(2) それらの相互関係をどう説明するかという，二つの異なった問題の相違として説明できる。書簡のなかでは (1) しか扱われていない。
- デカルトは，(1) の合一の概念は生の経験においてそれ自身で自明なものとして知られる，とする。こうして生の次元と形而上学の次元とを区別して，合一と区別を同時に語ることの矛盾を回避している。だがそれは理論的な説明の放棄を意味する。アルノー宛書簡や『ビュルマンとの対話』でも，心身の相互関係は同じく生の経験において自明だとされている。しかもその分析は無用と言われており，他のテキストとの齟齬があるとしなければならない。
- (2) は『情念論』34 節で小さな腺を媒介に説明される。しかし精神と松果腺との関係は明らかにされない。精神と身体との間に橋を架けることは困難であると認めざるをえない。

心身関係の問題を提出したエリザベトは，(1) と (2) のいずれについてもデカルトの解答には納得しないだろう。それが生の経験で分かるというだけでは説明にならないし，自然の設定というだけでは問題をそれこそ曖昧にするからである。だが，彼が理論的解決をやめるとか，生の経験とか自然の設定にうちに問題を解消しようとするとき，彼はここでナンセンスを語っているわけでは決してない。彼の立場を現代的に見るなら，どういう解釈が可能だろうか。二つあると思われる。

一つは，これは二元論あるいは反・物理主義[55]の鮮明な主張であると

---

55) 現代では古典的な二元論を，反・物理主義（antiphysicalisme）ないし反・還元主義（antiréductionnisme）と呼ぶことができる。クオリアや知識論法（メアリー）などは F.

いうことである。すなわち，精神のメンタルな現象は，身体（物体）のフィジカルな現象には決して還元されないということである。デカルトは，精神は非物体的な存在であるので，物体的な機能から明確に区別され，一切の物理的な説明を拒否する，と考えている。逆にエリザベトは，先に見たように精神に物質性や延長を認めた方が簡単でいいと考えた。そのためには，精神は物体的な性質を帯びたものである必要がある。しかし，それはデカルトには決して受け容れられない考えである。精神の霊性こそが物理主義に対する聖域であったからである。デカルト的二元論がいまも多くの批判の対象になっていることは事実であり，われわれもデカルトに問題がないとは考えない。しかし，物理主義によってすべてがうまく説明されるとも考えない。今日，反・物理主義はたとえばクオリア——私的かつメンタルなもので物理的説明を拒むもの——の存在を根拠として，しばしば支持されている。この例などは新たな二元論の可能性を含意するものであろう。

　もう一つは，昔アウグスティヌスが言ったように[56]，心身の相互関係は結局人間によってはなにかよく理解できないものだと，いうことの再確認である。もちろん生理学的なメカニズムによって相互関係をある程度まで説明することはできる。しかし，二元論をとるかぎり，たとえば精神と松果腺との関係を最後まで究明することは困難である。どこまで行っても心・身は交わらないからである。言いかえれば，われわれの精神（意識）には，物理主義では決定できないなにかがあるとしなければならないだろう。デカルトは心身の相互関係は自然あるいは神によって設定されていると考える。つまりそれは人間理性の域を越えているということである。ただ，相互関係は理論によって理解されなくとも，実際の生においてすでに実践的に理解されている。心身の合一は生の経験に

ジャクソンの有名な例である。その他にも Th. ネーゲルのコウモリであるとはどういうことか，J. サールの中国語の部屋などの例がある。最近はフランスでもこのような英米系の哲学に関心が寄せられている。S. Roux éd., *Le corps et l'esprit. Problèmes cartésiens, problèmes contemporains*, Paris, 2015.

　56）『神の国』XXI-10：「（霊と身体との）この接触はいい表わしえない不思議な仕方でおこなわれるであろう。…この結合は，まったく不思議で人間の理解力をこえている。わたしは人間自身のことをいっているのである」（Augustinus, *De Civitate Dei*, XXI-10, 服部英次郎・藤本雄三訳『神の国』（五）岩波文庫 pp. 299-300）。

よって明晰に把握されているからである。デカルトは，人間の認識の理論的な限界を知り[57]，この問題については実践面で解決されていることで，人は満足すべきだと主張しているように思われる。

---

57) 人間認識の限界を定めることは，若い時代からデカルトにとって重要なことであった。「すべての精神には一定の限界が定められており，これを越えることはできない」(『思索私記』AT. X, 215；『デカルト 数学・自然学論集』p. 81)。「人間理性は一体いかなる事物の認識に達しうるかを，一生に一度はたずねてみるべきである」(『規則論』AT. X, 396-397)。

第六章
精神と身体との区別

───

はじめに

　昔アウグスティヌスが「神と精神とを知りたい」（Deum et animam scire cupio）[1]と言ったように，哲学の根本問題として「神と精神」というものが伝統的にある。神と言われるものがあるのかどうか，人間精神は霊的な存在であって身体とともに死ぬことはないのかどうか，という問題である。17世紀のデカルトはそれを近代人の目で真剣に考えた人である。パスカルも，それこそがわれわれの道徳や生き方にかかわる死活の問題である[2]，とした。後のカントは，それは理論的な哲学の議論の対象とはなりえないと断定したが，しかしそれが道徳的実践の場面で重要であることは十分に認めていた。実際，もし神も精神も拒否するなら人間はどういう世界観によって生きることになるのか。絶対的なものや精神的な拠り所を失うのであるから，即物的なニヒリズムを生きるか，あるいは漱石晩年の小説にあるように「死ぬか気が違うか，夫(それ)でなければ宗教に入るか」[3]ということになろうか。あるいはまた，そのような不透明なものには一切かかわらないという生き方もありえるだろ

---

　1)　*Soliloquia*, 1-1-7. この書の引用は「第四反論」AT. VII, 205 に見られる。
　2)　「魂の不死はわれわれにとって実に重要である…。われわれの究極の目的とならなければならないこの一点を目ざして定めないかぎり，ただの一歩も良識と分別とをもって踏みだすことはできない」（『パンセ』B194-L427-S681）。
　3)　『行人』39.

う。
　ここでは精神の問題に照準を当てることとする。デカルトにおいて精神（mens）あるいは魂（anima）と言われているものは，西洋哲学の嫡流のなかにあってすでに宗教性を帯びている。ただ彼は，それを精神の不死という宗教や神学の問題でなく，人間には精神というものがあってそれは物体（身体）から区別される，という哲学の命題として考える[4]。動物にはなく，身体とは異なった人間の精神性，それを探究することが自分自身をよく知ることであり[5]，形而上学の課題だとする。そして精神は身体からまったく独立であると言われ，身体よりも容易に知られる，精神は身体なしにも精神でありうる，などと言われる。心身の本質的な異質性がデカルトの基本的主張である。しかし，どういう意味で精神は身体とまったく区別されるのか，なぜ精神は身体なしにありうると言えるのか。現代的に見て最も理解しにくいのは実にこれらの命題である。精神を現代的に意識とか心とか呼ぶとしても，精神は何か身体とはちがう特別な機能なのだろうか。デカルトは心身が実在的に区別されると言う。つまり，精神は「思考するもの」であり，「延長するもの」である身体（物体）とは本質的に異なったもの，つまり実体である。両者は実体的に区別される。実体は定義により，それ自身で存在するものであるので，それは身体がなくてもありつづけると考える。だが，実体の議論はともかく，精神と身体とを果たしてデカルトの言うように截然と区別できるのだろうか。17世紀当時，すべての人がデカルトのように考えていたわけではない。彼のように心身を二元論的にすっぱり切るのは，当時としてはむしろ稀だろう。たとえばレギウスが，精神を「身体の様態」[6]としたとき，デカルトはその点をとりわけ批判したが，レギウスの方が普通の考えだったかもしれない。ガッサンディはむろんのこ

　　4）「神と精神という二つの問題は，神学よりも哲学によって証明されるべき問題のうちの主たるものである，と私は常に考えてきました。というのもわれわれ信仰のある者にとっては，人間精神が身体とともに滅びはしないこと，および神が存在することは，信仰によって信じればそれで足りることですが，無信仰の者においては，この二つが自然的理性によってあらかじめ証明されているのでなければ…説得されないように思われるからです」（『省察』AT. VII, 1-2）。
　　5）　メルセンヌ宛 1630年4月15日 AT. I, 144；『全書簡集』I, 134.
　　6）　レギウス宛 1645年7月 AT. IV, 250；『全書簡集』VI, 288. 本書 pp.56-57 を参照。

第6章 精神と身体との区別

とエリザベトやアルノーさえも，精神が身体的（物体的）要素を容れる可能性を認めていたからである[7]。

　精神と身体とを異質なものとして区別する議論には問題が多い。精神が身体なしにありうるなどは，現代から見ればとんでもないことであろう。身体なしに精神もありうるなら，精神はいったいどこに，どういう仕方であるというのか。大脳なしには精神とか意識もありえないだろう。デカルトも大脳＝精神の座としているからである。現代の物理主義や物質主義からすれば，精神や意識と言われるものは身体とは異質ではなく，身体的・物理的に説明できる可能性があることになる[8]。これに対して，デカルトのように精神と身体との根本的な差異性を言うことのメリットは，精神の独自性が確保され，人間が物体や動物とは違う霊的な存在と言えることであろう。だが，その根拠は十分であるのか。単に彼がそう認識しているからというだけのことではないのか。こうしたことが問題になろう。

　デカルトが言うように精神と身体（物体）とは根本的に区別されるものであるのか，それともガッサンディやエリザベトが考えたように，精神にある意味で物体性を認め，物質に精神性を認めるのか。あるいはそれとは反対に，精神も含めてすべてが物理的・身体的に説明できるのだろうか。われわれはデカルトの議論にいくつかの問題があると見ているが，（物理主義に反対して）心身を区別する方向でものを考えるデカルトの道には基本的に現代でもなお意義があると考えるものである。もとより心身二元論は多くの難問を抱え込むことになる。しかし現代でも，人間の心や意識が，物理的なものにすべて還元されると考えられているわけでは決してなく，精神的な意識の領域を残そうとする人たちも多い。身体的に説明しきれない精神が最後に残るという見方は自然だと思われ

---

[7]　エリザベトからデカルト宛 1643年6月20日 AT. III, 685；『全書簡集』V, 289：アルノー「第四反論」AT. VII, 203-204.

[8]　近年「念力」なるものが身体的・物理的に説明できることが報告されている。車椅子に乗った人を被験者として，その人の大脳の活動（それは脳波として測定される）と電動椅子とがコンピュータで結ばれているとする。その人が「右へ行きたい」と心のなかで念じると椅子は実際に右へ行く，というものである。たしかに思考と脳波との間に対応はあるだろうし，「念力」は脳波のパターンとしてある程度説明されるだろう。だが，右へ行きたいと思うこと（これは精神的な作用である）と，物理的な脳波とが同じ事態であると言えるかどうかはなお問題であろう。脳波は精神の随伴現象にすぎないと見ることができるからである。

る。デカルト的な心身の区別を擁護する方向で、彼の議論の意味をいま一度考えたい。

第1節 テキスト的吟味

　精神と身体との区別に関する記述がテキスト的にどのようになっているかを、書簡をも考慮しつつ吟味したい。はじめに（a）「精神」という言葉そのものの定義を見る。ついで、（b）心身の区別が初期のデカルト（『規則論』や「形而上学の小論文」）においてどう扱われているか、（c）そしてとりわけ『方法序説』ではどうであるかに着目する。その理由は、そこには『省察』や『哲学原理』など後の形而上学で展開されることのすべてが凝縮されており、把握するのに便利であるからである。

　（a）まず「精神」という言葉そのものに着目すべきであろう。それに相当する原語は初期では ingenium（知的機能）が多く使われている。spiritus[9] や genius[10] というものもあるが、これは精神よりも精霊や霊に近いと思われる。『省察』では「私とは考えるもの（res cogitans）、言いかえれば精神（mens）、すなわち魂（animus）、すなわち知性（intellectus）、すなわち理性（ratio）である」[11]と言われている。精神は、フランス語では âme とも esprit とも言われ、raison と共通する場面がある。われわれは、これらの人間の認知機能を総称して「精神」と理解しておくことにする。それらの用例をみるに、むろんニュアンスの違いはあるが、意味が重なる場合もあり、デカルトは本質的な確たる区別をしていない場合もあるように思われる。たとえば、『規則論』（1627-28）では表題にもある知的機能の側面に重点を置いた ingenium がよく使われる。その初出はおそらく『思索私記』（執筆 1618-21）であろう。「人

　9）『思索私記』AT. X, 218.
　10）「第一省察」AT. VII, 22.
　11）「第二省察」AT. VII, 27. これらの名称は「単なる能力（facultas）だけのことではなく思考する能力を与えられたもの（res）のことである」（「第三答弁」AT. VII, 174）とデカルトは説明しているが、それは『省察』のこの文脈においてのことであり、一般には能力とか機能の意味と解してさしつかえないだろう。

第 6 章　精神と身体との区別　　　　　　　　　　　　　135

間の精神（ingenium）によってそれ以上は何も達成されえない」[12]，「すべての精神（ingenium）には越えることのできない一定の限界が課されている」[13]などとある。ベークマン宛書簡でも「あなたの精神（ingenium）だけでなくあなたという人の全体」[14]や「真面目な仕事から遠ざかっていた私の精神（ingenium）を，よりよいものへと立ち戻らせた」[15]と言われている。これらは知的機能ということであろう。他方，animus と言う場合もある。『思索私記』では「すべての人の精神（animus）には，軽く触れただけで強い情念を惹き起すある幾つかの部分がある」[16]とされる。これは後の『情念論』（1649）で âme と言われるものに相当するだろう。日本語の「心」に近い。mens[17] はわれわれが最も関心を寄せる語である。『思索私記』には，「いっそう高い仕方で哲学する際には，精神（mens）を認識によって崇高な高所に上昇させることが出来る」[18]とある。1628 年の某宛書簡では，「他の人が書いたものに精神（mens）を向ける」[19]とも言われている。これは文字通り精神機能や知のことであろう。

　（b）ところで，デカルト形而上学の最初の着想が 1619 年ドイツの炉部屋での思索にあるとするなら，当然そこには精神の問題が入っていただろう。『規則論』にその面影が残る。「だれしも，自らが存在するこ

---

12)　AT. X, 214.
13)　AT. X, 215.
14)　1619 年 1 月 24 日 AT. X, 151：『全書簡集』I, 3.
15)　1619 年 4 月 23 日 AT. X, 163：『全書簡集』I, 12.
16)　AT. X, 217.
17)　「第二省察」（1641）に付された「諸根拠」には次の説明がある。「思考がそこに内在する実体は精神（mens）と呼ばれる。私はここで anima というよりも精神と言うことにする。anima という語は両義的であり，しばしば物体的な事物にも用いられるからである」（AT. VII, 161）。そして「第五答弁」は，「その両義性を回避するために，私は多くの場合 mens と呼ぶことにする。mens は anima の部分ではなく，思考している当の anima 全体である」（AT. VII 356）としている。「第七答弁」（AT. VII, 491）でも，「私は，自分は魂であるなどと主張せず，ただ考えるものであるとだけ主張し，そのうえで，それに精神，もしくは知性，もしくは理性という名称を当てた」としている。形而上学の文脈において，ingenium や anima が次第に mens に絞り込まれる経緯が示されていて興味深い。
18)　AT. X, 217.
19)　AT. I, 7：『全書簡集』I, 31. ベークマンは，デカルト宛の書簡で「全精神（mens）は書かれた文字に縛られて，省察には適さなくなる」（1619 年 5 月 6 日 AT. X, 167：『全書簡集』I, 18）と言っている。

と，思考することを精神（mens）によって直観することができる」[20]。自らが思考すること，これを自らのうちで直観できるという最初の認識がある。これは証明（演繹）ではなく，直観による認識すなわち「純粋でかつ注意せる精神（mens）による把握」[21]である。そして言う，「私は知性認識する，ゆえに私は身体とは区別された精神（mens）をもつ」[22]。この時点で精神の身体からの「区別」[23]が明示されている。その理由は詳述されていないが，ここで「ゆえに」の前後の文章は必然的に結合すべきものの例として語られている。すなわち私が知性で認識（intelligo）することが，心身の区別に直結している。知性で認識すれば，そこから必然的に心身の区別は出て来るというのである。逆に知性で認識しなければ，身体との区別はつかない。感覚や想像でなく知性によって精神が知られ，身体との区別が認識されるということであろう。心身の区別は論理的に考えれば当然の帰結である，と言っていることになるが，なぜそうなるかは語られていない。ただ，この時点ですでに「区別」が明確に意識されていることが確認できる。また，「われわれが本来それによって事物を認識している能力（vis）は純粋に精神的（spiritualis）なものであり，かくして血が骨から，手が眼から区別されるのと同様，全身体から区別される（distinctus）」[24]と言う場合，それは人間の認識能力は身体的・物体的なものとは元来異なるということである。さらに「人間精神（humana mens）はなにか神的なものをもつ」[25]という言い方もあるが，これは有益な思想の最初の種子が精神のうちに生得的に蒔かれているという考えである。

　心身の区別そのものは昔からよく知られている平凡な主題である。だが，デカルトは，神の存在と同様に，それを確実な根拠をもって証明できると考えていたのであろう。実際，1628年オランダへ行って形而上学を考えたとき，「最初の九ヵ月は形而上学［神と自分自身を知ること］[26]

---

20) AT. X, 368.
21) 同上。
22) AT. X, 422.
23) distinctus は，区別，分離，相違，明確の意である。
24) AT. X, 415.
25) AT. X, 373.
26) 後の『序説』序文では，形而上学の基礎たる「神と人間精神との存在」(AT. VI, 1)

第 6 章　精神と身体との区別　　　　　　　　　　　　　137

以外のことはしなかった」[27]。ここに言う自分自身とは，精神としての自分を意味する。次の手紙はそれを説明している，「私は形而上学の小論文をいつか完成するでしょう。その主要な論点は，神の存在と，身体から切り離されたときのわれわれの精神（nos âmes）の存在証明であり，そこから精神の不死が帰結するのです」[28]。この手紙は，精神としての自分や，身体から区別された精神という問題の彼岸に，精神の不死を示唆している。すなわち古来，動物とちがってわれわれ人間においては，身体が死んで，精神が身体から切り離されたときも，精神（離在的魂 anima separata）は死なない，死後も精神は存在し続ける，と考えられてきた。人間は不死なる精神をもつ点で動物とは違うとか，身体から切り離された精神という思想は，アリストテレス以来，議論の対象になってきたところである。だが，それは現代人に理解しにくいだけでなく，近世のはじめの 16 世紀でも，モンテーニュ[29]のように疑問視する人が少なくなかった。デカルトの心身の区別の議論が，そうした古来の考えに哲学的な根拠を与えうることが示されている。以上が若いデカルトの胸中にあったことであるが，伝統的な考えを脱しているとは必ずしも言えない。

　(c)　心身の区別が最も集中的に論じられるのは，『序説』（1637）と『省察』（1641）である[30]。

　『序説』の序文で，精神の存在証明という問題提起がなされている。「第四部で見出されるのは神と人間精神との存在（l'existence de l'âme humaine）を証明するのに用いられた諸根拠であり，これは著者の形而上学の基礎である」[31]と言われる。ここからしても形而上学の根幹が神と人間精神であったことが分かる。人間精神の存在証明とは，精神としての私が疑いもなく存在し，私は身体とは本質を異にする実体であ

という言い方になる。『真理の探究』にも，「神性と理性的精神という知らぬものとてない有名な命題」（AT. X, 503-504）という言い方が見出される。
　27）　メルセンヌ宛 1630 年 4 月 15 日 AT. I. 144；『全書簡集』I, 134.
　28）　同宛 1630 年 11 月 25 日 AT. I, 182；『全書簡集』I, 168.
　29）　『エセー』第 II 巻第 12 章「レイモン・スボンの弁護」。
　30）　それ以後の『情念論』や『人体の記述』では，区別よりもそれを前提とした心身の相互関係が話の中心になっている。
　31）　『序説』AT. VI, 1.

る、ということだろう。『省察』では「精神と身体との区別（animae a corpore distinctio）の証明」[32]と、具体的に言われている。このことにデカルトは心血を注いだ訳だが、心身の区別がどういう仕方で「証明」されるのか、それが万人を納得させるものかどうかが問題であろう。

　『序説』第四部のはじめで「私は考える、ゆえに私はある」が哲学の第一原理と定められる。「私がある」ということは、単なる日常的な感覚でそう言われているのではない。それは、私の身体やこの世界の存在は否定されても私が考えている限り私の存在は疑えない、という懐疑による還元の結果である。そして、そのすぐ後でその「私とは何か」の話になる。

　　私が考えることをやめたとしただけで、…私が存在していたと信じる根拠はまったくなくなる。…私とは一つの実体であって、その本質つまり本性は、ただ考えることのみであり、それは存在するためにはいかなる場所も要らないし、いかなる物質的なものにも依存していない。したがってこの私、すなわちそれによって私が私であるところの精神（âme）は、物体（身体）から完全に区別されており、またそれは物体（身体）よりも知られやすく、たとえ物体（身体）がないとしても、精神はやはり精神であり続けるであろう[33]。

　これが心身を区別する議論の核心部分である。「私がある」と言える根拠は私が考えているということであり、私とは要するに考える実体である。だから私（精神）は物体・身体から区別されており、身体なしにもあり続ける、という論の流れである。平易に書かれているだけに、かえって現代人には理解しにくい問題が多く含まれているかと思われる。ここでは、この部分を重要なテキストの事例として取り上げ、それに解釈を施す形で以下話を進めたい。問題とする点は、思考の停止、実体、

　32）AT. VII, 17.「ディネ師宛書簡」(AT. VII, 565) にも同じ表現がある。『ユトレヒト書簡集』p. 6.
　33）AT. VI, 32-33. これはダマシオ（A. Damasio）が「デカルトの誤り」とする核心部分でもある（アントニオ・R・ダマシオ『デカルトの誤り』（田中三彦訳）ちくま学芸文庫 p. 376）。われわれは、それは必ずしも誤りではないとしたいのである。

私の本質，心身の区別，身体なき精神，の五つである。

第 2 節　思考の停止は存在の停止か

　まず，私の存在の根拠が「私が考えることをやめただけで」なくなるかという点である。常識的に見れば，かりに私が考えることをやめても，他人からみれば私は明らかに存在している。身体がなくなれば私の存在はなくなるので，存在の根拠というならそれはむしろ私の身体ではないか。それゆえ，私が考えているか否かは私の存在の絶対条件にならないのではないか。これらは 17 世紀当時からあった反論であり，多くの現代人も同感するであろう。

　たしかにその限りではこの反論は正しい。しかしデカルトはそういう一般的なことを問題にしているのではない。ここでの話は，経験的な事実から知を抽出するということではない。そういう事実を疑ったのちに，私がもっている知識のうちで最後になにか疑いえない確実なものが析出するかどうかが問題である。これは，自己の内面のみから出発するソリプシズム（独我論）の思考実験である。まず，私の身体や他人やこの世界は，夢の表象が示すように幻想であるかもしれず，存在しないと想定できる。それゆえ，私の存在は身体や他者からして自明ではないかという常識はここでは問題にならない。しかし私の身体や外界は存在しないと想定できても，私が存在しないとは想定できない。なぜなら，そう想定する（疑う）ということ自体が「考える」という行為なのだから，そう考えている私は，身体や外界がかりに幻想であるとしても，存在しなければならないからである。逆に，外界が本当にあるとしても，そのことが私の存在を帰結させるわけではない。それゆえ，私が考えることをやめれば私の存在を結論することができないのである。『省察』の言い方はもっと過激である。「もし私が考えることをすっかりやめるなら，その瞬間に私は存在することを全くやめてしまう，ということがおそらくありうるだろう」[34]。すなわち，私とは考えるものであって，考える

---

34) AT. VII. 27.

ことのみは私から切り離すことができない。「私は考える間」私はある。私において「考えること」と「あること」とは不可分である。それゆえ思考の停止は即存在の停止になることになる。

　だが，しばしば誤解されるように，それは私が考えることをやめた途端に私が物理的に消失するという訳ではむろんない。他人から見ればやはり存在しているだろうが，私の意識（思考）がなくなれば，少なくとも私にとってはそのとき自分の存在を確認できない。それゆえ，私が考えているということを唯一の根拠として私の存在が，認識論的に確保される。これがデカルトの論理である。これは，そもそも意識が認識の出発点であり，私の意識なしには私の存在も何も語りえないということであり，意識の哲学として現代人にも一応納得されよう。これに対してアルノーは，母の胎内や睡眠時において人は思考していないのではないかと反論した[35]。しかしデカルトは意識の立場を徹底させ，人は失神時や熟睡時でも考えることをやめていないし，胎児でも反省的ではないにせよものを考えている[36]，と一貫して強弁した。それが勇み足なのかどうか問題が全くないわけではない。無意識な思考というものがありえるのかどうかは，「思考」をどう定義するかにかかわることだろう。ここではそういう問題が当時からあったことのみを示しておく。

第3節　私とは実体であるか

　次に，「私とは一つの実体である」という場合の「実体」（substance）が，ここで定義されることなく使われている点が問題である。『序説』ではこの箇所が「実体」の初出[37]であるが，その説明はまったくない。あたかも実体はスコラの用語であり，だれもが知っているべき語である

---

　35)　アルノーからデカルト宛1648年6月3日，1648年7月 AT. V, 186, 214；『全書簡集』VIII, 45, 71.
　36)　アルノー宛1648年7月29日 AT. V, 219；『全書簡集』VIII, 76-77. 同じことは「第五答弁」AT. VII, 356-357 でも言及されている。
　37)　もっとも「実体」（substance）は『序説』では2度しか出て来ない。他は第五部で「天空や天体の実体」（AT. VI, 43）と言うのみである。『序説』ではデカルトは極力この語を使わないようにしていると思われる。

かのごとくである[38]。そして実体ということを理由にして，考えることを本性とする私（実体）が存在するためには，物体や場所を必要としない，と言いたいようである。だが，それは必ずしも万人に自明のことではない。実体であるからそうなのだと言われても，実体とは何かが説明されないかぎり当然了解されないであろう。水戸黄門の印籠のように，「実体」をかざすだけで当時の人はすべてを了解したのか。『序説』ではそれが省略されているだけに，この点は論理的に曖昧であるとせざるをえない。

　実体とは何かは大きな問題である。アリストテレス＝スコラの伝統によれば，実体とは「それ自身で存在するもの」（ens per se existens）[39]であった。これを踏まえて『省察』や『原理』で，さまざまな角度から定義がなされている。代表的なところでは，「それ自身で存続するもの」[40]，「それが存在するのに何ら他のものを要さないような仕方で存在するもの」[41]である。実体の定義にもいろいろなパースペクティヴがあり多義的である[42]。だが自存する，自体的存在である，独立存在であるという点は共通している。真に自存するものは本来神のみであり，神のみが実体であるが[43]，神以外では，存在するために神しか要さないものという意味で，精神と物体とが実体であるとされる[44]。

　しかし，それがどう定義されるにせよ，それでも実体にはよく分からないところがある。他を要せずにそれ自身であるとはなにか，現代の常

---

38) A. Hatzfeld et A. Darmesteter, *Dictionnaire général de la langue française*, Paris, 1964 によれば，substance は哲学用語としては ce qui reste permanent dans un être（存在において恒常的なもの）であり，一般的には ce qui fait le fond de l'être（存在の基礎をなすもの）である。

39) E. Gilson, *Index scolastico-cartésien*, pp. 275-277. (Thomas Aquinas, *Sum. Log.*, 2, 2 ; Eustache de St Paul, *Sum. phil.* I, pars, Ia. pp. 96-97)

40) res per se subsistens「第三省察」AT. VII, 44.

41) res quae ita existit, ut nulla alia re indigeat ad existendum.『原理』1-51.『原理』では以下 54 節まで，実体-属性という図式の下に精神と身体とが語られるが，それはこれまでの主張をスコラ的に要約したものである。

42) 実体概念の多義性を主張している論文は多い。C. Calixte, «La *doxa* dualiste et le sens de la distinction cartésienne entre l'âme et le corps», in S. Roux, éd., *Le corps et l'esprit*, Paris, 2015, p. 109.

43) スピノザはこの定義に忠実であった。「神以外にはいかなる実体も存在しえないし，また考えることもできない」（『エティカ』第一部定理 14）。

44) 『原理』1-52.

識で考えるかぎり私の精神は身体があってはじめて機能するのであり，身体なき精神とは宙ぶらりんでまるでゴーストである。精神なき身体（たとえば動物）も，身体なき精神と同じほど考えにくい，などである。さらに，実体に存在が織り込まれているとするのは論点先取であるとか，実体は概念的存在にすぎず実在には届かないという反論もあるだろう。これは後のカントの批判だが，デカルトの言う精神の実体性はカントにとって「躓きの石」[45]であった。その他，多くの批判があり，実際，実体の定義については，17世紀スピノザやライプニッツがそれを独自に脱構築するなど，延々と議論が続くのである。要するに実体というだけでは問題は終わらない。現代においても，実体は最も理解しにくい概念の一つであり，むしろ実体ぬきの議論をすべきだと考える人も多いだろう。

　17世紀の哲学のパラダイムは実体の形而上学であった。すなわち実体-属性というスコラの概念図式の下で，神と精神についての合理主義的な議論を展開することが時代の要請であった。デカルトも，心身が実体レベルで区別されることを「実在的区別」(distinctio realis)，心身の合一を「実体的合一」(unio subatantialis)[46]と言い，「属性を通して実体は知られる」[47]などと，伝統的な言い方をしている。たしかに議論の図式は旧来のものだが，しかし実体的形相や実在的性質などのスコラ的概念は拒否している。「実体」は，機械論的な世界観に見合うように内部調整されており，この点では古い革袋に新しい酒を盛ったと言えよう。それでも実体は，現代人には依然として分かりにくい概念であろう。われわれとしては差し当たって，それは論理的な仮説として有意味ではないのかと考えておきたい。すなわち，実体の定義に次のようなものがある。「われわれが認識している何か——その実在的な観念がわれわれのうちにある特性，性質，属性——が基体のうちにあるように，直接それに内在するすべてのもの，あるいはそれによって存在するすべてのもの

---

45) *Kritik der reinen Vernunft.* B409（拙著『デカルト哲学の根本問題』pp. 238-245）.
46) 「第四答弁」AT. VII, 228. レギウス宛 1642 年 1 月末 AT. III, 493；『全書簡集』V, 116.
47) 『原理』1-52.

は，実体と呼ばれる」[48]。この定義を手がかりにして，実体を，諸属性がそれに帰属する（述語づけられる）一なる基体（主語）と考えることができる。そしてそれを x として置いておく。その内実は分からないけれども，そういう基体のようなものを想定しなければ，およそわれわれは思考を論理的ないし文法的に構成できず，ものごとを合理的に説明できない，ということである[49]。あたかも大脳生理学で，外界からの多くの知覚情報を一つにまとめ，処理する何らかの「統合」機能を大脳中に x として想定しなければ，われわれがものを知るということが説明できない，と言われるごとくである。このように，実体そのものはよく分からない「もの自体」ではあれ，作業仮説のごときものとして現代でも有意味であると思われる。

第 4 節　私の本質は思考の・み・か

　さらに，私の本質は物質的なものに依存せず「ただ考えることの・み・である」とデカルトが言う点にも問題があろう。もしそうなら，精神は身体（物体）なしに自己同一性を保つことになろう。だが，なぜ私の本質が排他的に「思考のみ」であると言えるのか，その理由がここでは明らかではない。論理的に見るかぎり「私とは何か」はまだ探究途上なのであるから，私の本質に身体的なもの（思考しないもの）が含まれる可能性もある。思考が延長をもったり，身体が思考することもありうるかもしれない[50]。この点を整理しないかぎり，曖昧さが残るだろう。

　実はデカルト自身，『序説』での説明不足を認めている。「精神が身体とは区別された実体であり，その本性はただ考えることであるということが，どこから知られるかを私は十分に説明しておらず，それだけが

---

　48) 「諸根拠」AT. VII, 161.
　49) 主語・述語という形式論理で世界を記述することが拒否された時にあって，かつて P. F. ストローソンは *Individuals : An Essay in Descriptive Metaphysics*, 1959（邦訳『個体と主語』）において主語・述語表現に固執した。論者の念頭にはそのことがある。
　50) 「第二反論」でこの点が指摘されている（AT. VII, 122-123）。デカルトはそれに答えて，精神とは何であるかを私は十分に知っているので問題なしとするのだが，十分に知っているとする根拠が問題であろう。十分に知るとは何かは「第四答弁」で議論される。

神の存在証明を曖昧にしている，というご指摘はまったくそのとおりであると私は認めます」[51]。初学者のためにそれを「意図的に省いた」のであり，精神を感覚や想像力から引き離せば分かるようになる[52]，とも言われる。だがその引き離しの説明は不十分であった[53]，とも認めている。ただ，なぜ精神の本性が考えること・・のみと言えるのかはこの時点では説明されず，やはり曖昧とせざるをえない。この点に多くの異論があったのは当然である。

　私の本質を，他の可能性を排除して思考のみに限定した点については，『省察』で改めて取り上げられる。思考するものが何であるかはまだ十分知られていないではないかという反論に対して，デカルトは答えている。「そこでは精神が物体から［実際に］区別されているかどうかを私はまだ問うているのではなく，確実で明証的な認識をそれについてもつことが私にできるところの精神の特性を吟味しているにすぎない」[54]。精神と身体との実際的な関係はまだ知らずとも，精神が何であるかを私はすでに十分に知っているので問題なしと言うのである。「第二省察」の時点では，精神と外界との関係はともかく，精神内部の特性に関しては十分明瞭に知られているとする。

　この主張は「読者への序言」でさらに明確にされる。私が思考のみに限定しようとしたのは「事物の真理（rei veritas）そのものの秩序においてではなく…，単に私の認識（mea perceptio）の秩序においてであるにすぎない。したがってその意味は，私の本質に属していると私が知るものとしては，考えるものあるいは自ら考える能力をもつもの，ということだけしか私は明らかに認識しない，ということであった。しかし，以下において私は，どうして他のいかなるものも私の本性に属さないと知ることから，どうして実際にまた他のいかなるものも私の本性に属さないことが帰結するのかを説明するであろう」[55]。すなわち，思考のみに限ったのは，事物の真理すなわち外界の実在に関するのではなく，私の

---

51) メルセンヌ宛 1637 年 4 月 20 日 AT. I. 349-350；『全書簡集』I, 349.
52) 同 350；『全書簡集』I, 349.
53) ヴァティエ宛 1638 年 2 月 22 日 AT. I, 560；『全書簡集』II, 126.
54) 「第二答弁」AT. VII, 129（［　］は山田の挿入）.
55) AT. VII, 8.

認識の内面に関することであると言うのである。外界は「第六省察」にいたるまでは明らかではないが，私の認識に関しては「第二省察」の時点ですでに十分明らかであると言うのである。

　十分に，つまり十全に知るとは何かは「第四答弁」でさらに議論される。認識に関して，充全（adaequatus）な認識と，十全（completus）な認識とは違う。充全な認識とはすべてを知ることであってそれは神の領域である。十全な認識とは「あるものが〜である」と私に判明に認識させるに足る認識である。私の本質が，物体に係わるものでなく，考えるもの（精神）であることは，すでに十全に知られているので，議論としてはこれで不足はないことになる[56]。われわれは精神なしに身体を，身体なしに精神を十全に認識する。そしてその認識は，神が背後にあるので実際にその通りに真であることになる，と言うのである。

　これは，精神の属性を知るには私が精神について今もっている認識で十分だということであるが，そう言える根拠は何であろうか。それは，私が「思考する実体について明晰かつ判明な概念を形成している」[57]ということだろう。だがそこには問題があるかもしれない。「私がきわめて明晰判明に認識するものはすべて真である」という規則は，誠実なる神の存在が知られる以前は無効であり[58]，この段階では私の独断的認識にすぎないからである。さらに，私が明晰に認識していると思ったもので実は本当は認識していなかったものがあり[59]，認識が後に進化することもありうるからである。どこまで知れば本当に明晰判明に知ったことになるのかも不透明である。それゆえ，いくら精神を感覚から引き離し，知性だけで論理的に考えても，いま私が明確に知っていることが真

---

56) AT. VII, 220-225. アルノーが円に内接する直角三角形の例を出してデカルトの推論に疑問を提出したのに対して，デカルトは，三角形の性質はいま問題としている実体でも，十全な事物でもないと退けている。だがデカルトは，なぜ彼の推論が「私の認識」において客観的に成立するのかを説明していない。私のperceptioは明晰なので絶対に正しいと繰り返しているのみであり，それゆえ根拠を欠くと批判されているのである。私のperceptioはいかに明晰であっても単なる確信（persuasio）であり，神の裏付けがないかぎり学知（scientia）にはなりえないはずである（レギウス宛1640年5月24日 AT. III, 64-65；『全書簡集』IV, 63-64）。

57)「第五答弁」AT. VII, 355.

58)『省察』AT. VII, 13.

59)『省察』AT. VII, 35.

理のすべてだとは言えない。デカルトの言い分は，事物の秩序でなく私の認識の秩序の話だということであるが，認識の話だとしても，その認識が私には明晰だからと言ってそれが客観的に万全だとは言い切れない。この点に論理的な無理があり，ガッサンディ，アルノー，メルセンヌなど多くの人が批判したことの方が自然であり，納得できる。

　それにもかかわらず，なぜデカルトは一貫して自説を主張しているのか。この問題は「コギト・エルゴ・スム」と連動しているからだと思われる。コギト命題は，神や明晰判明の規則に依拠することなく，私の認識における第一原理として獲得された。たしかに，コギトも，神があることが知られないかぎりは「確信」にすぎない。明晰判明な知が保証されてはじめて，それは客観的に保証された「学知」となりうる。この論理の正当性は『序説』[60]からも明らかである。しかしながら，コギトは数学的な真理とは次元を異にする真理であると言うべきであろう。数学の真理性には神を要するが，コギトの自覚そのものには神は必要ないからである。欺く神に対抗して獲得されたコギトは，神の保証を要せずに私において明証的であるという点で特権的な知であろう[61]。それは懐疑論に対抗できる唯一の知であり，精神によって直観された第一原理であるとされる。私の本質を思考のみに限定できるということも，それと同等の確度の高い命題として扱われている。『序説』でも『省察』でも，私とは何であるかの吟味が，コギト発見のすぐあとに来ていることに注意すべきであろう。コギトの特権という知は，私の本質を思考に限定する排他性につながっていると解される。それゆえ，私の本質を思考に限るということは，コギトと同じレベルの高い認識であり，私における確実な知として通用するとデカルトは思っていただろう。私の本質を思考

　60）「われわれがきわめて明晰かつ判明に理解することはすべて真であるということでさえも，神があり存在する…ゆえにのみ確実である」(『序説』AT. VI, 38)。
　61）他方，コギトには何も特権はないとするベイサッドの解釈もある (J.- M. Beyssade, *La philosophie première de Descartes*, Paris, 1979)。明証的なことがらが客観的に真であるということは，この時点ではまだ基礎づけられていない。それゆえ「第三省察」で誠実なる神が発見される以前は，コギトといえども主観的な「確信」(persuasio) であって，未だ客観的な「学知」(scientia) ではないからである。これに対してわれわれは，コギトは確信ではあるが懐疑の営為から析出された「生きられた確信」であり，数学的真理などとは異なる。まだ客観的な知ではないが「学知」と同様の高度な確実性がある，と考えている（拙著『デカルト『省察』の研究』pp. 89-96：『真理の形而上学』pp. 36-39)。

に限定することは，このようなコギトの特権の延長線上にある事態にほかならないと解釈できよう。ただ，「生きられた確信」や「精神による直観」が，神との関連で論理的にどこまで有意味かは別の問題だと思われる。

　結論として，排他的に「思考のみ」であるとするのは特異な発想であり，論理的にはやや無理があるとせざるをえない。ただ，少なくともそれはコギトと共にデカルトが認識に込めた気合いを示していると言えるであろう。神が欺いても私はある，私の認識は明晰であるかぎり絶対に間違わない！　これは人間の認識というものに対する近世人の矜持の表れであり，明晰な知に対する確信を物語っているものとも読める。デカルトはそのような意気込みで哲学しているということである。

第5節　精神は身体から完全に区別されるか

　上掲の『序説』テキストによれば，心身が区別されることの理由は，「私とはただ考えることのみを本質とする実体である」という命題から，必然的に出て来るということにあるだろう。すなわち，考える実体である私はそれ自身で自存しており，存在するのに場所は要らないし，物質（身体）的なものに依存しない，ということである。問題は，果たしてこれだけのことだけで心身の区別を十分に「証明」したことになるのかどうかである。

　先述したように，デカルト自身それが「どこから知られるかを私は十分に説明していない」としているのである。『序説』での区別についての議論はこの箇所しかない。これは論理的に厳密な証明というよりも，軽く触れているだけという趣がある。『序説』の段階では，実体は曖昧な概念であり，私の本質を「思考のみ」に限定することにも問題が残るだろう。それにもかかわらずデカルトが心身の区別を主張した理由は，先述したように，私がそうと判明に認識していることに疑いの余地はない，という確信が背後にあるからだと思われる。もしそうなら，後に神の存在によってこの区別が存在論的に認定されるまでは，デカルトはこの議論をあまり強く主張することはできなかったはずである。また，そ

の人の判明な理解ということが証明の根拠になるなら，ガッサンディのように思考する物体という余地も十分ありえたし，マルブランシュの「叡智的延長」のように精神が延長するという考えも同じく判明な認識であったであろう。あるいは現代的な観点から，電子頭脳が示しているように物体（機械）が思考するとか，人間の心身は環境世界との全体的なバランスのなかで生きている，という考え方もありえるだろう。

　『省察』において，心身の区別の議論はもっと精密化している。だが，私の判明な認識を基礎にしている点で議論の構造は同じであると思われる。「第二省察」で私とは何であるか，そして身体・物体とは何であるかが「蜜蠟」の比喩を通して分析され，区別の認識論的な基礎が語られる。そして「私は私自身を［蜜蠟よりも］はるかに判明に，かつはるかに明証的に知るのではないか」[62]と言われ，「私の精神ほど容易にまた明証的に認識されるものはなにもない」[63]と結論される。区別は明証的な認識だと言うのである。「第六省察」にいたって，神の保証もあってその認識が実際にそうであることが確認される。「あるものが他のものから区別されると私が確信するためには，私が一方を他方なしに明晰判明に理解することで十分である。…一方で私は，私が延長するものではなく単に考えるものであるかぎり，私自身についての明晰判明な観念をもっている。他方で身体が考えるものではなく単に延長するものであるかぎり，身体の判明な観念をもつのであるから，私が，私の身体から実際に（revera）区別され，身体なしにも存在しうることは確実である」[64]。これで心身の区別は私の認識のレベルにおいて真であるだけでなく，実在のレベルにおいても真であることになるが，そこにも明晰判明の規則が働いていることに注意すべきであろう。「第五答弁」は，精神が身体とは異なるものであることが知られるための基準（criterium）として，「精神の本質は思考することにあるが，物体の本質は延長するものであることにあり，思考と延長との間には共通するものがまったくないこと」[65]を挙げている。これは二実体の区別についての大変分かりや

---

62) AT. VII, 33.
63) AT. VII, 34.
64) AT. VII, 78.
65) AT. VII, 358.

すい記述になっている。これが基準になりうる理由については何も触れていないが，その区別を私が明晰判明に認識しているから，ということがやはり根本にあると思われる。デカルトは，これを以って「人間精神と身体との区別の証明」[66]の原理と考えていたようである。

　他方，『原理』では実体を中心に区別の議論が総括されていると読める。第Ⅰ部60節以下で，区別とは何であるかが伝統的な議論のなかで吟味され，心身の区別とは実在的区別（distinctio realis）（実体レベルでの区別）であり，その本質をまったく異にするということである，と説明される。そして「われわれが，それら実体が互いに実在的に区別されていることを知るのは，一つの実体を他の実体なしに明晰判明に理解できることからのみである」[67]と言われる。ここで，「他の実体なしに」ということは「実在的」の要件をなしている。『省察』では「二つの実体は，一方が他方なしに存在しえるとき，実在的に区別されると言われる」[68]と定義された。「第二答弁」では「一つの事物を他の事物によることなくわれわれが明晰に理解するということで，それらが実在的に区別されることをわれわれが認知するには十分である」[69]と言われている。レギウス宛書簡では「一つの実体が他の実体と異なることを認識する指標（signum）としては，一方を他方なしにわれわれが認識すること以外にはない」[70]とも言われた。そして，そうした実在的区別の根拠になっているものは，『原理』の場合でも，やはりわれわれがそれを明晰判明に理解するということである。

　デカルトの議論は，少しでも疑わしいものを懐疑にかけて除去して行くという思考方法をしばしば取っている。疑えるものは偽であり，疑いえないものこそが真であるということである。この懐疑の方法と明晰判明な理解とは同根であると思われる。あるものが明晰判明に理解される

---

66) 『省察』タイトル AT. VII, 17.
67) 『原理』I-60.
68) 「諸根拠」AT. VII, 162.
69) 「第二答弁」AT. VII, 132.「第四答弁」では，二実体が別々の概念によって認識されること，つまり実体の自存性が強調されている。「精神が物体から実在的に区別されることを論証するために」は，精神から物体性が，身体から精神性が排除され，それらが「自存するもの（res subsistens）として理解されること」で十分である（「第四答弁」AT. VII, 226）。
70) レギウス宛書簡 1642年6月 AT. III, 567：『全書簡集』V, 165.

ということは，それが疑いえないことの指標である。「確実で疑いえない判断の拠り所となりうる認識においては，それが明晰であると同時に判明であることが要求される」[71]。懐疑を尽くした結果，精神は思考，物体は延長ということが明晰判明な知として最後に取り出されるという構造になっている。

　デカルトの議論をまとめると次のようになろう。精神と身体・物体を異なる二実体と考える。精神の本質は思考にあり，部分に分割できず，延長をもたず，空間を占めない。そしてこれらの属性は私自身から切り離されない。他方，物体（身体）の本質は延長にあり，思考せず，部分に分割でき，空間を占め，不可侵入的であり，自分自身では動かない，という性質をもつ。これらの属性を截然と区別することによって，デカルトは心・身を実体として明瞭に区別したことになる。

　これは集合論で考えると分かりやすいだろう。ある集合 A, B があるとし，それぞれの集合の元がまったく別べつであって，集合 A, B は重ならないとする。その場合 A, B は「相異なる」と言われ，$A \neq B, B \neq A$ と記される。これがデカルトがここで意味していることである。ただ集合論では A, B が相異なるためには，A の元と B の元がすべて違うものである必要はなく，違うものが一つあれば十分であり他は重複していてもよい。これに対して，デカルトの場合はそれぞれの元はすべて異なるのである。

　デカルトは精神からすべての身体的要素を，身体から精神的な要素を除去し，中間的な存在を許さない。したがって，延長をもった精神や，思考する物体などは矛盾概念となる。この意味で心身は「完全に（entièrement）区別される」。そして，そのような区別を私が明晰判明に認識しているということが，その真理性の根拠になっている。

　だが，私の認識は私には判明であっても，普遍的に妥当するのかどうか，客観的な基準になるのかどうかが問題である。これはライプニッツやカントの批判である。疑えるか疑えないかという，懐疑による単純な二分法の議論でよいのかどうかも問題であろう。この議論によって，思考と延長との間に共通部分の余地があるかどうかなどは，まったく議論の

---

71) 『原理』I-45.

対象にならないからである。結論として，デカルトの心身の区別の議論には論理的に苦しい点があるとせざるをえない。心身を峻別する二元論的な思想が，現代では多くの批判を招いていることも事実である。

ただ，言っておかねばならぬことは，デカルト哲学は心身の区別だけで終わるものではないということである。他方で心身の合一という大きな世界が開かれていることを忘れてはならない。彼は「精神は水先案内人が船に乗っているように身体に宿っているだけは…十分ではない」[72]と繰り返し言っている。心身の区別は認識論の上での理論にすぎず，実際に生きる場面では心身の合一というものを考える必要があるからである。つまり，『人体の記述』(1647-48年執筆)の序文[73]が示唆するように，心身の機能をまずは理論的に明確に区別しておくべきである。そして，そのうえで心身が緊密に合一してはたらく場面で，「感情や欲求をもった真の人間」[74]の理解をデカルトは目指すのである。心身の区別を踏まえたうえで合一を生きるというこの点は，現代の現象学や環境主義にも通底する重要な考え方であろう。

第6節　精神は身体なしにあるか

最後に，「物体(身体)がないとしても精神はやはり精神であり続ける」と言われる点も問題である。私は身体(物体)なしにありうるとか，身体がなくなっても精神としての私はなくならないと言う場合，その根拠は心身が実体として区別される点にあるだろう。だが既述のように，実体とは何かの説明がないかぎりその意味は必ずしも明確ではない。また，かりに心身の実体的区別を認めるとしても，身体なき精神(たとえば大脳なき私)というものは現代人にはとうてい理解できないだろう。常識的に見る限り，私は身体あってはじめて存在するのであり，身体ぬきの私(精神)などは考えられないからである。カンブシュネルは，ア

---

72) 『序説』AT. VI, 59. これはアリストテレスの『デ・アニマ』(413a. 8-9)を踏まえ，プラトン主義の思想を批判したものである。
73) AT. XI, 227.
74) 同。

ウグスティヌス的な精神と身体との異質性を重要と認めながらも，思考するためには大脳がある状態になければならず，純粋な知的記憶はありえないとする[75]。それは比喩的なことを言うのか，それとも何らかの実在的なものを指すのであろうか？

(a) それは比喩的なこととも考えられる。デカルトは言っている，「精神が身体に結合されているときには，器官の悪しき配置によって精神の作用がかき乱されうるにしても，精神は身体なしに思考することができる」[76]。すなわち，精神は実際に身体と合一していて，容易に身体から影響を受ける。しかし，精神は身体から区別されているのであるから，身体の置かれた環境に邪魔されずに，身体から独立して純粋に思考できる。人は身体が苦しい状況にあるときでも，少なくとも原理的には精神だけになって思考することができる。これが精神は身体なしに思考できるということの意味であろう。たとえば，エピクロスは尿石の痛みにもかかわらず，平然として哲学者の生を送ったと言われている[77]。理性で情念を統御するという場合もその例に入れてよいだろう。このように，精神が身体なしにありうるとは，精神が物理的に身体なしにも思考できるということではなく，精神が身体の影響を蒙らずに，身体に依存せずに思考できる，ということだろう。ただ，エリザベトも疑義を呈しているように，エピクロスのようなことは普通の人にはとうていできない。われわれは「身体」を生きているからである。

(b) 他方，私が身体なしにありうることが私の明晰な認識から帰結するかぎり，それは何らかの実在的なもの（実体）を指示していると言える。つまり，精神は実際に身体なしにありうることになる。「われわれ

---

75) D. Kambouchner, «Descartes et les ambiguïtés de l'interactionnisme», in S. Roux éd., Le corps et l'esprit, Paris, 2015, p. 68. デカルトは「精神は脳から独立に作用しうる」として，脳は純粋な知性作用には係わらないとした（「第五答弁」AT. VII, 358）。だがそれは医学的には不可能である。大脳がなければおよそ思考できないからである。

76) 某宛 1638 年 3 月 AT. II, 38；『全書簡集』II, 222. デカルトがそう主張する背景を考えるに，身体から切り離された精神（anima separata）というアリストテレスやキリスト教の思想があるだろう。それは本来は天使のことだが，それを人間の場合にも適用しているのである。ただ，そのあり方が問題である。この世界に物理的にあるのか。そうではないなら，どういう存在身分なのか。精神的実体と言う場合，それは観念として人の心にあるということなのか。たとえばソクラテスは死んだが，彼の精神は今も多くの人の心に残っている，ということなのか。

77) エリザベトからデカルト宛 1645 年 8 月 16 日 AT. IV, 269；『全書簡集』VI, 315.

は，精神すなわち考える実体を，物体（身体）なしに，すなわちある延長した実体なしに明晰に認識する。それゆえ，少なくとも神の力によって，精神は身体なしに，身体は精神なしにありえる」[78]。そして「私は，私の精神を，身体に属するものがすべてそこから排除されたとしても存在しうる一つの実体として表示する。そこから私は，精神は身体なしに存在すると結論する」[79]。私は天使ではないので，これはゴーストのようなものだろうか。

　思考実体たる精神は，延長実体たる身体・物体なしに明晰に認識される。そして私は，身体・物体なしにも（つまり身体のことをよく知らなくても），精神を十分に知りうる。身体の認識のあるなしは精神の認識の前提ではない。ところで，明晰に知られるものを神はその通りに創造するので，認識されたものがそのまま実在化する。実際に両者は独立に存在しえる。こういう論理になっている。だが問題は多いだろう。はたして私は精神を身体なしに十分に知りうるのか。先述したように，精神の本質の一端を捕捉しているだけで，それをすべて知ったことになるというのは論理的ではなく，教条的である。現代的に見れば，精神身体医学が示すように，精神は身体との相互関係ぬきには理解できないだろう。かりに精神は実体なので身体なしに知られるとしても，身体なしに存在するということがどういう事態であるかは明瞭でない。精神が実体であるとはどういうことかがやはり問題である。そして神が認識と存在を連結するということは，現代人には理解不可能な発想であろう。

　(c) 身体から切り離された精神[80]という表現は，アリストテレス＝スコラの「離在的魂」（anima separata）を容易に想起させ，不死性の議論の要となる。『序説』の時期のデカルトは，「身体なき精神」は実在的なもの，つまり精神の不死に直結すると考えていた。「われわれの精神は［動物の精神とは違って］身体からまったく独立した本性を有する。したがって身体とともに死すべきものでは少しもない。そこから精神は

---

78) 「諸根拠」AT. VII. 170.
79) メラン宛 1644 年 5 月 2 日 AT. IV, 120；『全書簡集』VI, 158.
80) デカルトは「離在的魂」（anima separata）を否定していない（AT. V, 402, I, 339, E. Gilson, Index. Âme）。だがその存在身分が問題である。少なくともそれは物理的存在ではない。観念的存在なのか，意識的存在か，あるいは霊のようなものか，この辺が曖昧である。

不死であると自然に判断するようになるであろう」[81]。若いデカルトは無神論者に心から憤りを感じていた。そして，先に見たように，精神の身体からの区別ないし分離ということから「精神の不死性が帰結する」[82]という点を強調したかったはずである。この時期のデカルトは，心身の区別の議論が，精神の不死についての判断や帰結の根拠となる[83]と考えていたようである。これに対して当時反論があった。『省察』には不死については何の言及もなく，心身の区別は証明されていない。神が精神に身体と共に死ぬよう仕向けたかもしれないので，この区別からは精神の不死は帰結しない[84]，と。デカルトは答える，その限りで精神の不死は帰結しないという点は反駁できない。だが，身体と精神とは本質を異にするので，身体の死から精神の死が帰結する訳ではない。自然哲学によって認識されるかぎり，精神が不死であると結論するにはこれで十分である[85]。そして，「身体の破滅から精神の滅亡が帰結しないことを示し，かくして人間に来世の希望を与えるには，これ［心身の区別を示すこと］で十分である」[86]。これが不死についてのデカルトの基本的立場である。不死性の方向での議論はこれ以上展開されないことになる。事実，『省察』第一版1641年の（メルセンヌが挿入した）副題「そこでは精神の不死が証明される」は，第二版1642年では「心身の区別が証明される」と書き替えられた。その理由としてデカルトは言っている，「不死ということを私が一言も述べなかったことに驚いてはなりません。なぜなら，私は神が魂を消滅させえないことを証明できないからです。ただ，心身は区別された本性ですので，精神は身体と共に死すべきである訳ではないことを証明できるのみです。そしてこれが，宗教を確立するのに必要なすべてです」[87]と。心身の区別は「精神の不死」を帰結させるであろう。だがそれを決定的に証拠づけるものではない。それは最

---

81) 『序説』AT. VI, 59-60.
82) メルセンヌ宛 1630年11月25日 AT. I, 182；『全書簡集』I, 168.
83) アルノーはこの点についても否定的である。「通常の哲学の原理によっては，そのこと（精神の不死性）は帰結されない」（「第四反論」AT. VII, 204）。総じてアルノーの批判には傾聴すべきものがある。
84) 「第二反論」AT. VII, 127-128.
85) 「第二答弁」AT. VII, 153-154.
86) 『省察』「概要」AT. VII, 13.
87) メルセンヌ宛 1640年12月24日 AT. III, 266-267；『全書簡集』IV, 236.

第 6 章　精神と身体との区別　　　　　　　　　　　155

終的には神の裁量に係わることだからである。その限りは，哲学は不死を「期待」[88]させても，最終的に「保証」[89]するものではない。デカルトはこの議論の彼岸に精神の不死の可能性を認めてはいるが，哲学者としてあくまで此岸に立って議論をしている。

　結論として，精神が身体なしに存在すると言う場合，それは差し当たって比喩的に言われているものと理解される。それは精神的な実体，思考実体を指しているが，実体としてあるという意味がなお曖昧である。その場合には，なにか実在的なもの（精神的な存在）を指示しているが，それがなにかは分からない。そこから精神の不死性が結論される可能性があるが，しかしそれは保証のかぎりではないというのがデカルトの見解である。

おわりに

　心身の区別は多くの問題を含む。私は考えることをやめれば存在することもやめるのか，考える実体とは何か，私の本質は思考のみなのか，心身は完全に区別されるのか，精神は身体なしにありうるのか，などである。最も大きい問題は精神の実体性ということだろう。カントは，実体は所詮は画餅にすぎないと批判した。実体の存在論的身分が問われる。要するに精神は，デカルトの言うほど理解するのに容易なものでも，明晰なものではないのではないか。それゆえ精神は，身体との区別において現代ますます批判されているのかもしれない。

　しかし，デカルトの立場は，精神は身体の法則性から独立であり，物理主義では説明しきれないということである。つまり物理的に説明されない精神的実体の存在を大きく認めるということである。ただ，「実体」には問題が多いので，われわれはそれを x と想定しておこう。デカルトのいう「精神」もまた，物理的には還元されない何らかのもの x と解するのである。その限り心身の区別の議論は十分理解可能であり，現代

---

88) エリザベト宛 1645 年 9 月 1 日 AT. IV, 282：『全書簡集』VI, 326.
89) 同 1645 年 10 月 6 日 AT. IV, 315：『全書簡集』VI, 356. 本書 p.39 を参照。

にも通用する二元論の基本になると思われる[90]。デカルト的二元論は心身問題などにおいてたしかに歯切れが悪いところがあり，多くの問題を残している。しかし，むしろそれを無理に一元論に還元しないことが重要なのではないか。というのも，それは心という闇を背負って生きている「人間」の真実を示していると思われるからである。神と精神とを知りたい，人間には到達できない真理を知りたい，というアウグスティヌスの声がやはり聞こえてくるようである。

---

90) デカルトの二元論を現代のデイヴィッドソンやデネット流にいえば，精神は物理的には身体に依存するが，物理的な因果関係には帰属しない。精神は身体には規定されず法則性をもたない。この意味で精神は物理的・身体的にトレースできないもの，還元されないものである。

第七章

人間精神と動物‒機械論

　デカルトは『序説』や多くの書簡で，人間が機械や動物といかに違うかをしばしば力説している。現代の AI（人工知能）研究や動物行動学から見てその説明が妥当であるかどうかについては多くの議論があり，筆者も無関心ではいられない。ただ本章の関心はむしろ「精神とは何か」にある。彼は人間の精神（mens, animus）[1]をどういうものと考えていたであろうか。いわゆる動物‒機械論を検討することによって，デカルトの理解する人間精神の特異性を明らかにしてみたい。

第 1 節　人間と機械

　周知のように『序説』第五部で，デカルトは人間と機械とを明確に区別する手段が二つあると言う。

> 第一の手段は，その機械は，われわれが他人に自分の考えを表明するときのように，ことば（parole）を使うことも他の記号を組み合わせて使うことも決してできない，ということである。…第二の手段は，その機械は多くのことをわれわれのだれとも同じくらい，あるいはおそらくだれよりもうまくなすとしても，何かほかの点では

---

[1] いずれも「心」とか「精神機能」の意味である。本章では人間の場合には精神，動物の場合には魂と区別しておいた。「一寸の虫にも五分の魂」とは言うが「五分の精神」とは言わない。

必ずできないことがあり，このことから，機械は認識（connaissance）によって動いているのではなく，ただその装置の配置によって動いているだけだということが見出される，ということである[2]。

すなわち第一に，人間はことばを意識的に使ってすべてのことの意味に応じた受け答えができることである。たしかに，特定の状況で機械に「何かご用ですか」とか「痛い」とか言わせることもできるが[3]，人間のようにすべての意味に応じた応答はできないだろう，と言うのである。第二に，人間は普遍的な道具である理性をもち，それによってどんな場合に遭遇しても臨機応変に対応できる，ということである。機械はわれわれ以上にものごとをうまく処理する場合があっても[4]，機械は装置の配置で動いているのみで，人間理性のようにあらゆる出来事に全面対応するわけではない。この二つの手段によって人間と（機械にほかならない）動物との相違もまた知られる，と言われる。

これに対して，現代の AI の技術[5]に照らして，すぐに鋭い反論が返ってくるだろう。第一に機械がことばをもたないということに対しては，AI は立派なことばをもっており，話の内容を意識しながらことばを話すことができる，と言われるだろう。たとえばコミュニケーション・ロボットはその場に応じた会話をする。表情も感情もあり，人間の気持ち

2）AT. VI, 56-57. このテキストの解釈については，すでに拙著『デカルト「方法序説」』（2011 晃洋書房 pp. 85-90）で分析した。本章ではそこでは触れられなかった点を書簡などによって補い，エッセー風ではあるが新しい主張をしたい。

3）『序説』AT. VI, 56-57. デカルトはどこからこのような知識を仕入れたのだろうか。その時代しゃべる機械などあったはずもないのに，きわめて現代的である。自動機械の例としては公園の噴水装置（『人間論』AT. XI, 130）が有名であるが，ここでは，時がくれば鶏の鳴き声を出すストラスブールの時計塔（メルセンヌ宛 1629 年 10 月 8 日 AT. I, 25：『全書簡集』I, 47）が思い当たる。「痛い」とか「何かご用ですか」とは言わないだろうが，時がくれば一定の動きをして音声を出す「からくり時計」は当時すでにあった。

4）『序説』AT. VI, 57. これも現代のエキスパート・システムに通じるところがある。機械は装置の配置により動くが，人間は理性による認識で動くとデカルトは言う。しかし原則はそうでも，対人関係が苦手な人や，算数の不得手な子供たちが実際にいる。人間理性でも出来事に全面対応できるわけではない。

5）筆者は偶然 J. ザルカダキス『AI は「心」を持てるのか──脳に近いアーキテクチャ』（G. Zarkadakis, *In our Own Image : Will Artificial Intelligence Save or Destroy Us?* London, 2015，日経 BP 社 2015）を手にする機会があった。一般書ではあるが哲学の視点を有しており，AI に関わる現代の諸問題について広い視野を与えてくれた。

第 7 章　人間精神と動物-機械論

に寄り添って会話をしてくれる。卑近な例ではスマートフォンの音声検索がそうである。どんな質問にも，ときには人間以上に見事に答えてくれる。第二の手段に対しては，AIはインテリジェンスを用いて多くのことがらに対応している，と反論されるだろう。実際，機械が人間以上にうまく処理している例には枚挙の暇がない[6]。機械は設定次第では人間以上に万事に対応できるはずであり，デカルトが考えたように「一つの機械にそれらの諸機能が多様に配置され，あらゆる出来事に対して…その機械を動かすことは実際上不可能である」[7]とは，もはや言えなくなるかもしれない。ことばを話し，万事に対応できるのは，デカルトから見れば精神の機能である。機械はかぎりなく人間の精神や知性に近づいている。人工知能は人間に迫れるかとよく言われるが，ある場面では人間の知能を軽く凌駕している。ホッブズは推論（reason）とは要するに計算すること（reckoning）だとしたが[8]，その延長線上で，精神なるものも将来的には機械論的に説明されるという現代版「人間機械論」をとる学者もいる。また「精神」そのものを消去し，すべてが物理的言語に還元されるとする物理主義[9]の立場もある。

　これらの反論に対して，デカルト主義の側から次のように答えうるであろう。機械はことばを使っていくら話をしても，所詮は「装置の配置」によって動くのみである。機械はみずからの認識をもたない。電源を切ればただちに停止する（人間の場合では生命が電源に相当するのだろうか）。AIが作動するのも，人間がそのようにプログラミングをし，そう設定しているからにすぎない[10]。ジョン・サールの「中国語の部屋」

---

6)　二足歩行してサッカーをする，バイオリンを演奏する，チェスや将棋や碁で人間を負かす，小説を書く，大学入試問題を解く，車の自動運転やナビゲーションをする，などである。多くの情報を整理・検索し，解析する機能をもつタスク型のAI（エキスパート・システム）が，多くの病理データを処理して患者を「診断」し，実際に成功した例も報告されている。また，他から設定されるのではなく，ニューラル・ネットワーク（神経回路）を用いてみずから学習する機能（ディープ・ラーニング）を備えているAIもある。

7)　『序説』AT VI, 57

8)　『リヴァイアサン』I-V.

9)　物理主義は単純明快な物質的世界観を提示しているが，しかし「クオリア」や「志向性」などの人の心の内容は機械論的説明に還元できないという反論に直面している。

10)　一つの異論として，人間精神のはたらきもまた環境や経験によって，あるいはDNAによってそう設定され，決定されているという考え方がある。このかぎりでは人間も機械と同じであるとも言える。

の比喩が示すように，機械は与えられた情報を記号的に処理しているだけである。その情報の意味は理解されていないし，自分が何をしているかの「認識」はない。いわゆる「フレーム問題」は苦手である。当然ながら自由意志や感情もない。精巧な AI がいかに優れた知能をもつにせよ，要するにそれは機械であり，自己意識はない。道徳や芸術や宗教などもありうるはずもない。この点に根本的な違いがあるだろう。

　もとよりデカルトにおいて，人間も身体のレベルでは「一つの機械」[11]である。生命現象も含めて人体は機械論的・生理学的に動いている。心臓（自動機械 automate と表記されることがある[12]）や血液の運動，食物の消化などは，その象徴的な例である。松果腺の運動と思考との機械的な対応も，自然の設定によるものと考えられている[13]。だが精神のレベルでは，人間は機械とは決定的に異なる[14]。人間はことがらの意味を理解し，自由意志や感情をもって思考する。それをデカルトは「認識」と言っている。まさに「人，木石に非ず」であり，精神は機械ではない。みずからの意志や感情や人格をもち，自由に判断できる。機械にもそうした感情や判断があるとしても，それは人間が機械にそう設定した結果にほかならない。人間は，自由意志によって自分の精神を高いレベルで使用する。これは機械論やチューリングテストなどでは原理的に説明できないことだろう。

　ここから精神についてのデカルトの積極的な主張が読みとれるだろ

11）　身体＝機械とする言い方は多出する。「身体は一つの機械であり，神の手によって作られたので，人間の発明する機械よりもはるかに秩序だっている」（『序説』AT. VI, 56），「身体は，神が意図して作った土の彫像あるいは機械」（『人間論』AT. XI, 120），「身体という機械」（『人体の記述』AT. XI, 226），など。機械としての身体についての最近の簡潔な研究として次のものがある。D. Antoine-Mahut, « La machine du corps », in F. Buzon, É. Cassan et D. Kambouchner éd., *Lectures de Descartes*, pp. 229-252, Paris, 2015.

12）　メルセンヌ宛 1637 年 6 月前半 AT. I, 377；『全書簡集』I, 376.

13）　『情念論』I, 50 節。

14）　ブヴレスによれば「機械」には 4 種類がある。(1) 単なる道具，(2) 時計，(3) 熱機関（熱エネルギーを機械エネルギーに変換），(4) 情報を蓄積・伝達する知的機械，である。第 4 はデカルトが思いもしなかったものであるが，今日，機械がどこまで人間に近づくかと言われるのはこの点においてであるとする（J. Bouveresse, «La mécanique, la physiologie et l'âme», in *Descartes et son œuvre aujourd'hui,* Liège, 1998, pp. 98-100）。これは 21 世紀の現在では常識的な理解にすぎない。ただ，繰り返し登場するヘルムホルツの神経刺激の伝達や，エネルギー保存則（エネルギーの全形態を力学の原理に帰着させる）が，デカルトの遺産を相続しているとの指摘は正当であると思われる。

第 7 章　人間精神と動物 - 機械論

う。すなわち人間を，みずから認識をもち，自由意志を有する主体とする点である。「自由意志はわれわれを自分の主人たらしめ，そのことによってわれわれをある意味で神に似たものにする」[15]とも言われている。人間は生得的な観念をもち自由意志をもっている点で神的であり，機械とは本質的に異なると考えられているのである。このこと自体は常識的であってさほど特別なものではない。だが，このとき彼の胸には人間精神への驚異[16]の念が去来していたと思われる（のちにパスカルは精神を人間の偉大さとして描き出すことになるであろう）。デカルトが精神の驚異を表だって語ることはあまり多くはないが，モア宛書簡では「動物のうちに精神が認められないことよりも，人間ひとりひとりの身体のうちに何らかの精神が認められることの方が，より大きな驚き（admiratio）に値する」[17]と言われている。その他，心身の結びつきにおいてこの種の驚きが含意されている箇所がいくつかある[18]。また，人間精神の存在そのものに驚きが伴っていたことを暗示するテキストも見出される[19]。要するに，人間に精神というものがあること自体が驚異なのであり，神によって人間に自由な精神が与えられ，それが身体と不可思議な形で共

---

15)　『情念論』III, 152 節。

16)　「驚き」（admiration）一般については次の古典的な研究がある。F. Alquié, *La découverte métaphysique de l'homme chez Descartes*, pp. 38-55, Paris, 1966.

17)　モア宛 1649 年 2 月 21 日 AT. V, 278；『全書簡集』V, 124.

18)　無からのもの（の創造）（res ex nihilo）は神のなした驚くべきこと（mirabilia）（『思索私記』AT. X, 218）とされている。人間精神を身体とともに創造したこともその「驚くべきこと」に含まれるだろう。創造において「神は土の彫像あるいは機械を形作った」（『人間論』AT. XI, 120）としているが，これはむろん「神は土人形に息吹を吹き込んだ」（『創世記』2-7）という聖書の記述を踏まえている。デカルトは「神がこの機械に理性的精神を結びつける時には，そのおもな座を脳中に置いた」（『人間論』AT. XI, 143），「神が理性的精神をつくり…それをある仕方でこの身体に結合した」（『序説』AT. VI, 46），「神がわれわれの身体に精神を宿らせた」（『情念論』III, 161 節）とも言っている。これは，なぜそうなっているのかはわれわれには分からないが，最初から異質なもの同士が人間において合一している不可思議な事実を指摘しているとも読めるであろう。

19)　デカルトが「私は考える，ゆえに私はある」を哲学の第一原理と定め，私とは考えるもの（精神）であるとしたとき，すでに人間精神の重要性は自覚されていただろう。ここに機械論では説明できない精神の発見があったと言えるが，その発見には驚きが伴っていたと思われる。「第二省察」のはじめで，深い水に入って「驚いた」（仏訳 surpris, AT. IX-1, 18）と言われたあとで，思考する精神を見出す議論が来ている（AT. VII, 24-27）。そこでは，畳みかけるような自問自答の文章が続くなかで疑問符「？」が連続して多用されている。それは人間精神への驚異の念の脈動を物語るものではなかろうか。哲学の始まりは驚きにあるとしたアリストテレスの発想は，デカルトのコギトの文脈にも流れていると思われる。

存[20]していること自体が，奇蹟に近いことだと考えられていたと思われる。

ただ，「驚き」へのデカルトの評価は一般に控え目である。「驚きは精神の受ける突然の不意打ちである。それは，例がなく異常に見える対象を精神が注意深く考察するようにさせる」[21]が，「過剰に驚くことは…理性使用を損なうので…控えるべきである」[22]と言う。人は天上にあるものに驚きと感嘆の念を抱き，たとえば虹を「自然の驚異」[23]としてきたが，科学的に解明してみれば驚きは消える。心臓もかつては驚くべき神の領域とされてきたが，解剖学で十分解明される。自然の驚異を機械論に解消することがデカルトの基本であったであろう。では精神の驚異も解消されるのか。否，精神だけは決してそうはならないと考えるのがデカルトであった。人間精神はみずからの認識（思考）をもち，自由意志をもつという点で，機械とは本質を異にした驚異すべきものと解されている。

第2節 人間と動物

次に人間と動物[24]との異同を考えよう。その差異についてのデカルトの型破りな思想には，当時すでに多くの反論が寄せられていた。動物は単なる機械ではない，動物にもそれなりに理性がある，動物も推論するし，ことばをもっている，などである。最初に批判したのは友人ポロであり，動物は彼らなりのことばや合図によって相互に意志を伝えてい

---

20) 心身の不思議な共存は，G. ライルの「機械の中の幽霊というドグマ」やH. パトナムの「水槽中の脳」（精神は身体なしにありうる）という比喩にあらわれている。
21) 『情念論』II, 73 節。
22) 『情念論』II, 76 節。
23) une merveille de la nature（『気象学』AT. VI, 325）。
24) デカルトのテキストにはしばしば『動物論』（Traité des Animaux）なるものが登場する（トビアス・アンドレアエ宛 1645 年 7 月 16 日 AT. IV, 247；『全書簡集』VI, 299，エリザベト宛 1648 年 1 月 30 日 AT. V, 112；『全書簡集』VIII, 6 など）。これは「動物と人間の諸機能の記述」であり，動物の機能をその発生から論じようとするものであった。それは完成を見なかったが，1648 年の『人体の記述』第四部がそれに相当すると考えられる。しかしこれは，身体レベルでは人間も動物も機械的に動いている点で基本的に同じであるとしており，人間と動物との違いにまでは話が及んでいない。

第7章　人間精神と動物 - 機械論　　　　　　　　　　　　163

る[25]としている。アルノーは『序説』を批判して言っている。動物には魂はなく身体があるのみだということは，その確たる論拠が示されないかぎり信じられない。子羊が狼を見て逃げるのは魂の介助なしに可能とは思われない[26]と。ガッサンディの批判はさらに明確である。動物は単なる衝動で動いているのではない。動物にもそれなりの理性がある。動物も人間とは程度の違いはあれ推論しており，人間の音声こそ発しないが彼らなりに語っている[27]と。モアの書簡でも同じ趣旨のことが言われている。動物にも理性がある。動物を機械とみなすのは，動物が思考するなら動物は不死の実体となり，不都合だからではないか。動物に魂がないということをあなた［デカルト］はまだ証明していない[28]と。これらの批判は 50 年前にモンテーニュ[29]が指摘していたことでもあり，ニューカッスル侯の批判はそれを代弁している。それが当時の常識であったであろう[30]。デカルトの動物-機械論は常識への挑戦であり，デカルトに好意的なアルノーやメルセンヌでさえも疑問に感じていたのである。

　デカルトの答弁を見てみよう。ポロに対しては丁寧に対応している。すなわち，動物が人間と似た原理で行動しているというのは先入見である。人間を真似る自動機械（動物）と真の人間とを識別するには『序説』に述べた二つの手段しかない。完璧な自動機械はありえても，そこには真の感情や情念はないだろう[31]と。アルノーに対しては，『序説』の記

---

25) ポロからレネリを介してデカルト宛 1638 年 2 月 AT. I, 514；『全書簡集』II, 80-81.
26)「第四反論」AT. VII, 204-205.
27)「第五反論」AT. VII, 270-271.
28) モアからデカルト宛 1648 年 12 月 11 日 AT. V, 243-245；『全書簡集』VIII, 100-102；同 1649 年 3 月 5 日 AT. V, 310；『全書簡集』VIII, 152.
29)『エセー』第 II 巻 12 章「レイモン・スボンの弁護」.
30) 50 年後のライプニッツの批評は傾聴に値する。スミスによれば，ライプニッツは早くから動物が機械であることに同意したが，人間が作った機械とは基本的に違うと思うようになった。そして後に彼は，動物の身体は機械でも，動物そのものは物体的「実体」であり，それなりの完全性をもつものであると信じるようになったという（J. Smith, *Divine Machines : Leibniz and the Sciences of Life,* Princeton, 2011, pp. 10-11）。スミスはライプニッツのテキストを指示していないが，動物を機械であり物体的実体であるとする点でデカルトは完全に賛成するであろう。ただ，ライプニッツの言う「実体」の意味がデカルトとは根本的に異なっており，アリストテレス主義を再導入している点にデカルトは反対するであろう。しかし，ライプニッツの試みは機械論を踏まえたデカルト主義の発展の一つと言えよう。
31) デカルトからレネリを介してポロ宛 1638 年 4 月または 5 月 AT. II, 39-41；『全書簡

述を想起しつつ「動物のすべての活動は，われわれが精神の介助なしに行う活動に類似したものにすぎない」[32]とする。ガッサンディの批判には是非答えて欲しかったと後世のわれわれは思うが，デカルトは答えていない。

　モアに対してはより具体的で明快に答えている。すなわち，動物が思考するということは，魂という運動の原理が内にあってそれが思考するという先入見から来ている。運動の原理は機械的・身体的なもの（物体的魂 anima corporea[33]）か，精神的・非物体的なものかである。すべての運動は明らかに前者に由来するので，動物のうちに何らかの思考する魂があるとは言えない。だからといって動物には思考する魂がないと証明できるわけではないが，魂がないことを示す積極的な議論がある。たとえば，動物の身体には多くの器官が配置されていて，痙攣などのように思考なしにすべての運動が可能であること，自然は優れた技術によって動物を自動機械として製作したことである。しかし，動物に思考が欠けていることを示すのは何よりもことばである。「どのような動物も，真のことば（vera loquela）を用いるまでに——つまり自然本性的な衝動でなくただ思考にのみ関係することのできる何事かを，声やうなずきによって示すほどの完全性にまで——達したことは，これまで一度も観察されたことがない。ことばは身体のうちに隠れている思考の，特別で確実な証拠である」[34]としている。

　ニューカッスル侯宛書簡では，人間がことば（parole）を自由に使用するという論点が，モンテーニュの名を挙げながら詳述されている。すなわち，動物は（歩く，食べる，危険を避けるなどの）外的行動をし，情念の動き[35]がある点でわれわれと類似しているだけであり，そこから動物が思考をもつとは言えない。動物はオウムのように人間のことばを発

集』II, 223-225.

32)　「第四答弁」AT. VII, 230.

33)　「物体的魂」という言い方はここにしか出て来ないもので注目してよい。

34)　モア宛 1649 年 2 月 5 日 AT. V, 278；『全書簡集』VIII, 124. ことばは身体の内に秘められた思考の確かな証拠である，という発想も注目される。本書 pp.235-238 を参照。

35)　この書簡では動物に「情念」が緩やかな意味で肯定されている。しかし厳密には，動物には感覚も想像もなく機械的な運動があるのみなので，人間のもつような情念はない。先述したポロ宛書簡にもあるように，厳密な意味では動物には「真の情念はない」というのがデカルトの基本的立場である。

第 7 章　人間精神と動物 - 機械論　　　　　　　　　　　　165

することがあるが，彼らは思考なしに，餌への期待などに基づいてやっている。ことばのみが人間にふさわしい。動物がミツバチの行為などのように巧みな動作をするのは，本能によるのであって思考によるものではない。動物にも身体に結びついた何らかの思考があると推測されるかもしれない。もしそうならカキやカイメンにいたるまで不死の魂をもつことになるが，それはありそうにない[36)]と。

　以上がデカルトの答弁の骨子であるが，なおいくつか補足をしておく。まず若いデカルトが，自由意志（liberum arbitrium）を神がなした驚くべきもの（mirabilia）[37)]の一つに数えていることである。彼は「動物のあるどんなに完全な行動からでも，われわれはその動物が自由意志をもっていないのではないかと推測する」[38)]としたが，この推測は後年「理性をもたない動物が自由でないことは明白である。彼らは自らを決定するこのような力をもたないから」[39)]との確信に至っている。自由意志は「高邁」の基礎をなす概念であり，「自由意志はわれわれをある意味で神に似たものにする」[40)]とも言われる。自由意志をもつ点で人間精神は神的であり，動物とは次元を異にすると考えられているのである。

　次にメルセンヌが，動物の魂は死後どうなるのかを尋ねたのに対して，デカルトは「そのことで心を砕くのはおやめなさい，私の「論文」で説明している最中ですので」[41)]と答えている点である。これは『序説』第五部末尾の精神の不死の議論を指す。すなわち「動物の魂がわれわれの精神と同じ本性であり，ハエやアリと同じく，われわれはこの世の生のあとで何も恐れたり望んだりする必要はないと想像することほど，弱い精神を徳の正道から遠ざけるものはない」[42)]。逆にその異質性を知るなら，人間精神は身体とともに滅ぶことはないので不死であると自然に判断されることになる[43)]と言われている。他の書簡ではより具体的であり，

---

36)　ニューカッスル侯宛 1646 年 11 月 23 日 AT. IV, 573-576：『全書簡集』VII, 202-204.
37)　『思索私記』AT. X, 218. そこでは無からの創造，自由意志，神の子の三つが挙げられている（『デカルト数学・自然学論集』p. 35)。
38)　『思索私記』AT. X, 219：同上。
39)　メラン宛 1644 年 5 月 2 日 AT. IV, 117：『全書簡集』VI, 155.
40)　『情念論』III, 152 節。
41)　メルセンヌ宛 1630 年 5 月 27 日，AT. I, 154：『全書簡集』I, 143.
42)　AT. VI, 59-60.
43)　同。

動物の運動を魂に帰する必要はない[44]，動物の魂は「実体的な魂」などではなく，血液つまり微細な（動物）精気にほかならない[45]としている。それは「物質的な力」[46]にすぎないのである。この確信は晩年まで一貫しており，動物にわずかでも思考を認めるなら，ミミズやブヨなどの動物に不死の魂が与えられていることになるが，それは確からしくない[47]としている。当時の無神論者や自由思想家は，人間の精神も動物の魂も共に不死などではないと考えた。これに対してデカルトの思想の根本には，モアが示唆していたように，思考する人間精神は不死であるが，思考しない動物の魂は不死には与らない，という伝統的な図式があったであろう。

その他，デカルトの特徴的な命題を列挙しておく。動物の行動には人間とよく似た行動が見られるにしても，所詮動物は自動機械であり，『序説』に示した二つの手段によって人間とは区別される[48]。動物の感覚は，それが身体に依存するかぎり否定されないが[49]，本来動物には感覚や想像はない[50]。痛みは知性のなかにしかなく，厳密な意味での痛みは動物にはないからである[51]。動物の内なる自然的欲求や傾向はすべて機械的法則によって説明される[52]。魂に，感覚的・栄養摂取的・理性的の三要素があるとする説は異端であり，人間には理性的魂という一つのものしかない[53]。

こうした動物−機械論に関して，以下われわれなりにコメントをしておきたい。(a) 昔の人は，人間にも動物にも生命原理としての魂があり，人間も動物も魂によって生きている点で，死んだ機械とは本質的に

---

44) ボイテンデイク宛 1643 年 AT. IV, 64-65；『全書簡集』VI, 100-101.
45) プレンピウス宛 1637 年 10 月 3 日 AT. I, 414；『全書簡集』II, 7.
46) 同．
47) モア宛 1649 年 2 月 5 日 AT. V, 277；『全書簡集』VIII, 123.
48) レネリ宛 1638 年 4 月または 5 月 AT. II, 39-41；『全書簡集』II, 223-225.
49) モア宛 1649 年 2 月 5 日 AT. V, 278；『全書簡集』VIII, 124.
50) ジビュー宛 1642 年 1 月 19 日 AT. III, 479；『全書簡集』V, 78.
51) メルセンヌ宛 1640 年 6 月 11 日 AT. III, 85；『全書簡集』IV, 80.
52) メルセンヌ宛 1640 年 10 月 28 日 AT. III, 213；『全書簡集』IV, 188.
53) レギウス宛 1641 年 5 月 AT. III, 371；『全書簡集』IV, 342-343。これは次の有名なことばを想起させる。「われわれのうちにはただ一つの魂しかない。この魂にはそれ自身で部分の相違はない。感覚的である同じ魂がまた理性的である」（『情念論』I, 47 節）。

異なると考えた。これは現代でも妥当する常識であろう。ところがデカルトは，生命原理は魂にあるのではなく，生命も身体的な原理（心臓内の熱）によって機械的に説明される，と考えた。生命＝魂ではない，というこの点が決定的であるだろう。動物の全行動は，血液や心臓の動きと同様に機械的に説明されるので，本来が身体的である動物が動くのに魂は要らない。その点で機械と変わらない。ただ人間のみは精神をもつ点で，動物や機械とは本質的に異なる，と考えたのである。

しかし当時からそうであったように，現代でもこの考えを全面肯定する人はあまりいない。動物行動学から見ても問題があろう。動物も人間と同じく意志や情念によって動いており，動物の場合だけそれを機械的に説明できるとするのは説得的でない。多くの動物は刺激と反応だけで行動しているのではなく，環境にみずから適応し，ある意味で思考し，他とのコミュニケーションの手段をもつと考えるべきであろう。デカルトのように，人間だけに精神や理性があり，他の動物はすべて本能によって機械的に行動する，という区分けは素朴すぎるかもしれない。たしかに人間も身体レベルでは機械的に行動しているので，動物－機械論は身体レベルでは人間にも妥当するだろう。しかし問題は動物にことばや思考を全面否認できるかどうかである。チンパンジーの学習や認知・行動についての最近の観察結果[54]からしても，それには疑問の余地があろう。動物もある意味でことばをもち，思考しているからである。「ことば」や「思考」で何を意味するかはむろん問題であるが，現代的に考えるなら，人間と動物との間に生物としての本質的な差異はなく，差異があるならそれは生物進化の程度の差，知能発達の程度の差とするのが妥当であろう。前代のモンテーニュをはじめ，モア，アルノー，ガッサンディ，ニューカッスル侯のほうが現代から見て常識的であり，デカルトの方が常識を破っているということになろう。

(b) デカルトはそうした批判を承知の上でのことだったかもしれないが，なぜそのような見解をあえて表明したのだろうか。

動物に魂を認めるなら，動物も思考することになり，ミミズの魂にも不死の可能性があることになるが，これはモアが指摘したように不都合

---

[54] 松沢哲郎『チンパンジー・マインド――心と認識の世界』岩波書店 1991。

であったからと言えよう。というのも、それでは、人間も動物も同じレベルの生物として生きていることになり、来世などはなく、道徳も宗教も必要ないという自由思想家の考え（無神論）になる危険性があったからである。デカルトは無神論者の言を侮辱と感じ、それに心底、怒りを覚えていた[55]。それゆえ、人間だけに精神の不死性を認めることで、人間に神から与えられた万物の霊長という地位を保存し、宗教性や道徳性を守りたいという考えは、基本的にあっただろう。

　また K. モリスが指摘するように、デカルトの議論の背景には、神学的・道徳的な枠組みがあったからとも言えよう。彼女によれば、人間が理性やことばをもつとは、人間が最後の審判で道徳的責任を負うことでもある（イヌに魂があるとしても、道徳的な責務を負うとは考えにくい）。デカルトの動物−機械論は科学的・経験的な理論ではなく、ことがらの本質を問う形而上学の理論であり、経験的には証明も反論もできない[56]と言う。だがこれらの背景や枠組みはテキストの表面には出て来ない。それは重要ではあっても、当面の議論（動物は思考するか、ことばをもつか）に直接影響するものではないので、ここでは考慮の外に置いてもさしつかえないと思う。

　だがむしろ、デカルトがこうした見解を表明した理由は、動物の魂も機械的に説明できる！とすることで、機械論的な世界観を一貫させたかったからではなかろうか。自然、宇宙、人間身体、生命、そして動物の魂も、すべてが物体的原理で機械的に説明されるとしたいのである。先述したプレンピウス宛の書簡では「動物の魂は血液にほかならない」[57]

　55）　メルセンヌ宛 1630 年 11 月 25 日 AT. I, 182；『全書簡集』I, 168. キリスト者から見れば無神論者は信仰の敵であり、蛇蝎のごとく嫌われ、動物（獣）と同等視されることがあった（『ディネ師宛書簡』AT. VII, 596；『ユトレヒト市参事会宛弁明書簡』AT. VIII-2, 208；『ユトレヒト書簡集』pp. 36, 207）。

　56）　K. Morris, « Bêtes-machines », in S. Gaukroger et al. ed., *Descartes's Natural Philosophy*, London & New York, 2000, pp. 401-419. だが、デカルトも言うように「人間精神（mens humana）は動物の心（cor）には入って行けない」（モア宛 1649 年 2 月 5 日 AT. V, 278；『全書簡集』VIII, 123）ので、本当のところは分からない。経験的な観察による議論で考えるしかないだろう。モリスの所説とは反対に、経験のレベルでその本質規定が適切かどうかは議論してよいのではないか。デカルトもオウムやカササギなどを例にその線で議論している。それがたとえ実際的な確実性にすぎなくとも、議論の決め手はやはり経験的な証拠であろう。

　57）　1637 年 10 月 3 日 AT. I, 414；『全書簡集』II, 7.

と明言している。ここで血液とは微細な動物精気（＝物質）のことである。デカルトは『哲学原理』第四部で「私はこれまで，この地球および可視的世界の全体を，あたかも機械のように，その形と運動だけを考慮しながら記述してきた」[58]と言ったが，第五部で書かれるはずであった動物論においても，「動物の魂」の機械論的な記述が視野に入っていたであろう。

（c）デカルトによれば，この世界は（動物も含めて）圧倒的に物質であり機械であり，物理的に説明できるだろう。ただ，そこからはみ出る唯一のものが人間精神であり，それは最後の聖域である。精神だけが残余のものとは異質であり，独自な実在として，暗闇のなかの灯のように浮かび上がることになる。「カエサルのものはカエサルに，神のものは神に」と言われるように，彼は精神に属するものと物体（身体）に属するものとの帰属関係を判明にしたいのである。二元論の尖鋭化ということがそこから出て来るであろう。

これは結果的に人間精神の特異性に光を当てることになろう。多くの現代人は，人間と動物とは同じ生物として同質的であり，進化や発達の程度の違いがあるのみ，と考えている。われわれもそれには異論がないが，動物でも種によってさまざまであろう。ことばについて言えば，ミミズやカキなどがことばをもつとは考えにくいが，イルカやミツバチやプレーリードッグは彼らなりのことばをもっている。それによって彼らが外界のものを音声や記号によって記述し[59]，相互にコミュニケーションをしていることはよく知られている。先述したように，チンパンジーが人間の作ったことばを覚え，数字を理解し，思考していることも同様である。しかし，デカルトは個々のものでなく全体を集合的（collective）に議論する[60]と言いながら，ことばの自由な使用という点に人間に特有

---

58) 『原理』IV, 188.
59) 現代の観点から見るなら，いわゆる感覚の三段階説（「第六答弁」第9項 AT. VII, 436-437）は，人間の感覚だけでなく動物の感覚においても当てはまるだろう。イヌやサルの場合は，第一段階（刺激の受容）や第二段階（情念をもつ）だけでない。「そこにリンゴがある」という推論もしているので，ある意味で第三段階（外界との関係を知性で判断する）をもっていると言えよう。ただデカルトにおいては，動物は第一段階の感覚に留まる（G. Rodis-Lewis, *L'anthropologie cartésienne*, Paris, 1990, p. 241)。
60) メルセンヌ宛 1630年5月27日 AT. I, 154；『全書簡集』I, 143.

(d)「ことばの使用」は、人間と動物とを区別する指標としてどこまで有効であろうか。デカルトの言い分は、動物が状況に応じてことばを配列することはないし、自分の発話内容を意識しながら話しているのでもない。思考に関係することを動物が声やうなずきを以って応答することはない、というものであった。しかし人間でも未経験のことに遭遇すると戸惑い、ことばもしどろもどろになる。動物が話の内容を意識して話しているかどうかは分からないが、彼らには少なくともこうすれば餌がもらえるという認識があるだろう。チンパンジーが「赤い五本のハブラシ」という文章を理解したことが報告されている[61]。動物もことば（絵文字）によってある程度抽象作用をしていることになる。ただチンパンジーがことばをもち、思考するとしても、愛などの抽象概念をもつとは考えにくい。また自分の意志で自由に思考しているのかどうかも分からない。若いデカルトが言ったように、自由意志による発想はおそらく人間だけのものであろう。われわれが「富士山に登りたい！」と言うとき、それは動物のように食物を得るためではなく、ただ登りたいのである。これは人間ならではの自由意志による思考と言えるかもしれない。動物と人間とは基本的に同質であるとしても、ことばの自在な活用、概念による高度な抽象、自由意志による発想という点で、両者の間には決定的な開きがある。やはり人間精神は、動物のレベルを越えた何らかの能力をもっているのではなかろうか。

(e) ことばの使用は、大脳の容量および喉や舌の発達という身体的条件と大きく関係するだろう。人間のことばのような音声を発することは、その条件を満たしていない動物にはできない。人間の大脳容積は平均でチンパンジーの3、4倍あると言われている。ホモ・サピエンスのネアンデルタール人は、大脳容積は現代人なみに大きいが、喉の構造からして言語機能はあまり発達していなかったという説が有力である。人間は身体的条件に恵まれたことによって高度な言語能力を獲得したことになる。その能力も発達する。人間の子供は幼いときはことばを十分に

---

61) 松沢哲郎、上掲書 pp. 56-58。

使用できないが，経験や訓練を積むと自然とできるようになる。ただその発達ぶりは驚くほど飛躍的である。昨日まで意味不明の発話しかできなかった幼児が，いきなり有意味なことばを話し始めるということは，よく経験されることである[62]。チョウの幼虫が蛹(さなぎ)を経て羽化するのを見るとき，地を這っていたものが突然空を舞うことにわれわれはしばしば驚く。これと同じく，幼児がみずからことばを獲得して発話するプロセスには人間精神の驚異が感じられる。周知のように，チョムスキーはこの点に「言語使用の創造性」があるとしたのである[63]。羽化のメカニズムは科学的に解明されているが，幼児の言語獲得や発話にはなお謎が多いのではなかろうか。

(f) 動物に自分が何をしているかの相対的な認識があるだろうか。心理学者ピアジェの幼児の心性の研究は有名である。幼児は発達するにしたがって自我意識をもつようになる。その概念（シェマ）はつねに具体的であり，思考はきわめて自己中心的である。自分が何をしているかの相対的認識はない。成長して他者と交わることで，次第に自己を相対化できるようになるという[64]。これに対して，チンパンジーの知性は人間の3才児なみであると言われている。名前を呼べばすぐに応答するので，彼らにも自己意識が芽生えている。動物も幼いときは自己中心的であるが，大きくなると家族や群れのなかで相対的認識（序列意識）をもつと考えられる。たとえば，群れを統率するボスザルは，群れ全体の秩序を見守り，縄張りを乱す外来の個体を攻撃する。それをデカルトのように本能と言うのは素朴すぎるだろう。行動パターンとして，ここまでは人間も動物も異ならない。

しかし動物に相対的な認識はあれ，人間と動物との間には乗り越えられない差異があるのではなかろうか。人間には最後のところで動物とは飛躍的に違う何かがあると思われる。動物が自分とは何かを問うことは

---

62) 筆者の経験では，アメリカの幼稚園でことばが分からず今まで沈黙していた日本人の子供が，遠足で水族館へ行ったとたんに流暢な英語を話すようになって親も驚いたということがあった。

63) 拙著『デカルト『省察』の研究』pp. 212-215 を参照。

64) 矢田部達郎『心理学初歩』培風館 1987，pp. 237-243。J. ピアジェについては，『思考の心理学』みすず書房 1968（Six études de psychologie, Genève, 1964），『知能の誕生』ミネルヴァ書房 1978（La naissance de l'intelligence chez l'enfant, Genève, 1936, 1948）を参照した。

しないし，自覚的に何かを行うということはしないだろう。だが，人間は自分を相対化する第三の目をもっている。いわばもうひとりの私が自分を上から見ている。身体的・物理的制約を越えて自分を相対化しているのである。身体から精神への次元の転換である。その目によって，自分がいるこの世界とは何であり，自分がいま何をしているかを理解する。自分の行為を自由に変更したり，止めることもできる。動物も幼いときは機械的に行動しているが，成長すれば自分をある程度客観視する目をもつだろう。しかし，人間と動物とでは圧倒的にレベルが違う。人間の場合には進化の過程で何らかの跳躍があったと思われる。その結果，この世界と自分自身への深い認識が生まれ，そこから科学，芸術，道徳，宗教が生じたと仮定できる。こうした高いレベルの認識が動物にあるとは考えにくい。これは認知科学や発達心理学などでは検証しきれない問題であろう。デカルトが「人間精神は何か知らぬが神的なものをもつ」[65]と言う場合，精神とはこの第三の目のことを意味しているとも読める。これは人間精神に秘められた生得的な能力であろう。人はある年齢[66]に達するとその能力を自覚し，しばしば精神の目覚めを経験する。そして既存の知識を疑うようになる。こうした点で人間は動物とは決定的に違うのではなかろうか。

第3節　まとめ

　われわれはこれまで人間と動物，人間と機械との異同をデカルトにおいて見て来た。彼が言うように人間精神は自由意志をもつ点で機械や動物とはやはり異なる，というのが平凡ながらわれわれの見解である。近年，機械と人間とはかぎりなく接近しているように見えるが，意味の理解や認識のあるなしという点では本質的に異なる。『情念論』が示すように，精神は身体とは異質なものでありながら，自由意志によって情念

---

[65] 『規則論』AT. X, 373.
[66] デカルトはそれを「ものを知る年齢」（l'âge de connaissance）（『真理の探究』AT. X, 508）と言っている。このとき人は想像裏に描かれた古い観念を捨て，新しい観念を形成することにとりかかる，とされる。

第 7 章　人間精神と動物 - 機械論

を支配し身体を制御できる。それはある意味で人間精神の驚異である。機械論を越えて自由に生きる人間の道がそこにあり，科学や道徳や宗教が成立する余地があることになろう。

　他方，動物−機械論は現代の研究レベルから見て，必ずしも妥当しないところがあろう。動物もある意味でことばをもち思考するからである。人間身体は動物と同じ物質から成り，同質的である。実際，似たような DNA 構造をもつ。しかし，デカルトも言うように精神だけは何か違うところがあるのではなかろうか。人間の知性や感性は動物レベルをはるかに超え，文化の創造にまで達している。これは進化の程度の差と言うにはあまりにもその落差が大きい。ことばの自由な使用，概念による抽象，自由意志による発想，自己の相対的認識などがその証拠である。人間は動物レベルの具体的だが機械的な思考から離陸し，精神レベルの抽象的な思考へと驚異的に飛翔することができる。それは，幼児（動物状態）から人間へのメタモルフォーゼとも，精神の覚醒とも形容されよう。どうしてそうなるのかは，進化や発達というだけでは説明がつかない。そこに人間精神の秘密があるように思われる。

　デカルトはこのような人間の持ち前の能力に光を当てているわけだが，重要なことはそれを「よく使う」[67]ということである。理性や精神をただもっているだけでは宝のもち腐れであり，それを十全に使用すべきである。あるいは使用できるように精神を整えるべきである（『規則論』はそのために書かれた）。それは神から人間に与えられた義務である，と彼は考えている。「神からこの理性の使用を授けられた人たちはすべて，とくに神を知り，自分自身を知るために理性を使うことを余儀なくされている」[68]とさえ言う。人間を人間たらしめているものは身体ではなく精神であり，人はみずからの精神を使う義務を負う。このような確信の下に，デカルトは人間精神をさまざまな点で機械や動物とは次元の異なる驚異すべきもの，神的でさえあるものとして浮き彫りにしているのである。

　ただ，これによって彼の理解する「精神」の全体像が明らかになった

---

　67)　「よい精神をもっているだけでは十分でなく，大切なことはそれをよく用いること（appliquer bien）である」（『序説』AT. VI, 2)。
　68)　メルセンヌ宛 1630 年 4 月 15 日 AT. I, 144；『全書簡集』I, 134.

わけでは決してなく，その一特徴が照らされたにすぎない。現在では，このような精神の捉え方については議論があるところだろう。しかし少なくとも，精神を人間にとって決定的に重要なものとする彼のメッセージは，確実に現代にまで届いていると思われる。

第 III 部

論争のさなかで

第八章
ヘンリクス・レギウス

――――――

　レギウス（Henricus Regius, Hendrik de Roy, 1598-1679）は，オランダ・ユトレヒト大学の医学者・自然学者である。哲学史などでは，彼は一時デカルトの弟子であったがのちに離反した人として扱われる。それには違いないのだが，最近の研究ではレギウスは彼なりに独自な学風を築いた人であったことが次第に分かって来ている。ここでは，まずレギウスとはどういう人であり，デカルトとどういう関係にあったかを見る。つぎに両者の往復書簡（全部で59通ある）を中心に，二人の論争の仔細をレギウスの『自然学の基礎』（*Fundamenta physices*, 1646）やデカルトの『掲貼文書への覚え書』（*Notae in programma quoddam*, 1648）などに触れながら検証することとする。

第1節　レギウスとデカルト

　レギウスはどういう経歴の持ち主だったか。彼は1598年ユトレヒトの富裕なビール醸造業の家に生まれた。デカルトより二歳年少である。フラネケル大学で学んだのち，フローニンゲン，ライデンで医学を学んだ。その後モンペリエ（　年間），パドヴァ（　年間）に「大旅行」をした。パドヴァでは医学のみならず，クレモニーニ（C. Cremonini, 1552-1613）について哲学を学んだ。この人はガリレイと同僚でもあったが，アリストテレス主義者のザバレッラの弟子であり，師にならって論証的方法を重視し，中世的な形而上学やキリスト教の教義とは別の経験論的

な自然学を教えたという。推察だが，レギウスの場合パドヴァでの留学体験が決定的に大きかったと思われる。彼はアリストテレス主義そのものには反対であったが，経験論的な考え方はずっと維持していたからである。

　1625年帰国後，レギウスはユトレヒト市の無給医師となり，他方で有力者の子弟に哲学や医学を教えた。1635年，デカルトの旧知の親友レネリ（Henricus Reneri, 1593-1639）[1]がユトレヒト大学の哲学教授に赴任した。レギウスは子弟を介してレネリを知り，彼からデカルトについての話を聞いて敬意を寄せた。スコラによらない斬新な哲学とその方法に感心したようである。1637年『方法序説および三試論』が出るや熱心な読者になり，敬意は熱情に変わった[2]。デカルトの原理によって「生理学」を子弟に教え評判を得た[3]。そのためもあって1638年7月ユトレヒト大学の理論医学・植物学の員外教授に推挙された。このときデカルトに最初の書簡を送り，「おかげで教授になれました」と敬意を表し，「デカルトの弟子」であることを喜びであるとした[4]。デカルトの側でも，面識のない人から手紙を受け取ったとメルセンヌ宛に書いている[5]。このときレギウスは完全にデカルトの徒であったことになる。他方1639

---

　1) ルーヴァンでフロモンドゥス（Fromondus）に学んだのち，ライデンで神学を修めた。デカルトとは1628年以来の友人で，1629年ガッサンディの幻日の観察ノートをデカルトに見せたのもレネリである。ライデン大学で医学を学び，デフェンテル大学をへて1634年新設のユトレヒト大学教授になった。オランダにおける最初のデカルト主義者である。デカルトの書簡のなかに次のような一文がある。「研究に関してはユトレヒトの方が〔ライデンよりも〕はるかにいいと思います。というのも，その大学は4，5年前に設立されたばかりで，まだ堕落してしまう余裕はありませんし，私の意見ではライデンのすべての教授たちよりも優れた人物である親友のル・ロワ氏という名の教授がいるからです」（某宛1638年9月12日 AT. II, 379；『全書簡集』III, 82）。だが当時デカルトはレギウス（＝ル・ロワ）をよく知らず，レギウスはまだ教授でもないので，これは「レネリ氏」の誤りと思われる（G. ロディス＝レヴィス『デカルト伝』飯塚勝久訳，未来社，p. 154）。

　2) これはバイエの言い方である（バイエ『デカルト伝』井沢義雄・井上庄七訳 p. 121）。「三試論」のうちでは『屈折光学』と『気象学』に大きな影響を受けた。

　3) 仮説の単純さ，原理と推論との見事なつながり，真理を導きだす明晰さと平易さが，子弟たちを有頂天にさせた，という（バイエ『デカルト伝』同上 p. 121）。

　4) レギウスからデカルト宛1638年8月18日 AT. II, 305-306；『全書簡集』III, 24-25. それへの返書で，レネリとともに来訪してもよい，と答えた（レネリ宛1638年8月20日 AT. II, 307；『全書簡集』III, 33）。しかしレネリの病のため訪問は実現しなかった。両者の文通は1645年まで続いた。

　5) 1638年8月23日 AT. II, 334；『全書簡集』III, 56.

年3月，レネリの追悼式でデカルト主義が賛美されたのを機会に，神学教授ヴォエティウスは新哲学の台頭に批判的な立場を明確にした。そしてまず学内のレギウスを標的にすることを考えた。1639年の同じ時にレギウスは正教授となっていた。彼は課外授業として週に一度，学生たちにデカルト主義による自然学の講義を担当した。その年度は「デカルトの原理と方法にきちんと従って医学の講義を終えた」[6]が，次年度の講義内容について，デカルトに相談している。

当時の習慣で，大学では討論（disputatio）の時間があった。これは学生が指導教授に認められたテーゼ（課題論文）を発表し，それを公開の場で弁明して議論するセミナーである。レギウスもさまざまな討論を企画した。1640年5月，デカルトは『省察』草稿に寄せられたレギウスのコメントと医学のテーゼを論評した[7]。また，レギウスの魂の三分説は異端であり，人間には一なる理性的な魂のみがあると教えた[8]。同年6月，レギウスはハーヴィの血液循環（それは保守的な神学者にとっては異端であった）についての最初の討論を主宰した。それら討論の結果を「生理学あるいは健康の認識」(*Physiologia, sive Cognitio sanitatis*, 1641) として出版する際，デカルトとヴォエティウスに相談した。ヴォエティウスは学内で物議を醸すことのないよう，独立した著書にするようにすすめたが，デカルトの意見にしたがって討論の形のままで出版した。これとは別に1641年12月8日，彼が主宰した別の討論で「人間は偶有的存在である」という命題が提示された。この命題は正統的な神学からすれば不適切であり，ヴォエティウスの攻撃の的となって早速批判を受けた。これがユトレヒト紛争の直接の発端となった。デカルト

---

6) レギウスからデカルト宛1639年7月14日 AT. II, 569；『全書簡集』III, 238-239. レギウスは医学生たちが覚えやすいように，デカルト哲学の要点を次のような句にまとめている。Mens, mensura, quies, motus, positura, figura, /Sunt cum materia cunctarum exordia rerum（「精神，尺度，静止，運動，位置，図。これらが物質とともに万物の原理」）。これについては以下の書を参照。Paul Mouy, *Le développement de la physique cartésienne*, Paris, 1934, p. 84.

7) レギウス宛1640年5月24日 AT. III, 63-70；『全書簡集』IV, 62-69.

8) レギウス宛1641年5月 AT. III, 369-375；『全書簡集』IV, 340-343. *Physiologia, sive Cognitio sanitatis,* 1641 では，Anima in homine unica est, nempe rationalis と訂正されている (A. Bitbol-Hespériès, «Descartes et Regius : leur pensée médicale », in Th. Verbeek éd., *Descartes et Regius, autour de l'explication de l'esprit humain*, Amsterdam, 1993. pp. 66-67; E.-J. Bos, *The Correspondence between Descartes and Henricus Regius*, Utrecht, 2002, p. 209)。

は援護して批判への答弁草案を書き[9]、「偶有的存在」と言った真意を釈明した方がよいと論した。1642 年 2 月 16 日、レギウスはそれに従って「答弁書」(*Responsio, sive Notae in Appendicem ad Corollaria...*) を出したが、事前に出版を差し止められた。3 月、大学側はレギウスにアリストテレス以外の自然学講義 (課外授業) を禁止した。事実上のデカルト哲学の禁令である。

デカルトは 1642 年 5 月はじめ、『省察』に付された『ディネ師宛書簡』の後半で大学の処置を批判的に取り上げたが、その際レギウスを弁護することばには善意が溢れている。

> ある医学博士がいます。彼はきわめて鋭敏にして洞察力豊かな知性をもった人で、学院の哲学をきちんと学びながらもそれを信用せず、自由な精神をもっています。しかし、だからといってそれを大いに誇ることをせず、その哲学にいわば酔っている他のある人たちのように、自分が偉い学者であると思い込むこともしない人たちのうちの一人です。その彼は、私の『屈折光学』と『気象学』が出版されるや否やそれを読んで、そのうちには他のどんな哲学にも優って真である哲学の諸原理が含まれている、とすぐに判断してくれました。彼はそれらの原理を入念に集めてそこから他の原理を引き出し、数ヵ月のうちに『生理学』の全部を作りあげたほど聡明でした[10]。

デカルトがレギウスを自然学者として高く評価していたことを物語る。他方、このような騒動をよそに、レギウスはしばしばデカルト邸を訪問している。同年 6 月、彼がライデン郊外エンデヘストに哲学者を訪ねようとしたとき、デカルトは言っている。

---

9) レギウス宛 1642 年 1 月末 AT. III, 491-520;『全書簡集』V, 100-119. この書簡は長文である。序文および 7 つのテーゼのそれぞれについて、「私ならこう書く」といって答弁案を作った。その多くがそのまま答弁書に採用された。デカルトの力の入れ方が分かる。レギウスを援護することは、自分自身を援護することでもあったからだろう。

10) AT. VII, 582;『ユトレヒト書簡集』p. 23. 文中の『生理学』とは *Physiologia, sive Cognitio sanitatis*, 1641 と思われる。

第 8 章　ヘンリクス・レギウス　　　　　　　　　　181

　　当地をお訪ね下さるとのご意向を伺いました。あなただけでなく奥
　方やお嬢さんも来ていただければ，とてもうれしく思います。いま
　や木々も緑になり，もうすぐサクランボやナシも熟してくるでしょ
　う[11]。

　何かホッとするような一節である。バイエも，1642 年のこの頃レギ
ウスは，学校へ行って教えを受けるかのように足繁くデカルト邸に通
い，家族連れの訪問も歓迎されたと証言している[12]。この頃，二人は良
好な師弟関係にあったことになる。
　レギウスとデカルトとを語るうえで欠かせないのは，ボヘミア王女エ
リザベトのことである。彼女がデカルトに宛てた最初の書簡にレギウス
の名が登場する。

　　パロッティ氏は，あなたがレギウス氏の『自然学』に含まれている
　難解な点を解いてみせたと何度も私に言って，この不幸の念をはな
　はだ増幅させました。あなたご自身の口からその解答を拝聴したな
　ら，私はもっとよく教えられたことでしょう。この教授がこの町に
　おられたときに，私が出した質問についてもそれは同様です。彼は
　満足な答えが得られるようあなたのもとに私を差し向けました[13]。

　『自然学』とは上述の『生理学』であり，「この教授」がレギウスを指
すことは明らかである。エリザベトはおそらくポロ（パロッティ）を介
してハーグ滞在中のレギウスに会い，『生理学』の難解な点を質問した
のであろう[14]。その内容については何も語られていない。だが，この書

　11）　レギウス宛 1642 年 6 月 AT. III, 568；『全書簡集』V, 166. 本書 p. 45 も参照。同じ書
簡でデカルトは，神の観念の表象的完全性，思考実体と延長実体との区別に触れ，レギウス
の疑問に丁寧に答えている。「弟子」への信頼のほどが窺える。
　12）　A. Baillet, II, p. 170. レギウスからデカルト宛 1642 年夏 AT. III, 570-571；『全書簡
集』V, 167.
　13）　エリザベトからデカルト宛 1643 年 5 月 6/16 日 AT. III. 660-661；『全書簡集』V,
262.
　14）　E.-J. Bos, «Henricus Regius et les limites de la philosophie cartésienne», in D. Kolesnik-
Antoine éd., Qu'est-ce qu'être cartésien, Lyon, 2013, p. 53.

の「健康について・後書」[15]では人間の魂と身体との区別が論じられているので，心身問題を質問した可能性がある。そしてレギウスは，そのことなら自分の師であるデカルトに直接聞いた方がいいとの示唆を与えたようである。エリザベトに心身問題を提起させた発端がレギウスのテーゼであったとするなら，これは大変興味深いことであろう。レギウスはそれほどデカルトに近かったのであり，またエリザベトとも親交があったのである。後にデカルトが彼女に向けてレギウスを批判的に語ったのは，こうした背景があったからである。

1644年6月，デカルトはオランダを去って帰国し，二度と戻らぬ可能性があった。その際，レギウスは胸を打つことばで別離の悲嘆を述べたという[16]。しかしデカルトはオランダに戻り，1645年6月，ユトレヒト紛争のさなかで市参事会宛に『弁明書簡』(Lettre apologétique) を書いた。その長大な文書でレギウスを一貫して弁護し，彼をデカルト哲学の「最初の殉教者」[17]と評している。この時点までは二人の間に何の問題もなかったようである。

ところが，その後は次第に両者の立場の違いが表立ってくる。1645年7月，レギウスはデカルトの『原理』(1644年) を手本として『自然学の基礎』(Fundamenta physices[18], 1646年出版) を準備中であり，その草稿を送ってデカルトに意見を求めた。デカルトは答えた。精神を「身体の様態」としたことは，人間を「偶有的存在」したことよりももっと大きな間違いだ。『原理』の順序を入れ替えたのもよくない。ためにな

---

15) E.-J. Bos, *The Correspondence between Descartes and Henricus Regius*, 2002, pp. 209-210.

16) レギウスからデカルト宛 1644年6月4日 AT. IV, 123-124；『全書簡集』VI, 163-164. 家庭も職も棄ててデカルト氏について行きたい，という趣旨であった。これはバイエによる。

17) *Lettre apologétique aux Magistrats d'Utrecht*, AT. VIII-2, 208.『ユトレヒト書簡集』p. 206. これはホイヘンス宛書簡に出てきたことばである（ホイヘンス宛 1643年9月20日 AT. IV, 750；『全書簡集』VI, 29）。これに対してバイエは「デカルトの最初の剽窃者，離反者」としている（Baillet, II, 272）。

18) この書は前半の6章はデカルトの『原理』にほぼ沿ったものであり，後半の6章の主題はデカルトがまだ扱っていない動物論や人間論であった。そこに掲載された図などがデカルトからの借用であることは一見して明らかである。これは純粋にデカルトの教説による書であると読者に受け取られるおそれがあった。この書をめぐるデカルトとレギウスとの関係については AT. XI, pp. 672-679 に詳しい。

第 8 章　ヘンリクス・レギウス　　183

らないので出版を思いとどまった方がよい[19]，と。これに対してレギウスは手の平を返したように反論している。

> 理性的な精神が不死なる実体であることは聖書によって明白ですが，自然的理性によってそれを証明することはできません。精神は，身体から実在的に区別される実体であることが妨げられないのと同じく，「身体の様態」であることを妨げられません。
> 　…ここでは多くの人が，あなたの形而上学が出版されたことであなたの哲学の信用が大いに失われた，と思っています。あなたは明晰で確実かつ明証的なこと以外はなにも約束されませんでしたが，彼らは…そこには曖昧で不確実なもの以外はなにもないと主張しています。…あなたが行った論争［反論と答弁］は，疑いと暗闇を増すことにしか役立っていません。…それゆえ，著書の出版を私が拒否しなければならない理由はなにもありません[20]。

これは最後通牒の様相を呈している。第三者にはレギウスがここで突然反旗を翻したように見える。だが，おそらくレギウスには何か感じる（カチンと来る）ものがあり，胸に秘めていたデカルトの形而上学への不満を一挙に吐露したのであろう。これが二人の間の最後の書簡であり，この時点で決裂は決定的となった。デカルトも，自分の承認を得ずにレギウスが出版を強行したことで態度を硬化させ，「もう友人とはみなさない」とメルセンヌに書いている[21]。

---

19)　レギウス宛 1645 年 7 月 AT. IV, 250, 256-258；『全書簡集』VI, 288, 290.
20)　レギウスからデカルト宛 1645 年 7 月 23 日 AT. IV, 254-256；『全書簡集』VI, 302-303. レギウスにとっては，『方法序説および三試論』は素晴らしいが『省察』には落胆を禁じえなかったようである。なお文中「聖書によって明白」とあるように，レギウスの基礎には経験論とは別に堅い信仰があった。若いときに異端であるアルミニウス派およびソッツィーニ派の疑いをかけられたが，後に（正統カルヴァン主義の）オランダ改革派教会の一員として認められたという（E,-J, Bos, *The Correspondence between Descartes and Henricus Regius*, Utrecht, 2002, p. 258）。彼にとって信仰はあらゆる信念の源であり，神の存在や人間精神の本質は信仰に属し，理性では証明できないとの立場であった。
21)　デカルトにとって不都合なことは三つあった。師弟関係は周知のことなので，レギウスの誤りをすべて私が負わねばならないこと，私が未出版のものについては私が彼から借用したと思われること，自然学では私の説を踏襲するのみだが，形而上学では全面的に反対していること，である（メルセンヌ宛 1646 年 10 月 5 日 AT. IV, 510-511；『全書簡集』VII,

1646年のメルセンヌ宛書簡や 1647年のエリザベト宛書簡が示しているように[22]，この書にはデカルトの『動物論』などのノートからの剽窃があることも，デカルトを不愉快にさせた。『原理』「仏訳序文」（1647年）でその抗議は公にされている。

> 昨年彼は『自然学の基礎』と題する書を出版しました。そのなかで彼は自然学と医学とに関して，私が公刊したものからであれ彼がたまたま手にした動物の本性についての未定稿からであれ，私の著作から引いてきたもの以外の何も述べていないように思われます。にもかかわらず，彼はそれを間違って書き写し，順序を変え，全自然学を支えるべき形而上学のいくつかの真理を否定しています。私としてはそれを全面的に否定せざるをえません[23]。

順序を変えたとは，デカルトが「人間的認識の原理」（形而上学）からはじめて物質，天体，地球という順で考察したのに対して，レギウスはいきなり「自然的事物の原理」（物質論）からはじめて，天体，地球，動物，人間などの順で論じていることである。デカルトの目からみて，自然学の基礎になる形而上学が抜け落ちているのである。

これへの対抗措置として 1647年，レギウスは匿名で掲貼文書『人間精神あるいは理性的魂の説明』（*Explicatio mentis humanae, sive animae rationalis*）をデカルトに送った。これに対して 1648年，デカルトは『掲貼文書への覚え書』（*Notae in programma quoddam*）を出して答えた。ここでは両者の形而上学における対立点が，21項目にわたって浮き彫りにされている。同年レギウスは『人間精神の短い説明』（*Brevis Explicatio Mentis Humanae*）を以って再反論した。1648年4月，デカルトはビュルマンに宛て「レギウスは自然学では私に従ったが，形而上学では反対ばかりした」[24]という総括のことばを残している。最晩年のス

158）。

22）　メルセンヌ宛 1646年11月23日 AT. IV, 566-567：『全書簡集』VII, 196-197：エリザベト宛 1647年3月 AT. IV, 625-627：『全書簡集』VII, 253-254.

23）　AT. IX-2, 19-20.

24）　『ビュルマンとの対話』AT. V, 170. 上掲のエリザベト宛書簡でも同趣旨のことが語られている。

ウェーデンで，彼はレギウスのことは水に流そうとしたと伝えられている[25]。他方レギウスは1650年のデカルトの死後，『自然学の基礎』の第二版である『自然哲学』（*Philosophia naturalis*, 1654）を出した。そこでは初版にあったデカルトへの賛辞が削除されている。またクレルスリエから要求されたデカルト書簡の提出を断っている[26]。彼は家庭をもち，二度ユトレヒト大学の学長になり，1679年に81歳で死んだ。デカルトよりも30年近く長生きし，批判された時期もあったが郷里の町で名誉や地位を得た学者であったと言えよう。その生きざまは，デカルトと交わりながらも反対し続けた知識人という点で，どこかガッサンディと似たところがある。

第2節　認識の諸問題

あれほど情熱的にデカルトに師事していたレギウスは，なぜ師から離反したのか，デカルトのどこに満足できなかったのか。人物面ではなく思想面の違いを見てみたい。最初に見通しをいえば，レギウスはもともと経験論的な自然学者であり，基本になる思想の素地がデカルトとはまったく異なる，ということである。レギウスには最初その違いが分からなかったと思われる。ここでは認識に関するいくつかの論点にかぎって，対立点を検証しよう。テキストとして1640年5月24日のレギウス宛書簡[27]を取り上げる。この書簡のはじめで，レギウスが『省察』に寄せた認識に関する3問題（生得観念は必要ない，公理は自明的に真である，判断の誤りは体質にある）に対する検討が行われている。

第一に，デカルトの形而上学において本質的である生得観念をレギウスは認めない，という点が大きい。レギウスは，無限の観念は有限の観念から構成できるので神の観念が生得的である必要はない，という意味

---

[25]　A. Baillet, II, p. 335.
[26]　G. Rodis-Lewis, *Descartes Lettres à Regius et Remarques etc*, Paris, 1959, p. 12. 井上庄七『近世哲学史論集』朝日出版社 1989, pp. 151-152.
[27]　AT. III, 64-65：『全書簡集』IV, 62-64.

の異論を唱えたものと思われる。デカルトは答える，「知恵や力や善や量に関する何かがわれわれの内にあることから，われわれは無限な量の観念をもち，無限（無際限）な知恵や力や善の観念など，神に帰される観念をもつことは認める。神の観念はこうした仕方でしかわれわれにうちにはない…。だが有限な要素を拡張して無限の観念を形成できるのも…われわれの［もつ神の観念の］起源が実際に無限であるその存在者のうちにあるからだ」[28]。つまり，神の観念は神そのものに由来し，われわれに生得的に与えられている。さもなければ有限の観念から無限の観念を構成できないことになる，とするのである。

しかし，レギウスはそれに納得していない。6年後の『自然学の基礎』でも生得観念は不要であると主張する。

> 精神が思考するには，生得的な観念や想像や概念や公理を必要としない。それがあらゆる思考の活動をやり遂げるためには，ただ思考の能力（facultas）が生得的であるとするだけでよい。ある観念が他の観念よりも本性的に生得的であるとするいかなる理由もない。…神の観念そのものも，われわれに生得的なのではなく，事物の観察を通してわれわれのうちに最初に作りだされたか，あるいは他人から伝えられたか，したのである[29]。

『掲貼文書への覚え書』に引用されたレギウスの「掲貼文書」（*Explicatio mentis humanae*, 1647）はさらに明快である。

> XII. 精神は生得的な観念や概念や公理を必要としない。精神にとって自分の作用をなしとげるには，思考する能力だけで十分である。
> XIII. 精神に刻み込まれたすべての共通概念は，事物の観察あるいは伝承にその起源をもつ。

---

28) AT. III, 64；『全書簡集』IV, 62-63. ただし「第四省察」AT. VII, 47 では，有限なものから無限の観念が構成できるのは可能性においてのみであり，実際には神の観念にはなりえないとしている。

29) *Fundamenta Physices*, 1646, Cap. XII, pp. 251-252. この書は Gallica などネットによってアクセス可能である。

XIV. 神の観念さえ，それが精神に植え込まれたのは，神的な啓示から，あるいは伝承から，あるいは事物の観察からである[30]。

　このようにレギウスが生得観念を拒否するのはそれなりの理由がある。人間の認識は生得観念なしに，感覚によって十分説明されると考えるからである。人間精神は何も書き込まれていない「タブラ・ラーサ」である[31]。むしろ感覚こそが認識の入口であって，それなしにはおよそ観念なるものも生じえない。生得観念はかえって遠回りの議論になる。かくしてオッカムのように，それを不要な実在と見て切り捨てるのである。認識の基軸を感覚や知覚経験に置く点で，レギウスはガッサンディやホッブズ，そしてロックやヒュームの経験論に通じるであろう。ガッサンディによれば，観念は感覚に起源をもつ何らかのものの像であり，すべての観念は外来的であった。生得観念は仮説にすぎない[32]。このように考えること自体が，すでにデカルト形而上学の文脈を離れていることは言うまでもない。

　レギウスの批判のなかで「思考の能力が生得的であるとするだけでよい」という言い方はロック[33]を思わせるが，この点はデカルトも賛成である。デカルトは，レギウスが生得観念を必要なしとしながらも，「精神に，思考する能力つまり精神に生得的な能力を帰しているとき，彼は私［デカルト］と同じことを言っている」[34]としている。「第三答弁」ではより明確であり，「ある観念が生得的であるとは，その観念がわれわれにおいてつねに顕在していることではなく，…われわれのうちに観念を喚起する能力をもつことである」[35]と言われている。しかしロックと違って，その観念が潜在的にある場合でもそれがわれわれのうちに「ある」と言ってよいとするのがデカルトの立場である。ただ，思考する能

---

30)　『掲貼文書への覚え書』AT. VIII-2, 345.
31)　*Philosophia naturalis*, 1661, p. 419. これは上記 *Fundamenta Physices* の増補第三版である。
32)　拙著『真理の形而上学』pp. 74-82.
33)　「神は人間にものを知るという能力を授けている」(J. Locke, *An Essay concerning Human Understanding*, I, 4, 9)。
34)　『掲貼文書への覚え書』AT. VIII-2, 357.
35)　AT. VII, 189. 生得観念については拙著『デカルト『省察』の研究』pp. 197-212を参照。

力が生得的であるだけではなく，われわれの本性に生まれつき具わっている観念があると言う。デカルトによれば，神，精神，物体，三角形の観念などがそうである[36]。これらは感覚から得たものでも，われわれが勝手に作ったものでもない。その起源は外界でなく精神の内に求められる。それらは，ある永遠で普遍な本性を表わす観念として，われわれの本質のうちに——それに気付くにせよ気付かないにせよ——生得的に具わっている。まだ数学を知らない子供でも三角形の観念を理解する能力を秘めているのと同じく，神の観念も，無神論者も含めてすべての人に宿っている，と考えられている。

　ここでデカルトがなぜ生得観念を主張するかの理由を考えておく必要があるだろう。「第一省察」にあるように，デカルトは確実な知を求めてすべてのものを疑うことから哲学をはじめた。感覚や外界は真っ先に疑われているので，それを手がかりにして探究を進めることはできない。「感覚の道」は最初から閉ざされ，この時点で経験論はすでに拒否されている。手がかりとなるのは精神とその内なる観念しかないのである。「第二省察」で確保された「コギト・エルゴ・スム」[37]が認識の基点になるが，それは精神の存在と同時に内なる生得観念の発見でもある。この基点から「精神を感覚から引き離し」ながら，純粋知性のみによって探究を進める。それは「観念の道」だが，とりわけ感覚に依存しない生得観念が重要である。この道をたどることによって，デカルトは外界を遮断しながら精神と神の存在について形而上学を展開することができるからである。このように彼にとって生得観念は彼の哲学の必須要件であった[38]。これなしに認識ははじまらず，神の存在証明も不可能になるのである。しかしレギウスは「神の観念は神の存在を証明するための十分強固な証拠にはならない」[39]と言い，存在論的証明にも異論を唱え

---

　36)　本書第二章 29 頁。
　37)　レギウスにおいては感覚こそが認識の最初の基点であって，「コギト・エルゴ・スムはすべての認識の原理ではない。というのも，それはその最初の由来がなんらかの個別的な感覚に発する一般的な概念だから」(*Philosophia naturalis*, 1661, p. 399)。デカルトの「観念の道」がまったく理解されていないことを物語る。
　38)　生得観念の採用には，無神論者への反駁になりうるという副産物もあったであろう。神の観念など持ったこともないし今も持たないという反論に対して，神の観念はすべての人に潜在していると説くのは，一つの有効な議論でありえたであろう。
　39)　『掲貼文書への覚え書』AT. VIII-2, 345.

る[40]のである。

　われわれが強調したい点は，レギウスやガッサンディが生得観念は要らないと言う時，彼らはただその観念を否定しているだけではなく，デカルトの懐疑そのものを拒否している，ということである。レギウスは，なぜ感覚や外界を疑うのかという根本動機を理解しておらず[41]，かりに理解していてもそれを拒否している。また，確実な学問の基礎の再構築というデカルトの課題を真剣に受け止めていない。その課題そのものは容認するとしても，「確実」ということの意味を経験論的に緩く解している。そこには，本当に確実なものは神の啓示のみであり，人間の認識においては感覚の示す確実性で十分であるとの，彼なりの考えがあったのではなかろうか。要するに，レギウスは合理論の門には一切足を踏み入れず，経験論に身を置いて外から議論をしている。たしかに彼の本領は自然学であって形而上学ではなかった。だが，デカルトの考えに最も深く親しんだはずの人でさえも，かくなる次第であったことにわれわれは驚く。彼はデカルトに学ぶことによって，自分との違いを次第に自覚していったのではなかろうか。その離反はむしろ必然であったと言うべきであろう。

　第二に公理の直接的自明性である。レギウスとエミリウスの反論は「明晰判明に認識された公理が真であることは，それ自体において明白である」[42]というものであった。レギウスにとって公理の明証性はそれ自身で明らかであり，デカルトのように「欺く神」を持ち出してそれを疑うことは理解できない，ということであったろう。それは当時の常識的な考え方であり，アリストテレス＝トマスの伝統的な見方であった。すなわち，数学や論理学の真理は神の恣意（意志）ではなく知性に根拠を置いており，つねに真である。神がたとえば矛盾律を侵すことはそれ

---

40) *Philosophia naturalis*, 1661, p. 423.

41) 感覚や外界のみならず，私の身体もデカルトでは疑われていた。だが，おそらくそうと知りながらレギウスが，精神は身体との有機的な結合がある場合にのみ機能するとしている点などは，懐疑をまったく無視していることの好例である。

42) レギウス宛 1640 年 5 月 24 日 AT. III, 64；『全書簡集』IV, 63.『省察』本文には「公理」ということばはなく，この反論が問題としているテキストそのものは見出されない。だが，懐疑の文脈（AT. VII, 20, 35-36）から，その反論は妥当だと思われる。

こそ矛盾であり，絶対的に不可能（impossibilia absolute）である[43]，とするのである。ライプニッツがデカルトの永遠真理創造説を批判したとき，このドイツ人も同じ考え方に立っていた[44]。レギウスの質問は，常識破り[45]のデカルトに対する常識的な異論であると言えよう。

　デカルトの答えは，第一章24項（本書p. 36）で触れた通りである。要するに，公理といえどもその真理性は神のあるなしによって異なる，とするのである。すなわち，誠実なる神の保証がないうちは，公理はつねに真であるとは言えない。「欺く神」を消去しないかぎり，数学の証明においても誤る可能性が残るからである。その場合，公理は主観的な「確信」（persuasio）にすぎない。公理は神に保証されてはじめて客観的な「学知」（scientia）となる[46]，という。このような区別が明確に出されているのは，この書簡においてのみである。すでに『序説』で，「われわれが明晰判明に理解することはすべて真であるということでさえ，神が存在すること…のゆえにのみ確実である」[47]と言われている。『省察』「第二答弁」に付せられた「諸根拠」において，公理（axiomata）または共通概念（notio communis）は「自明な命題」[48]とされているが，これは形而上学の文脈とは別の「幾何学的秩序」による言明である。『原理』では，精神が「共通概念…に注意しているかぎりそれを真と確信（persuadeo）するが，…自分の起源の創始者を知らないうちは，確実な知識（scientia）をもちえない」[49]とあり，この書簡を反映した言い

43）Thomas Aquinas, *Summa Theologiae*, I, Q, 25, a, 4.
44）ゲルハルト版『ライプニッツ哲学著作集』（=GP.）IV. p. 327.
45）数学や公理の真理性についてはモンテーニュがすでに疑っており，パスカルもそれを引き継ぐことになる（拙著『デカルト『省察』の研究』pp. 36-37）。
46）「私は学知（scientia）と確信（persuasio）の二つを区別します。われわれを疑いに駆り立てる余地のある何らかの理由が残っている場合，それは確信です。しかし確信が，それ以上に強固ないかなる理由によっても揺らぎようのない理由から来ている場合，それは学知です」。すなわち，いかに明証的な認識であれ，人が誠実なる神を知らないうちは，それは単なる確信にすぎない。神を知ってはじめてそれが真に学知になる。たとえば無神論者も幾何学の真理を認識するが，それは「真なる学知ではない」ことになる。ここでは学知と確信との区別が明瞭に示され，知識の根拠に神がなければ学知にはなりえないと言う強い主張が込められている。
47）AT. VI, 38.
48）AT. VII, 163.
49）『哲学原理』I-13, I-49では「共通原理または公理」の例がいくつか挙げられている。

第 8 章　ヘンリクス・レギウス

方になっている。いずれにせよ，欺く神を拒否しているレギウスは，そのような区別を理解できず，公理は直証的に自明であると考えたであろう。だが，この論争からデカルトの認識論の特徴が浮かび上がるであろう。さしあたって二つのことが気付かれる。

　その一つは，公理や数学の真理性も疑われるという想定の背景に永遠真理創造説があることである。第一章7項（本書 pp. 13-14）でも述べたように，永遠と言われる数学的真理は神に意志に依存している。神が真理に縛られるのではなく，真理が神に縛られるのである。そしてさらに言う，神の意志は自由であるが，王が法を変えるように真理を変えるものではない。神は人間の理解するすべてをなしうるが，理解できないことをなしえない訳ではない[50]，と。つまり神は全能であって，神には矛盾律を破ることができないとか，1 + 2 が 3 でないようにできないとは言うべきでない[51]。ただ，それがわれわれ人間には矛盾であり理解できないだけである。欺く神を想定して 2 + 3 = 5 も疑問であるとするのは[52]この説に根拠づけられている。公理について言えば，神はわれわれがいま明証的に理解している公理だけでなく，そうではない別の公理体系も創りえたことになる（これはライプニッツの可能世界論に近い考え方である）。真理の根拠はわれわれの明晰判明な認識にあるのではなく，神の自由な決定にある。それゆえいま明証的だと思っている公理も，けっしてそれ自体で絶対的に真なのではないことになる[53]。要するに問題は，真であるとか確実であるということの基礎をどういうレベルで捉えるかであろう。自然学者レギウスにおいては，真理は感覚や経験のレベルで検証されればそれで十分であり，それ以上のことは考える必要はない。しかしデカルトにおいては，真理が真理であることの根拠を，形而上学のレベルで探究しようとしている。人間の認識を分析するだけでなく，真理を創った神の意志にまで遡って真理を基礎づけようとしている。ここにデカルトの認識論の特徴の一つがあると言えよう。

---

50)　メルセンヌ宛 1630 年 4 月 15 日 AT. I, 145-146：『全書簡集』I, 135-136.
51)　メラン宛 1644 年 5 月 2 日 AT. IV, 118-119：『全書簡集』VI, 156-157：アルノー宛 1648 年 7 月 29 日 AT. V, 224：『全書簡集』VIII, 79.
52)　「第三省察」AT. VII, 36.
53)　永遠真理創造説については，拙著『デカルト哲学の根本問題』pp. 29-58, 75-92 を参照。

他の一つは，「確信」と「学知」はいわゆる循環論にかかわるという点である。ガッサンディやアルノーらも指摘したように，明晰判明な認識を以って神の証明をなし，かつ神によってその認識が基礎づけられるとするなら，それは循環論になるであろう[54]。これに対するデカルトの答弁は，現在において明証的に認識している場合と，過去においてそう認識したことを想起する場合とを区別する。そして，前者（原理の知 notitia）においては，その論拠に注意がなされているので神をまたずにそれは確実であるが，後者（結論の学知 scientia）の場合は注意が欠けているので神が必要だ，ということである[55]。これと同じことがここでレギウスに対しても言われており，結論を導き出した前提に注意がなされているか否かが問題であると考えられている。要するに，いかに明証的な認識でも神を知らぬうちは学知にならないと言われているのは，結論にいたる推論的な学知（注意なし）に関してのことであり，明証的な原理の知（注意あり）については神を要せずとも真であることになる。

　たとえば「哲学の第一原理」たるコギトは，神がまだ知られないかぎりは「確信」にすぎない。だが，それは推論による結論の学（学知）ではなく，「精神の単純な直観」によって獲得された原理の知となりうる，とされている[56]。その根拠は，いま現にそれに注意を向け，明証的に直観しているから，ということであろう。ちなみに『規則論』では，直観とは「純粋にして注意せる精神の把握」[57]と定義される。公理もまたそうした原理の知ではなかったか，という反論があるかもしれない。しかし，公理の明証性とコギトのそれとの違いは，公理は欺く神に抵抗できないが，コギトは「欺かれても私はある」ということから，それを凌駕することである。

　だが，確信としてのコギトの知を注意せる直観が根拠づけるとするのは，『規則論』ではそう言えても『省察』の段階でもそう言えるかどうかは議論の余地がある。そこでは注意して明証的に直観したはずの数学

54）　ガッサンディ『形而上学論究』*Disquisitio metaphysica*, éd., B. Rochot, p. 463：「第二反論」AT. VII, 124-125：「第四反論」AT. VII, 214. 循環については拙著『デカルト『省察』の研究』pp. 128-145 を参照．
55）　「第四答弁」AT. VII, 245-246.
56）　「第二答弁」AT. VII, 140.
57）　AT. X, 368.

の真理も疑われているからである。そもそも注意と直観という心理的要素を認識論に持ち込むことができるのかという問題もあろう。ただ，コギトは欺く神に対抗していま確かに確信されている。そのこと自体には拒否できない自明性がある。コギトはそうした明証性のモデルとなる「生きられた確信」であるという解釈もある[58]。筆者の考えでは，コギトは出発点としての「確信」であり，一つの作業仮説として有効であるが[59]，しかしコギトの明証性と神の保証との間には論理的な緊張関係が残されていると思われる[60]。

公理も疑えるとするデカルトの認識論は斬新な提題ではあるが，逆に，確信と学知との区別や循環論という煩雑で繊細な問題を生んでいることが浮かび上がる。コギトが主観的な確信でありながら，どういう意味で客観的な第一原理になりうるか，そこに循環の問題があるか否かは，今もオープンな問題であろう。

以上，永遠真理にせよ循環にかかわる問題にせよ，デカルトが提起した認識論の特異な点がことごとく批判の対象になっており，肝心な点がなかなか理解されなかったことを示している。レギウスの反論はその象徴と言えよう。

第三に誤謬判断と身体のかかわりという点である。レギウスの反論は「人が判断を急いで的を外すことがあるのは，後天的であれ生得的であれ，すべて身体そのものの気質（temperamentum）のためである」[61]ということである。これに対してデカルトは全面否定である。それでは自由が失われ，意志の広範さが失われる。性急な判断を是正するのが意志なのだから，と。

この反論は，「第四省察」で判断における誤謬の原因を認識論の角度から分析し，知性と意志との領野の違いが原因であるとしたことに対す

---

58) G. Rodis Lewis, *L'œuvre de Descartes*, Paris, 1971, I, p. 267.
59) 拙著『デカルト『省察』の研究』pp. 29-32 を参照。
60) 本書 p. 145-147 を参照。
61) この反論にとくに対応するテキストは「第四省察」には見出されない。デカルトがAT. VII, 53-62 で，人間が判断を誤ることの原因を，意志と知性との領野の違いに求めたこと全体を問題にしていると思われる。temperamentum は身体と精神との「調和」が原義だが，ここでは仏訳や伊訳によって，このように訳すことにする。このことばは『省察』にはない。

る異論である。いずれも精神とか意識のレベルに話が限られているが，むしろ体質といった身体的条件が問題ではないのかという趣旨である。たしかに常識的には判断の誤りは，もって生まれた体質や経験的に形成された体質などと関係するであろうし，身体が置かれた環境世界の影響もあるであろう。しかし，ここでの問題はそういう話ではない。「精神を感覚から引き離し…意識を物体的なものから知性的なものへと向けかえる」[62]なかで，善なる神が存在するのになぜわれわれは誤るのか，という弁神論の話である。そのうえで，誤謬の原因であるわれわれの認識能力を細かく検討しようとしているのである。身体や環境世界の存在はまだ疑われているので，身体は場違いの主題であり，それをここで持ち出すことはできない。人間の自由意志は神の意志と肩を並べるほどに広大であり，原則として身体には左右されないと考えられている。「人間が意志によって自由に行為することが…人間の最高の完全性である」[63]。かりに身体が肯定され，人間の判断が身体的条件に影響されるとするなら，それはデカルトも言うように，自由意志の広大さを限定することになる。むしろ意志で判断の性急さを是正すべきである，とするのである。

　レギウスの反論にデカルトは好意的に手厚く答えている。だが，そもそもレギウスは『省察』の「推論の連鎖と結合とを理解することに意を用いていない人」[64]である。「第四省察」についてもおそらくきちんと読んでおらず，経験論に立って短い印象批評をしているにすぎない。もし身体や感覚に本当に関心があるのなら「第六省察」を読め，と言いたいところである。デカルトが，『省察』の読者として望むのは「私とともに真剣に省察し，精神を感覚から引き離すことができ，またそう欲する人々のみであるが，そのような人はわずかしかいないことを私は十分心得ている」[65]と言うとき，レギウスのことが念頭にあったのかもしれない。彼は自然学についてはこのオランダ人の才能を認めていたが，形而上学についてはそうではなかった。若い日にパドヴァで経験論を学んだ

---

62)　「第四省察」AT. VII, 52-53.
63)　『原理』I-37.
64)　『省察』「読者への序言」AT. VII, 9.
65)　同上。

レギウスは、そもそもデカルトの形而上学の門には入りたくなかったのであろう。「弟子」を自認する人でさえもこの程度の認識しか示していない訳だが、これは当時の人がデカルトをどう受けとめていたかを示す生きた例の一つであろう。

第3節　精神と身体

デカルトとレギウスとの論争は、認識の問題だけでなく精神と身体との関係にも及んでいる。先述したレギウスの「人間は偶有的存在である」という命題、および「精神は身体の様態である」という命題について両者の発想の違いを検討することによって、その背景にある心身関係の捉え方の相違が浮かび上がるであろう。

1641年12月、デカルトはレギウスに宛てて「人間は偶有的存在（ens per accidens）であるということほど粗野で衝突や告発の機会を与えるものはほとんどありません」[66]と言っている。それはどういう意味か、なぜそう言っては不都合なのか。スコラ神学者たちの見解によれば、デカルトもそれを心得ていたように、精神と身体との合一は偶然などではない。それは神によって定められた人間本性の必然である。死後、精神が身体から離れることのみが偶然的である。さもなければ人間はあってもなくてもいい偶然的なものになり、創造の意味に反することになるからである。それゆえ人間は自体的存在（すなわち心身が必然的に合一した存在）と言うべきである。ただデカルトによれば、実体という観点では精神と身体とは互いに他を要しない実体である。精神が身体との合一を必要としないと同様、身体も精神との合一を求めない。この点で人間は「ある意味で」偶有的と呼びうるが、「絶対的に」つまり本性そのものとしては偶有的と言うべきでない[67]ということになる。

いまスコラ神学者たちの見解を問題とする必要はない。われわれの関心は、人間が偶有的存在であるか否かという問題が、心身の合一と区別の理解にどう関係してくるかである。デカルトはレギウス宛に次のよう

---

66) 1641年12月中旬 AT. III, 460；『全書簡集』V, 61.
67) 同 AT. III, 461；『全書簡集』V, 62.

> 精神は身体と実体的かつ実在的に合一しており，あなたが最近の手紙で言っているような［身体の］位置（situs）ないし傾向性（dispositio）によってではなく（それではあまりに反論を招きやすいし，私は真ではないと判断しています），合一の真の仕方によって合一している，と言わなければなりません[68]。

　デカルトのいう合一とは，精神と身体との実在的な（つまり実体相互の）関係であり，「実体的合一」である。真の合一とはこの意味である。そして，合一の仕方を説明するときには，たとえば痛みの感覚は精神の純粋な思考ではなく，身体と合一した精神がもつ不分明な知覚として認識されるという事実を言えば十分であるとする。これに対して注目すべきことは，レギウスが合一というものを無条件に認めていない点である。すなわち，合一においては，身体の置かれた状態や生まれつきの傾向性といった条件を考慮すべきである。身体的な条件が整わなければ合一にならないのだから，合一は本質的なものではない，と彼は考える。たとえば，身体（痛覚）に異常のある人は心身合一の証しである痛みを感じないという例が妥当するだろう。この観点から，デカルトの度重なる説得にもかかわらず，「人間は偶有的存在である」と主張しているのである。要するにレギウスは，合一を身体的な要素に左右される偶然的なものと見ている。これはデカルトの立場とは根本的に相容れない経験論的な発想であろう。しかしデカルトはそれを受け止めながらも，さらに説明している。

> 人間は身体と精神とから成っていますが，それは一方が他方に単に居合わせたり，近づくことによってではなく，真なる実体的合一によってです。そのためには，たしかに身体の側に位置と傾向性がおのずから要求されますが，それは位置や形や他の純粋に物体的な様態とは違います。なぜなら，それは身体だけでなく非物質的な精神

---

[68]　1642 年 1 月末 AT. III, 493；『全書簡集』V, 101.

にも関わるからです[69]。

　デカルトの見立てによれば，人間の心身合一は，たまたま両者が隣り合わせになっているというような偶然的なものではなく，心身の本質による必然的なものである。身体の位置や傾向性は考慮すべきかもしれないが，合一は精神にも関わることなので物体的な様態と同日の談ではない。つまり，問題が身体だけならば身体的条件も考慮すべきかもしれないが，合一は精神のことでもあるので身体的な規定だけでは処理できない，ということだろう。そして次のようにも言っている。人間をその全体として考察するならば，合一は人間に本質的なので「自体的な一なる存在」である。ただ部分（すなわち精神と身体との関係）においてはその合一は偶有的なので，人間は「偶有的存在」と言える。精神を死すべきものと考える人たちを論破するには，合一よりも区別を教える方が重要であるので，人間は「偶有的存在」と言ったほうがよいかもしれない，と。レギウス側に十分配慮し，偶有的存在という命題をなんとか生かそうと，彼に代わって懸命に弁明しているのである。この時点でデカルトは，これは意見の相違であって意見の対立とは思っていないだろう。細かい長文の修正意見を出していることは，これによって十分説得が可能だと思っている証拠だろう。かつて彼はテーゼの公開審査に際してユトレヒトへ傍聴に行ってもいいと言ったが[70]，その気持ちはこの時も変わらないだろう。

　しかし，実はレギウスはすでに経験論の立場でものを言っており，デカルトの説得は耳に入ってこなかった可能性がある。二人の立場の基本的な相違が，心身合一の理解の齟齬を来していると思われる。すなわち，デカルト立場は「精神を感覚から引き離す」(abducere mentem a sensibus)[71]ことである。感覚や身体を入れずに純粋に精神だけでものを考え，心身の合一についても原理的に「実体的合一」を問題とする。合一の仕方の実際については，痛みの感覚など精神に不分明な知覚として処理する。これに対しておそらくレギウスの立場は，「はじめに感覚の

---

69) 1642年1月末 AT. III, 508；『全書簡集』V, 116-117.
70) レギウス宛 1640年5月24日 AT. III, 70；『全書簡集』IV-69.
71) 『省察』VII, 12, 171-172.

うちになかったものは知性のうちには何一つない」[72]であったであろう。アリストテレスにしたがって，まず感覚や身体を出発点として問題を考える。原理的な形而上学のレベルでなく，実際にこうだという経験的レベルでの話である。心身合一については身体的条件が入って来るのは当然である。デカルトもレギウスも，あたかも互いの違いに気付いていないかのように交信しているが，それが自覚されるのはもはや時間の問題である。デカルトは1645年7月付のレギウス宛書簡[73]でようやく「意見の違い」に触れ，そのために返事が遅れたと言っている。

その違いが自覚的に表明されるのは「精神は身体の様態である」というレギウスのもう一つの命題に関してである。デカルトは非難の絶好の的になるようなこの考えに驚き，形而上学について二人は意見が違うことを公表した方がよいとしたうえで，この命題を批判する。

> あなたはご自分の著作［自然学の基礎］に，なぜ形而上学や神学のことがらを混ぜる必要があるのでしょうか。…以前あなたは，精神は身体から区別される実体と考えて人間は偶有的存在であるとしましたが，今は反対に精神と身体が同じ人間において密接に合一していると考えて，精神は単に「身体の様態」(modus corporis) としたいのです。この誤りは先の誤りよりもはるかに悪いものです[74]。

精神は身体の様態として合一しているとはどういうことであるか。レギウスによれば，合一は身体の置かれた条件に左右されるが，精神もまた左右される。「精神は身体のうちにあるかぎり，すべての作用において有機的（organicus）である。それゆえ，身体がさまざまに配置されるのにしたがって，精神の思考もさまざまである」[75]。心身は有機的関係にあるという意味で，精神は身体の様態であると言われている。デカル

---

72) 『序説』VI, 37. これに対してデカルトの立場は「何ものも知性に先立っては認識されない」（『規則論』AT. X, 395）であった。
73) AT. IV, 239；『全書簡集』VI, 284-285.
74) レギウス宛1645年7月 IV, 250；『全書簡集』VI, 288. これに対するレギウスの返答が注20に引いた7月23日付書簡であり，これによって二人は断絶することになる。本書pp.56-57を参照。
75) 『掲貼文書への覚え書』第5-6項 AT. VIII-2, 343-344.

第 8 章　ヘンリクス・レギウス

トのように，身体を疑っているかぎりは身体の様態であるとは言えないかもしれないが，別の観点からすれば当然そう言えるだろう。レギウスは後にさらに説明している，「思考と延長は互いに他を排除しない。それは［人間という］同じ一つの単純な主体に属している[76]。言いかえれば，思考は物体的物質に応じて作用し（modificare），…延長である身体は精神から作用を受けうる（modificari）」[77]。要するに，人間において心身はさまざまに互いに作用し合うということである[78]。レギウスも分かっているように，これはデカルトの懐疑という文脈を外れた理解であるが，おそらく経験的な事実として疑いえないと言いたいのだろう。

　精神を身体の様態とすることは，ガッサンディやエリザベトなどによっても考えられたことであり，常識に合致するばかりか，現代哲学から見てもある意味で納得のいく解釈でさえある[79]。それがなぜ「はるかに悪い」のか。なぜデカルトにおいて都合がよくないのか。その理由はただ一つ，基本である二元論と相容れないからであろう。精神も身体もれっきとした独立の実在であって，様態などではない。もし様態だとするなら，精神（思考）と身体・物体（延長）との異質性ないし区別が意味をなさなくなり，物質的一元論になりかねないだろう。これでは精神は身体の欠片になってしまい，精神の非物質性を主張したいデカルト哲

---

76)　1647 年の上記『覚え書』では，「精神は…物体的実体のある種の様態であるという可能性を受け容れる。…精神が延長と同じ主体に適合するある種の属性でありうることを妨げるものは何もない」（第 2 項 AT. VIII-2, 343）としている。ここから精神が物体的でありうる可能性が読みとれるかもしれない。だが *Philosophia naturalis* のこの箇所の趣旨は，思考と延長とが人間において矛盾なく共存して相互作用をするということであって，精神の物体性を言うことではない。

77)　*Philosophia naturalis*, 1661, p. 401.

78)　レギウスは「行為とは，人間が精神と身体の力によってなすところの作用である」と定義するが，これにデカルトは反対している。「私は，人間が身体によってものを認識するということを否定する人たちの一人です。…精神は身体によって妨げられさえすれ，非物体的なものを認識するために身体の助けを借りることはまったくありえません」（レギウス宛書簡 1641 年 5 月 AT. III, 374-375；『全書簡集』IV, 347）。レギウスはこれが最も理解できなかった点であると思われる。

79)　精神は身体の様態とする考えは，常識からしても（たとえばスポーツなどで）われわれの心の状態はつねに身体条件に左右され，その逆も言えるので説得力があろう。現代哲学でいえば随伴現象説（Epiphenomenalism）にも通じるだろう。心的なもの（たとえばクオリア）の状態は，物的なもの（大脳）の物理的な作用に随伴して起こるとされるからである。ただその逆（心的なものが物体に作用すると）は言えないので，レギウスの考えは随伴説の半分をカヴァーするのみである。

学の基本に抵触することになろう。彼にとって心身の「実在的区別」はどうしても譲れない一線なのである。

第4節　結　論

　以上，われわれは形而上学に関するデカルト＝レギウスの論争を検討してきたが，結論としてなにが明らかになるであろうか。

　レギウスは，結果的にオランダにおけるデカルト主義浸透の先兵となっていた。浸透を阻もうとする神学者たちに対して，代理戦争をしてくれていることになる。それゆえデカルトは「偶有的存在」にかかわる論争などにおいて，力を入れて彼の援護射撃をしたのである。ユトレヒト大学でのレギウス批判は，デカルト主義が外国で最初の試練を受けたことを意味するだろう。両者の論争の背景にはこうした事態がある。レギウス自身はデカルト主義の「最初の殉教者」と言われるが，後に「棄教」こそすれけっして殉教しなかった。大学で批判されても失職することなくしぶとく生き残り，二度も学長になっている。

　デカルト主義は新しい哲学として歓迎された場面もあったが，この論争はそれが必ずしも多くの人に受け容れられるものではなかったということを示している[80]。とりわけ本章第2節で検討した懐疑や生得観念の議論は微妙であり，「欺く神」[81]などが冒瀆的であるとの批判を招いたことも頷ける。複雑な懐疑や観念よりも，感覚や経験を出発点として認識を論じた方が単純でよい，というレギウスの反応はある意味で自然であろう。当時の平均的な学者から見ればそれが普通であり，デカルトの方こそなにか尋常ならざる主張をしていると思われたのかもしれない。だが，逆にその反応によってデカルトの形而上学の特異な部分が浮き彫りにされていることになろう。その意味でデカルト＝レギウスの論争点は，デカルト哲学の独自性を具体的に示す重要なものとなっている。

　80）　デカルト自身，『序説』ではその点が十分ではなかったと言っている（本書第一章13項 pp.21-22）。『省察』でそれを詳細に記述したわけだが，それでも必ずしも万人の理解は得られなかったということである。

　81）　レギウスは「欺く神」を拒否している（*Philosophia naturalis*, 1661, pp. 414-415）。

レギウスは「最初の離反者」とも言われる。たしかにレギウスは，形而上学においてデカルトに徹底的に反対し，自然学においては才能を発揮したもののデカルトを剽窃するなどした。だが離反者，反逆者というだけではレギウスの全体像を捉え損なうだろう。われわれによれば，彼はそれなりの考えをもった人である。パドヴァで医学を学び，帰国して思想界の新星デカルトに情熱を傾けた。だが，もともと経験論的な形而上学に立つ人であり，デカルトとは根本的に相容れない。この点ではガッサンディ[82]やホッブズに似たところがあると思われる。レギウスの弟子ワッセナールは，二人の論争についてレギウスのことばを引きながら次のように語っている「［レギウスは］デカルトの跡を追ってはいたが，それは独自な道によって探究し，別の道を進むような仕方においてである。…人はみな自分が正しいと思う意見をもつ正当な自由がある」[83]。このことばにはむろん贔屓倒しの感はあるが，ある意味で公平な評価だと思われる。

＊本章の注に挙げたもの以外で，参照して益を受けた二次文献は以下の通りである。

G. Cohen, *Écrivains français en Hollande dans la première moitié du XVIIe siècle*, Paris, 1920.

E. J. Dijksterhuis et al., *Descartes et le cartésianisme hollandais*, Paris et Amsterdam, 1950.

Th. Verbeek éd., *La querelle d'Utrecht,* Paris, 1988.

Th. Verbeek, *Descartes and the Dutch : Early Reactions to Cartesian Philosophy, 1637-1650*, Southern Illinois University Press, 1992.

G. Rodis-Lewis, «Problèmes discutés entre Descartes et Regius: l'âme et le corps», in Th. Verbeek éd., *Descartes et Regius, autour de l'explication de l'explication de l'esprit humain*, Amsterdam, 1993.

村上勝三訳『掲貼文書への覚え書』（『デカルト著作集 4』白水社, 1993 所収）

82） レギウスはガッサンディにかねてより関心をもっていた。後者の『形而上学論究』*Disquisitio metaphysica* が出た時には，デカルトに反論してはどうかと持ちかけている（Baillet, II, 207-208; AT. IV, 238）。

83） ワッセナールからデカルト宛 1648 年 2 月 9 日 AT. V, 596-601；『全書簡集』VIII, 19-20。本書第三章 61 項に引用。

Th. Verbeek, «The invention of nature, Descartes and Regius», in S. Gaukroger et al., ed., *Descartes' Natural Philosophy*, London and New York, 2000.

C. Wilson, «Descartes and the corporeal mind ; some implication of the Regius affair», in *ibid*.

持田辰郎「翻訳 1642 年 1 月, デカルトからレギウスに宛てられた書簡」(『名古屋学院大学論集』人文・自然科学篇, 第 46 巻 第 2 号 (2010 年 1 月))

―――「翻訳 1642 年, デカルトからレギウスに宛てられた 3 通の書簡」(同, 第 47 巻 第 1 号 (2010 年 7 月))

―――「翻訳 1642 年 1 月 24 日, デカルトからレギウスに宛てられた書簡」(同, 第 48 巻 第 2 号 (2012 年 1 月))

D. Clarke, *Stanford Encyclopedia of Philosophy,* Stanford University, 2015.

第九章
アントワーヌ・アルノー

───────

　アルノー（Antoine Arnauld, 1612-1694）は，多方面で活躍した17世紀フランスの思想家である。神学者としてはいわゆるポール＝ロワイアル運動の理論的な支柱として，多くの神学論争をした。論理学の分野では『論理学すなわち思考の技術』（*La Logique ou l'Art de penser*, 1683 f の共著者としても有名である。哲学者としてはマルブランシュ，ライプニッツそしてデカルトと論争した。『省察』への「第四反論」（*Objectiones Quartae*, 1641）を書いたことでデカルトから高い評価を得たが，その評価には後世のわれわれから見ても尤もであると納得させるものがある。以下では，アルノーとデカルトとの関係を概観したうえで，「第四反論」の続きである1648年の往復書簡の主要論点を検討してみたい。

第1節　アルノーとデカルト

　まずアルノーとはどういう人であったか[1]。
　アルノーは1612年パリの名門貴族の家に生まれた。年齢的にはデカルトよりも16歳若い[2]。父は著名な弁護士でイエズス会には反対の立場

---

1) アルノーの全集には次のものがある。G. Du Pac de Bellegarde et J. Hautefage éd., *Œuvres de Messire Antoine Arnauld*, 43 vols, Paris-Lausanne, 1775-83 ; Réimpression, Bruxelles, 1964-1967（＝以下 *OA*）．その43巻 pp. 1-319 に伝記 N. de Larrière, *Vie de Messire Antoine Arnauld* がある。筆者の知るかぎり最も浩瀚なものである。

2) 哲学の世界では年齢は本質的なことではないが，見当をつけるために関連する哲学者を生年順にならべると，1596 デカルト，1612 アルノー，1623 パスカル，1638 マルブラン

であった。宗教家サン・シランの影響もあり，父母をはじめ多くの兄姉がポール＝ロワイアルの信仰に深く帰依していた。アルノー自身もソルボンヌで神学を学んだ。1641年29歳で博士となり，将来が嘱望される神学者として出発した。博士号を得る直前にデカルト『省察』への「第四反論」を書いた。これはメルセンヌの依頼によるものだが，すでにそれだけの力量を示していたということだろう。同じ年にイエズス会を批判した『頻繁な聖体拝領』を書いて名をあげた（出版は1643年）。同年，コルネリウス・ヤンセンの『アウグスティヌス』も出版された。周知のようにこれが神学論争の火種になった。1653年ローマ教皇およびソルボンヌがそれを異端であると批判するや，アルノーは，その恩寵論は人間の自由意志を否定するものではないと解釈してヤンセンを弁護した。彼の立場は，ポール＝ロワイアルの人たち（パスカルもその内の一人）と同じで，その書から抜粋されたとする「五命題」は権利問題として異端でも，ヤンセンの学説は事実問題として異端ではないとするものであった。だが，イエズス会を批判した二通の「大貴族とその同僚[3]に宛てた書簡」（1655）によって，アルノー自身も異端とされた。そして博士号を剥奪され，ソルボンヌを追放された。パスカルが『プロヴァンシャル』（1656-57）を書いてアルノーを救おうと試みたのはこの時である。その後1668年に融和政策として「教会の講和」が行われ，事件は一段落した。このときアルノーはルイ14世から寵愛を受け，一般からも評価されたと言われる。ポール＝ロワイアルの「小さな学校」にも積極的に関わった（ジャン・ラシーヌはその生徒であった）。ニコルやランスロと共著で教科書『一般理性文法』（1660），『論理学すなわち思考の技術』（1662），『新幾何学原論』（1667）を著わした。いずれもデカルトの影響が濃厚に見られ，ポール＝ロワイアルの修道士たちの多くがデカルト主義者であったことが窺える[4]。しかし，その後カルヴァン主義

シュ，1646 ライプニッツとなる。アルノーはデカルトとマルブランシュとの間に位置することが分かる。

[3] 『省察』を仏訳したリュイヌ公である（*OA*, 43, p. IX）。

[4] ポール＝ロワイアルにおけるデカルト主義については G. Lewis, «Augustinisme et cartésianisme à Port-Royal», in E. J. Dijksterhuis et al., *Descartes et le cartésianisme hollandais*, Paris et Amsterdam, 1950 に詳しい。そこにはデカルトに無関心な人や反対する人もいたことが知られている（H. Gouhier, *Cartésianisme et augustinisme au XVIIᵉ siècle*, 1978, p. 125. S.

を論駁した『聖体に関するカトリック教会の信仰の永続性』(1674) を出すに及んで風向きが変わり，再びジャンセニズムが弾圧されるようになった。1679年アルノーは自ら（現在の）ベルギーに亡命した。ここで自由を得て多くの仕事をした。たとえば，デカルト哲学を擁護して『反デカルト的な物体本性論の精査』(1680) を書いた。ライプニッツやマルブランシュと論争したのもこの時期である。とくに後者に向けて『真なる観念と偽なる観念』(1683)，『自然と恩寵の新体系に関する哲学的・神学的反省』(1686) を書いた。マルブランシュとの論争は普通の論争の域を越え，渾身の思想的対決といった観がある。1694年，82歳でブリュッセルに死んだ。

　アルノーはその生涯を多くの論争のなかで生きた人である（その意味では現代のジャック・デリダのような人であろうか）。新しい哲学理論に対しては明徹な理解を示しながら理路整然と議論をした。時の宗教問題についてはジャーナリストのように機敏に反応し，自らの旗幟を鮮明にした。だが，これという中心的な著作がなく，独自な体系もないので思想史にはあまり残らない，という理解が一般的であろう。実際，彼の思想の特徴をライプニッツのモナドロジーや予定調和のような形で取り出すのは難しい。しかし彼は，ライプニッツと同じく他方面にわたって多くの書を残した人であり，発掘すれば何か基本になるものが浮かび上がるのではなかろうか。筆者の見通しでは，その論争の根柢には恩寵論[5]（つまりは人間の自由）があったと思われる。すなわちアルノーが心身問題や機会原因論などを延々と論じた背景には，神の恩寵と人間の自由意志をいかに調和させるかという問題（神の決定と人間の自由の問題）があり，これが一貫して彼の思想の基本をなしていたのではなかろうか。ア

Nadler, «Cartesianism and Port-Royal», in *Monist*, 71, 1988, pp. 573-584）。

　5)　アルノーのいう恩寵とは，イエズス会の主張する「十分なる恩寵」（grâce suffisante）ではなく，「有効なる恩寵」（grâce éfficace）である。前者はだれにでも与えられ，行為の可能性を保証するものだ。だが，後者は神が実際に人間の意志を促して行動させるもので，だれにでも与えられるものではない。これが人間の自由の承認をかならず引き起こす効果をもつとされる（塩川徹也「アルノー」，『哲学の歴史』5, 中央公論新社 2007, p. 291）。この恩寵論は『ジャンセニウスのための弁明』(1644-45) で展開されているが，パスカルの『プロヴァンシャル』（第二の手紙）もこの二つの恩寵を論じている。アルノーの思想の根本に恩寵論を置くという見方は，E. Kremer, «Antoine Arnauld», in *Stanford Encyclopedia of Philosophy*, 2012, p. 1 により示唆を受けた。

ルノーは，アウグスティヌスの伝統によって神の恩寵を重視するが，上に見たように人間の自由意志との調和を決して否定しない。ただ，アルノーはしばしば両立主義（compatibilism）と言われるが，いかにして恩寵と自由とを実際に両立させるかは，なお問題であろう。同じことをデカルト，マルブランシュ，ライプニッツも考えていたのである。

　要するにアルノーは，その出自からしてアウグスティヌス主義に立つ根っからの神学者であり，広く活躍した論争家である。彼の思想の独自性は見えにくいが，ともかくこれが彼の本領である。同じく迫害を受けながらも，アカデミズムに身を置いて医学・自然学を講じ，人間精神を論じたレギウスとはまったく異なる人である。ただ二人とも古いスコラ学に批判的であり，以下に触れるようにアルノーもデカルト主義に哲学の新たな活路を見出そうとしたのである。

　デカルトとの関わりはどのようなものであったか。
　アルノーはデカルトと会ったことはなく[6]，デカルトとの論争もほんの一時期にすぎないが，生涯デカルト主義に親しんだ人のように思われる。『方法序説および三試論』が出たのはアルノー25歳のときである。この書は，スコラに代わる新しい哲学の方法として，レギウスと同様アルノーにも影響を与えたものと思われる。彼は，デカルト流の明晰な思考方法の洗礼を受けている。『序説』の4つの方法の規則が，彼の『論理学』第四部（方法）に投影されていることは周知の事実である。また著者自身も注しているように[7]，その第四部第二章（分析と総合）は，『規則論』（とくに第13規則）を踏まえている。さらに第一部（観念）は，デカルトの議論を洗練したものと言えるだろう。哲学そのものに関しても，アルノーは心身の二元論，認識論などにおいてほぼデカルト主義をとっている。彼はデカルトの厳密な読み手であり，フランスの最初のカルテジアンであった。『省察』以前に，彼はソルボンヌ付属のコレー

---

6) 1644年7月，アルノーはパリにいたデカルトに自分の学生を差し向けたが，直接会ったことはない（V. Carraud, « Arnauld : From Ockhamism to Cartesianism », in R. Ariew and M. Grene ed., *Descartes and His Contemporaries*, 1995, p. 118）。

7) 「クレルスリエから（故）デカルト氏のマニュスクリを貸与された」と言うが（P. Clair et F. Girbal éd., *A. Arnauld et P. Nicole : La Logique ou l'art de penser*, Paris, 1965, p. 300），それは『規則論』以外には考えられない。

ジュでデカルト哲学を髣髴とさせる講義[8]をしていた可能性があるほどである。それゆえメルセンヌから「第四反論」の依頼を受けたのであろうか。

　「第四反論」にはアウグスティヌスの名が多出する。アルノーの基本は，デカルトをアウグスティヌス主義として読むことであった。そこには，デカルトをキリスト教の理論的支柱にしたいという意図があったであろう。デカルトはむろんそれを厭わず，アルノーの反論を高く評価していた。

> 私は，アルノー氏の寄越された反論には非常に感謝していますし，氏の反論がすべての反論の中で最良のものだと考えています。その反論が容赦ないものであったからではなく，他のいずれの反論よりも私が書いたものの意味に深く入り込んでいるためです。この意味にまで到達する人はごく少数であろうと私は予想していました。足を止めて省察する意欲を持ち，あるいはその能力を具えている人は，ほとんどいないからです[9]。

　こうした評価は，あまり他人を褒めることをしないデカルトには異例のことである。アルノーの意見を取り入れて本文を補足修正した箇所も少なくない。彼にとってアルノーは，レギウスやガッサンディとは反対に，「共に真剣に省察をしてくれる」[10]理想的な読者であったであろう。

---

　8)　バイエは，アルノーが［『省察』の出版以前にそれと］同じ哲学を教え，弁護していたとするメルセンヌの証言を引いている（A. Baillet, II, p. 128 ; AT. III, 603）。カローは，それは1639-41年ソルボンヌで主宰した討論や講義の記録『哲学的結論』（*Conclusiones Philosophicae,* 1641=*OA,* 38. pp. 1-6 ; D. Moreau éd., *Antoine Arnauld: Textes philosophiques,* 2001, pp. 10-25）のことだろうかと問うている。しかしわれわれの見るところ，それは小冊子で，論理学，数学，道徳，自然学，形而上学の結論が略述されているのみであり，とくにデカルト的と言える記述は見られない。カローは，アルノーはその論理学，自然学，形而上学において，トマスやスアレスでなくオッカム主義を取っていたので，容易にデカルト哲学を受け容れることができたとする（V. Carraud, *ibid.,* pp. 118-128）。この可能性はありうると思われるが，トマス主義全盛のソルボンヌでオッカム主義的な主張がどこまで許されていたかを調べる必要があろう。
　9)　メルセンヌ宛1640年3月4日 AT. III, 331；『全書簡集』IV, 305.
　10)　『省察』（読者への序言）AT. VII, 9.

アルノーもまたデカルトの「答弁」に「完全に満足」していた[11]。ただ彼の反論は，デカルトを全面肯定した優等生の作文では決してない。デカルトの原理にしたがうなら当然こういう問題が出て来るだろうという視点から，デカルト主義を補修し徹底させたものである。

いくつかの論点が浮き彫りにされており，いずれも正当な問題提起だと思われる。アルノーの「第四反論」Aの要点を，デカルトの「答弁」Dとともにまとめておく。出典箇所は煩雑になるので省略した。[　]は山田のコメントである。

 A.──私がいま明晰判明にそう認識しているからと言うだけでは，私の本質が実際に精神のみであると結論しうる客観的な根拠にはならない。
 D.──私の認識は完全ではないにせよ心身の区別を結論するには十分である。
  [最も多くのページが割かれているのが心身の区別の議論である。むろんアルノーはその区別の重要性を理解しているが，議論としては不十分とする。これはガッサンディやメルセンヌによっても指摘された点であり，論理的にはアルノーの方が正しいとしなければならないだろう[12]。]
 A.──動物には魂はないとされるが，狼を見て子羊が逃げ出すのが魂の補佐なしに可能であると言えるのか。
 D.──それは魂を伴う行動に類似しているだけで，実際は身体器官の配置によって起こることである。
  [動物に何らかの精神作用を認めてもよいのではないかという反論は他にも多くある。デカルト哲学に透徹した理解を示したアルノーでさえも，動物-機械論に疑問を呈していたことが注目される。]
 A.──神が積極的に自らの原因であり，かつ神が原因によってあるとすることは矛盾である。

---

 11)　"penitus esse satisfactum" メルセンヌからヴォエティウス宛 1642年12月13日 AT. III, 603. 実際「答弁」は「反論」を真摯に受け止めて詳細な説明をし，量的には「反論」の倍近い分量である。
 12)　これについては本書 pp.143-147 でも触れた。

D.——神が自らの原因であるとは,神が自分自身の作用因であることではなく,神の力は広大無辺かつ積極的であるゆえに原因を必要としないという意味である。

［神を自己原因とすることは,アルノーの言うように伝統的な神の概念に抵触する。デカルトは,この箇所についてアルノーの意見を容れていくつかの文言を修正し和らげている[13]。しかし総じてデカルトは「自己原因」に独自な解釈を施していることになる。］

A.——神があるゆえに明晰判明な認識が真であり,その認識があるゆえに神があるとすることは循環である。

D.——「私は循環を犯してはいない」。現在ものを明晰に認識している場合と,過去に明晰に認識したことを想起する場合とは区別される。神の保証が必要なのは後者の認識においてのみである。

［循環論の指摘はしばしばなされてきた[14]。現前の明証性とその記憶とを区別することは,やや苦しい答弁であろう。現前の明証性はなぜ神なしに保証されるのかが当然問題になるからである。デカルトは他の箇所[15]でもこの種の答弁を繰り返しているが,論理的に鋭いアルノーを満足させたかどうかは疑問である。］

A.——精神が意識していないものはないと言うが,胎児の精神は思考の内容を意識していない。

D.——その記憶があとで想起されないことはありうる。思考がつねに意識されていなくても,精神のうちにはそれを現実的に意識する潜在的な能力がある。

［同じ答弁は他の箇所[16]にもいくつかある。］

A.——懐疑という哲学の仕方は誤解を生みやすい。懐疑の意図を明確に示し,論調を和らげるべきだ。

D.——懐疑の危険性は承知しているが,それなしに哲学において不

---

13) メルセンヌ宛 1641 年 3 月 18 日 AT. III, 335-338；『全書簡集』IV, 308-311.
14) 「第二反論」AT. VII, 124-125；Gassendi, *Disquisitio Metaphysica*, éd., B. Rochot, p. 463；『ビュルマンとの対話』AT. V, 148.
15) レギウス宛 1640 年 5 月 24 日 AT. III, 64；『全書簡集』IV, 63；「第五省察」AT. VII, 69；『哲学原理』I-13.
16) 「第三答弁」AT. VII, 189；某宛 1641 年 8 月 AT. III, 430；『全書簡集』V, 31-32；『掲貼文書への覚え書』AT. VIII-2, 358, 361, そして以下に述べるアルノー宛書簡である。

動のものを立てることができない。

　［デカルトの懐疑が危険であることはヴォエティウスなどの論敵から指摘されていたが，味方であるアルノーも誤解を招くと思っていたことは重要であろう。だれの目から見ても懐疑には問題が多いと映ったのだろう。そこにデカルトの特異性があったと言えよう。ただ，アルノーの助言にしたがい，デカルトは「第六省察」で論調を和らげる工夫をしている[17]。］

　A.——聖体の秘蹟の説明は，パンの実体だけでなく感覚的性質も除去されるので，教会の教えに反する。

　D.——実在的性質（偶有性）は否定していない。感覚は物体の表面における接触によって触発される。その場合，表面とはパン全体の外形だけでなく，パンの粒子の一つ一つを取り囲む表面でもある。それは，パンの実体が変化しても偶有性としてそのまま残り，感覚を触発する。公会議はそのことを「パンの形象のみが残る」と教えている。

　［聖体の秘蹟の問題[18]の説明には力が入っており，教会の公文書を踏まえて書いている。自分の微粒子説が神学の重要問題にも十分使えるということを示したかったからであろうか。メルセンヌは，デカルトの同意のもとで最後の数ページ[19]（やや立ち入った説明の部分）を削除した。その部分は第一版にはないが第二版で復活した。問題が問題だけに，教会の逆鱗に触れないよう配慮していたことがうかがえる。］

　以上のやり取りを 7 年後に補足説明するのが次の 4 通の往復書簡である。

　17）「私の起源の作者を私はまだ知らないので」の次に，「あるいは少なくとも知らないと仮定しているので」(AT. VII, 77) と付加している。「第四省察」の概要 (AT. VII, 15) でも付加事項が括弧書きされている。メルセンヌ宛 1641 年 3 月 18 日 AT. III, 334-335；『全書簡集』IV, 307.

　18）この問題については，後にメラン宛書簡（1645 年 2 月 9 日 AT. IV, 162-170；『全書簡集』VI, 208-214）などでも取り上げられる。デカルト哲学の隠れた主題の一つであろう。

　19）　AT. VII, p. 252. l. 22 以下。削除は『省察』出版の認可を得るためであった（メルセンヌ宛 1641 年 7 月 22 日 AT. III, 416；『全書簡集』V, 23）。

アルノーからデカルト宛 1648 年 6 月 3 日 AT. V, 184-191；『全書簡集』VIII, 44-50.

デカルトからアルノー宛 1648 年 6 月 4 日 AT. V, 192-194；『全書簡集』VIII, 51-53.

アルノーからデカルト宛 1648 年 7 月 AT. V, 211-215；『全書簡集』VIII 68-72.

デカルトからアルノー宛 1648 年 7 月 29 日 AT. V, 219-224；『全書簡集』VIII 75-80.

アルノー全集の第 38 巻では，「第四反論」(1641) に続いて「ルネ・デカルト『省察』に対する新しい反論」(1648) として 2 通の書簡を掲げ，デカルトの答弁とともに収録している。両者の連続性を考慮した編集の工夫である。実際，往復書簡には「第四反論・答弁」では論じられなかった新たな議論の展開がある。そのうちのいくつかの問題を以下に見て行くことにする。

第 2 節　精神はつねに思考するか

この主題は上の「第四反論」にも登場しているし，本書第三章 66 項 (pp.78-79) でもすでに取りあげたが，ここであらためて往復書簡を読み直そう。デカルトは「精神はつねに思考する」という大原則を曲げない。少しでも曲げるなら，精神の本性が思考であるとは言えなくなるからである。アルノーは大原則を認めつつも，胎児の例を挙げてつねに思考しているわけではないと言いたいのである。

胎児も思考するか[20]，人は昏睡状態でも思考するか。これはガッサンディが「第五反論」で言い出したことである。これに対してデカルトは，精神は思考する実体であるのでつねに思考していると答えた。そして，幼児や昏睡状態の人においては，そのときの思考を想い起こさないだけである。想起するためには脳への刻印の痕跡が必要だが，彼らの脳

---

[20] 現代では，胎児が母親の意識や外界の音に敏感に反応していることが報告されている。それが胎教の根拠になっているようである。それを「思考」と呼ぶこともできよう。

は痕跡を受容するのに不適切であるから[21]、とした。アルノーはデカルトの心身の区別の議論を大きく肯定し、それは「明晰かつ明白であり、神的であると思われる」[22]としているが、細かな点では問題を感じ取っている。

アルノーによれば記憶には二つある。身体の器官（脳への刻印の痕跡）を要する記憶と、それを要さない知的記憶である。後者の場合、精神は脳内の痕跡なしでも記憶できる。それゆえ、なぜこれまで母の胎内で持っていた精神の思考を想い起こす者がだれもいないのかについては、知的記憶の場合、単に記憶にないでは済まされない。結論として、精神が思考実体であるとしても、必ずしもつねに思考している必要はない。物体的実体が現実には分割されていなくてもつねに分割可能であるように、精神が思考実体であることは認めるが、必ずしもつねに思考している必要はない。精神のうちに思考する力がつねにあるということだけで十分である[23]。

これに対してデカルトも記憶の二種を認める[24]。ただ胎児の精神には純粋な知性はなく、混乱した感覚があるのみであり、それが脳内に痕跡を残し一生保存される。しかし、大人になってその感覚を想起するにはこの痕跡だけでは十分でなく、胎内では使われなかった知的記憶の反省が必要である［だから胎内での記憶がないということがありうる］。だが、思考は精神の単なる属性ではなく本質であるので、精神はつねに現実的（actu）に思考している[25]とする。

アルノーはさらに詳しく反論し、デカルトは逐一答える（それを以下——で示す）。

---

21) 「第五答弁」AT. VII, 356.
22) アルノーからデカルト宛 1648年6月3日 AT. V, 186；『全書簡集』VIII, 44.
23) アルノーからデカルト宛 1648年6月3日 AT. V, 186-188；『全書簡集』VIII, 45-46.
24) すでにデカルトは知的記憶と身体的記憶の二種について多くの箇所で論じている。『良識論』AT. X, 201：メルセンヌ宛 1640年8月6日 AT. III, 143-144；『全書簡集』IV, 127：メラン宛 1644年5月2日 AT. IV, 114-115 『全書簡集』VI, 153：『ビュルマンとの対話』AT. VI, 150 など。拙著『デカルト『省察』の研究』pp. 427-429 を参照。
25) アルノー宛 1648年6月4日 AT. V, 192-193；『全書簡集』VIII, 51-52. 即日解答という素早い反応は異例であろう。文書よりも口頭での議論がよいとしていることから、デカルトはアルノーに会うことを予期していたことが分かる。

- 胎児には純粋知性がなく，混乱した感覚しかないので，感覚から分かたれていることは　不可能である。
　——心身は合一しているので，胎児や睡眠時において精神は感覚から解放されない。
- 胎児には脳内にその感覚の痕跡が残っているが，なぜそれを後で想起できないのか。知的記憶は反省に依存すると言う場合，その反省とはなにか，それがなぜ胎内で用いられなかったのか。
　——記憶のためには脳内に残された痕跡だけでは十分でない。純粋知性によって新たな痕跡に気付くことが必要である。反省とは新たにものを知覚することである。胎児の思考は直接的であっても反省的思考ではない
- 思考は精神の本質ではなく様態なのではないか。もし思考が精神の本質なら，普遍的思考ではなく次々に生じるさまざまな個々の思考がその本質だということになる。
　——思考とは個々の思考活動のことではなく，すべての思考の様態を受け容れる本性のことである。
- われわれがつねに思考しているなら，その思考をつねに意識しているはずだが，睡眠中はそうではない。精神には動物精気を神経のなかに導いて四肢を動かす力があるが，精神がその力を意識しているようには思えない。
　——夢を見ている時，われわれは自分の思考を自覚しているが，多くの場合それを忘れてしまう。動物精気の動きについては，それが心身の合一に依存しているかぎりは自覚されないが，それが精神のうちにある限りは自覚される[26]。

　以上の議論をどう解釈すべきであろうか。記憶（とくに知的記憶）や想起の問題は，アウグスティヌスと同様にアルノーにとっても重要であったであろう。「精神はつねに思考する」という命題に対して，胎児は母の胎内で思考しているわけではないという例[27]はきわめて有効で

---

　26) アルノーからデカルト宛 1648 年 7 月 AT. V, 212-214；『全書簡集』VIII 69-71；アルノー宛 1648 年 7 月 29 日 AT. V, 219-221；『全書簡集』VIII 75-77.
　27) J. ロックも「胎児の思考」には疑問を呈している（『人間知性論』II-1-21）。

あったと思われる。デカルトは，精神も思考したことを忘れることがあると言うが，それでつねに思考していることになるかどうかは疑問だろう。また，精神は動物精気の細かい動きまで意識していないはずという反論も妥当であろう。

しかしデカルトには「つねに思考する」という要件は外せない。そこで彼は「つねに」という条件を緩めようとする。彼は言う，思考したという自覚を覚えていないということはありえる。だが，胎児が母の胎内で形而上学を考えていたとは思わない。「推測」だが，精神は身体としっかりと結ばれているので，病人や睡眠中の人や子供には身体とは別のものを考える自由はない。混乱した認識や知覚があるのみである。しかし幼児の精神は，神の観念などすべての真理の観念をみずからのうちに持っており（in se habeo），身体のくびきを脱すればそれを見出すであろう[28]，と。つまり，精神と身体とが合一の状態にあるとき（幼児や昏睡状態において）は，脳に痕跡が十分刻み込まれないので思考したことを想起できない。そのかぎりでは「つねに」思考しているわけではない。だが心身を区別できるようになれば想起できる。そういう能力が人間には備わっている。それは万人に可能的に潜在しており，顕在化されるに及んですぐに真理の観念は意識され，想起されると考えるのである[29]。このような仕方でデカルトは論の整合性を保っていると思われる。アルノーはそのことを察知してか，「精神のうちに思考する能力（vis cogitandi）がつねにある」とするだけで十分である[30]と言っている。精神がつねに思考可能性をもつということである。これに対するデカルトの返答はないが，おそらく彼の胸の内を言い当てたものだろう。つまり「つねに」の解釈として，その能力が顕在化している場合だけでなく，

---

[28] 某宛 1641 年 8 月 AT. III, 423-424；『全書簡集』V. 31-32. これは「胎児は神についての現実的な知をもたない」（『掲貼文書への覚え書』AT. VIII-2, 366）への反論になるであろう。

[29] デカルトはここで，潜在，顕在という言い方をしているわけではない。だが「幼児の精神が真理の観念…をみずからのうちに持っているのは，大人が注意を向けないときにそれを持っているのと同じである」（某宛，同上）と言っているのは，潜在しているものに意識を向けないという事態だと解釈される。

[30] アルノーからデカルト宛 1648 年 6 月 3 日 AT. V, 188；『全書簡集』VIII, 46. "vis cogitandi" そのものはデカルトの返答には出て来ないが，『規則論』に vis cognoscendi（AT. X, 415）がある。

可能性として「潜在している」場合もあるとするのである。これは「生得観念はない」という批判に対して，「潜在的にある」とするのと同じ論法である。ただこれは窮余の一策である。「精神は現実的（actu）に思考している」ということと抵触するおそれもある。デカルトはこれを不明確なことについての「推測」としている。しかも躊躇した跡が見られ，思考を本性とする精神が思考しないことがありうると判断するよりも，つねに思考するとした方がより容易に理解されるだろう[31]，としている。しかし「つねに」の条件は緩めても，デカルトは本質論を優先させる。そして「物体がどんな瞬間にも延長なしではありえないように，精神は思考なしにはありえない。精神はあれやこれやの思考なしにもありえるが，どんな思考もない精神はありえない」[32]とする。

　これで論理的には一応整合的になろう。「精神はつねに思考する」という原則も崩れないことになる。だが問題は残るだろう。動物精気の動きや知的記憶の場合のように，原則に反する個々の事例が出て来ざるをえないことをアルノーは指摘している。後にロックは，潜在的にあるものを「ある」とは認めないであろう[33]。

第3節　精神がなぜ物体（身体）を動かすか

　心身問題に関する議論を見よう。心身の区別はアウグスティヌス以来の伝統的主題でもあり，アルノーはデカルトの議論に賛成している。また心身が緊密に合一していることも認めている。しかし，区別された心身の相互作用の仕方については疑問を呈している。「非物体的なものがどのようにして物体（身体）的なものを動かすことができるのか，ほとんど理解できない」[34]と。これに対するデカルトの答弁は「きわめて確実できわめて明証的な経験がそのことを毎日われわれに示している。そ

31）ジビュー宛 1642年1月19日 AT. III, 479；『全書簡集』V, 78.
32）『ビュルマンとの対話』AT. V, 150. その執筆（1648年4月16日）が，アルノー＝デカルト往復書簡と同時期であることは注意しておいてよいだろう。
33）『人間知性論』I-2-5.
34）アルノーからデカルト宛 1648年7月 AT. V, 215；『全書簡集』VIII 71.

れを他のことによって説明しようとする度に不明瞭になる」[35]というものであり，心身の相互作用は自明のことと見なされている。これについては第三章67項（本書p.79）でも述べた。

デカルトはアルノー宛書簡で，経験において示されているということを「石の重さ」の比喩によって詳しく敷衍している。彼なら理解してもらえると思ってのことだろうか。

> 石の重さが…実在的性質であると考えているほとんどの哲学者たちは，この性質がどのようにして石を地球の中心の方へ動かすことができるのかを，十分に理解していると考えています。なぜなら彼らは，このことの明白な経験を持っていると考えているからです。しかし，私は，このような性質が自然のうちに存することはない…と確信していますので，彼らはその重さを自らに表象するために，自らのうちにある非物体的な実体の観念を用いているのだ，と判断します。したがって，精神がどのように物体（身体）を動かすのかをわれわれが理解することは，その重さがどのように石を下方へ動かすのかを他の哲学者たちが理解する以上に困難ではありません[36]。

伝統的な考えに立てば，石が落下するのは「重さ」という非物体的な性質（それをデカルトは実在的な性質とは認めないにせよ）が石を下に動かしているから，と解釈されてきた。そのことは明白だと考えられてきたので，精神が身体を動かすということもこれにならって容易に理解できるという趣旨である。同じことはエリザベト宛書簡でも説明されている。

35）アルノー宛1648年7月29日 AT. V, 220；『全書簡集』VIII, 78. 心身合一という事態が経験によって自明であることは，エリザベト宛書簡でも繰り返し述べられている（1643年6月28日 AT. III, 691-692；『全書簡集』V, 301）。その例としてよく出されるのが「痛み」である。身体が損傷を受ければ，感覚がそれを知覚し，動物精気が松果腺を動かし，精神が痛みを感じる。これは心身が合一していることの証しであり，とくに意識しなくても毎日経験されていることである。その意味では，それは改めて説明するまでもない自明の事実である。だが，なぜ身体である松果腺が精神を動かすのかは説明されていない。エリザベトやアルノーが突いているのはこの点である。本書pp.124-127を参照。

36）アルノー宛1648年7月29日 AT. V, 222-223；『全書簡集』VIII, 78.

われわれは，ある［物体の］表面が他の表面に実際に接触することによって，このこと［重さが物体を動かすこと］が起こるとは考えません。というのは，われわれはこのことを理解するためにある特別な概念を持っていることを，自分自身において経験しているからです。そしてこの概念を，実際には物体とまったく異ならない重さ…に適用するなら，概念の誤用であると考えます。むしろその概念は，精神が物体を動かす仕方を理解するためにわれわれに与えられた，と考えます[37]。

　重さが物体を動かすと伝統的に考えられてきたように，精神は物体（身体）を動かす。それは物理的接触によってではなく，われわれの持つ「特別な概念」すなわち心身合一の概念によって理解される。日々の経験において心身の合一や相互作用は自明である，というのである。「重さ」という伝統的な考えを比喩として出すのは，一歩を譲ったデカルトの戦略だろう。だがエリザベトは，「精神がいかにして物体（身体）を動かすことができるのか…を重さの観念によっては理解できない」[38]としている。それ自身で自明なことを他のことによって説明しようとするとかえって不明瞭になる，と言われた通りである。
　心身の相互作用についてのこの答弁に対するアルノーの反応は書簡には登場しない。おそらく彼もまた答弁には満足しなかったであろう。理論的な説明はなにもなされてないからである。
　ではこの問題にアルノー自身はどう考えたか。書簡以外のテキストを手がかりに見てみたい。先述した『反デカルト的な物体本性論の精査』（以下『精査』）[39]第四部（心身合一について）で少し議論がなされている。
　アルノーは，デカルトが心身を二つの実体として区別したことを，「第四反論」で「証明しすぎではないか」[40]とは言ったものの，高く評価

---

37) エリザベト宛 1643 年 5 月 21 日 AT, III, 667-668；『全書簡集』V, 267.
38) エリザベトからデカルト宛 1643 年 6 月 10/20 日 AT, III, 684；『全書簡集』V, 289.
39) この書のフルタイトルは次のようなものである。*Examen d'un écrit qui a pour titre: Traité de l'essence du corps, et de l'union de l'âme avec le corps contre la philosophie de M. Descartes*, 1680. ブルターニュの Le Moine 神父という反デカルト主義の論を反駁したものである。アルノー全集では 38 巻にあるが，簡便な Fayard 版 Paris, 1999 も出ている。
40) 「第四反論」AT. VII, 203.

していた。そして，心身が一人の人間においていかに密接に合一しているかを同時に説明したとしている。すなわち「精神の思考と脳の痕跡，精神の情念と精気の運動とが相互的に自然的に対応し，われわれの精神は，水夫が舟に乗っているように身体に乗っているのではないことを確信させる」[41]としている。しかし，実体として異なる心身がいかにして対応ないし合一するかが問題である。両者の間には実在的な相互関係は認められないので，それらだけでは互いに他に作用を及ぼすことはない。これはアウグスティヌスやトマスの立場でもあった。そこでマルブランシュのように，神がそれを仲立ちするかどうかということが問題になるのは自然であろう。たとえば，外界からの（眼や耳への）刺激を身体的運動として受け止め，それを精神が（色や音として）知覚する場合を考える。アルノーによれば，デカルトは「われわれの器官の身体的運動と精神の知覚との間にある驚くべき対応を理解するには，第一原因にまで遡り，そのように欲した創造主の設定と相反する二実体の間の連合に由来する，と認めなければならない」[42]と付言しているとする。これは「第六省察」の「自然の設定」[43]をアルノー流に整理したものと思われるが，デカルトの考えを煎じ詰めればこうなるはずであるという意味で，この整理の仕方は適切であろう。アルノーは三つの選択肢を改めて吟味している。

1. 器官のなかで生じる身体的運動が，精神に感覚の対象を知覚させるのか。
2. 精神が，身体の運動を機会に精神自身のうちにその知覚を形成するのか。
3. 神が精神にその知覚を与えるのか[44]。

彼によれば，1はまったく不可能である。なぜなら身体的運動は，他の身体を動かしても，その本性として精神に作用することはありえない

---

41) 『精査』*OA*, 38, p. 141.
42) 同 p. 146.
43) AT. VII, 80-81.
44) 『精査』*OA*, 38, p. 146.

からである。2はやや難しい。むやみに第一原因を援用してはならないので，精神は，感覚的な対象の知覚を自分のうちで形成する能力を神から与えられているに違いないと安易に思い込むからである。しかし精神がそれを形成するには，感覚的対象の知覚や身体的運動のすべてが知られていることが必要であるが，それは不可能である。知覚の形成にはさまざまな条件が必要であり，いつでも好きなときに適切に対応できるわけではない。結局，精神も身体も互いに独立の実在であって相互に作用はしない。それゆえ1の場合も2の場合も否定され，最後に3が残ることになる。すなわち，

> 感覚器官のなかで運動がなされるたびごとに，自らが自然のなかに確立した法則にしたがって，感覚的性質のあらゆる知覚をわれわれの精神のうちに引き起こすように自ら欲したのは，神であるとしなければならない[45]。

これが機会原因論に他ならないことは明らかである。マルブランシュとの論争によってアルノーは機会原因論を熟知しており，彼自身はそれに反対の立場であった。しかしこの場面にかぎって，残された唯一の選択肢として機会原因論を選んでいる。他に考えようがないからであろう。ナドラーが，アルノーは機会原因論者ではないが心身問題を解くのにアドホックに機会原因論を使い，この点で彼は正統デカルト主義者ではない[46]とするのは正しい。たしかにデカルトは心身問題において神の媒介を直接求めることはしない。「自然の設定」という大きな枠組みは認めるが，神が機会あるたびごとに精神と身体を直接相互に作用させるなどとは言わない。しかし，デカルト主義を徹底させて問題を考えるなら，第一原因たる神を援用する以外に説明はできないだろう。デカルトも，物体（身体）に運動を与えたのも，精神に知覚能力を与えたのも元はといえば神であり，精神と身体とを結び付けているのも神であること

---

45) 同 p. 148.

46) S. Nadler, «Occasionalism and Arnauld's cartesianism», in R. Ariew and M. Grene ed., *Descartes and His Contemporaries*, 1995, pp. 142-143, 144.

を認めている[47]。神による設定が残された最後の選択肢でありうることを，アルノーは示していると言えるだろう。

その後 1687 年，アルノーはライプニッツとの論争で，後者の併起説[48]をマルブランシュの機会原因論と変わらないと批判した[49]。だがアルノー自身も，1680 年の時点で一時的に機会原因論という「連続的な奇蹟」[50]を採用していたことになる。それは問題解決のための臨時措置であったにせよ，論理的な不整合は免れないだろう。ただ現代のわれわれから見るなら，デカルトに発した心身問題が，アルノー，ライプニッツと時代を下るにつれて次第に論理的に整備され，洗練されて行く過程を見る思いがする。

第 4 節　神は矛盾をなしうるか

周知のようにデカルトの自然学に「空虚」（真空）は存在しえない。空虚とは文字通りなにもないことであり，空間があるかぎりそこには延長があり微細物質があるからである。それを批判してアルノーは言っている。

> あなたは空虚が自然のうちにけっして存在しないだけでなく，存在しえないと断言していますが，これは神の全能に反すると思われます[51]。

アルノーはパスカルの真空論を熟知していたはずである。だが彼の問題意識は自然学自体にはない。デカルトの「空虚」が神学に抵触すると

---

47)　「神が理性的精神をつくり，…それをある仕方でこの身体に結合した」（『序説』AT. VI, 46)。
48)　hypothèse de la concomitance. 実体が相互に一致するという仮説。精神と身体とは相互に作用するよう神によってあらかじめ設定されているとする。ライプニッツは，デカルトの「印象説」は問題が多く，「デカルトもおそらく機会原因説よりも併起説に賛成するのではないか」（ライプニッツからアルノー宛 1686 年 11 月 21 日 /31 日 GP. II, 70) としている。
49)　アルノーからライプニッツ宛 1686 年 9 月 28 日 GP. II, 64-65.
50)　ライプニッツからアルノー宛 1687 年 4 月 30 日 GP. II, 92.
51)　アルノーからデカルト宛 1648 年 6 月 3 日 AT. V, 190；『全書簡集』VIII, 48.

いうことを問題としている。すなわち，もし空虚がありえないとするなら，聖書にあるように神が酒樽のブドウ酒を空っぽにしたということが言えなくなり，神は物体を無に帰することができないことになるからである。

これに対してデカルトは答える。自分が言っている空虚とはそういう意味ではない。空虚とはいかなる特性もない純粋な無であり，無であるとは「ない」ということである。しかし神の能力は無限であるので，

> 神にも何かなしえないことがあると言うべきであるとは，私はけっして思いませんし，…神には，谷のない山を存在させたり，1 + 2 が 3 にならないようにすることができなかったと言うつもりもありません。ただ，神は［そうした矛盾を］私が理解できないような精神を私に与えたと私は言っているのです[52]。

つまり，神は矛盾をなしうるのであり，「空虚な空間」も矛盾の一つであることになる。これは永遠真理創造説（以下，創造説）の問題につながるであろう。一連のメルセンヌ宛書簡から明らかなように，数学的真理は他の被造物と同じく神によって確立され，神に全面的に依存している。その神は被造物の全体的原因であり，本質の作者であるので，神にとって「中心から円周へと引かれたすべての直線が等しい」を真でないようにすることも自由であった[53]。デカルトの特異な点は，神の全能の前に神に不可能なことはなく，神はわれわれには矛盾であることもできる，とすることである。その理由は，神は無限であってその力は広大無辺であり，有限なる人知の及ばないことをなすことも神には可能だからというものである。要するに，神にできないことがあってはならないのである[54]。

アルノーは空虚については依然として疑問を呈したままであり，神が

---

52) アルノー宛 1648 年 7 月 29 日 AT. V, 223-224：『全書簡集』VIII, 79.

53) メルセンヌ宛 1630 年 4 月 15 日，同 5 月 27/6 月 31 日 AT. I, 145, 152：『全書簡集』I, 135, 141-142. 永遠真理創造説については本書第一章 7 項（pp.13-14）でも p.191 でも述べた。

54) 本書 pp.52-53 を参照。拙著『デカルト哲学の根本問題』pp. 29-58.

矛盾をなしうるか否かについても明確に意見を述べた文献は見当たらない。創造説については沈黙を守っているのである。ただ『精査』のはじめに、それと関係していると思われる文章がある。

> 神が自分自身について、あるいはその全能の驚くべき結果について、われわれに示そうとしたすべてのことは、われわれの信念の第一の位置を占めるべきである。われわれの精神は有限であるので、無限な能力を持つものがなしうるすべてのことを理解できないのは、なんら不思議なことではない[55]。

この主張は、有限な人間精神は全能の無限者である神の行いをそもそも理解しえないということであり、たしかに創造説の趣旨に合致していると読める。だが、これは有限者と無限者との違いを一般論的に言ったのみであり、とくに創造説に関しているわけではない。創造説のいわば外堀を埋めたのみで、これだけでアルノーが創造説を支持していたことの証拠にはならない。確たる資料がない以上、アルノーがこの説を採用していたかどうかを確定するのは難しい問題だと思われる[56]。

以下はわれわれの推測であるが、アルノーが意見を明確にしなかったのは、創造説に賛成しないという意思表明ともとれるであろう。彼の思想の背景にはアウグスティヌス主義とトマス主義があった。とくにトマスによれば、神にも「絶対的不可能」(impossibilia absolute)[57]というものがある。たとえば、論理的な矛盾はそもそも可能的なものとしてもありえず、存在する資格がない。それゆえ神もそれを創造することは不可能であった。これに対してデカルトは、神は自由であるので矛盾をもなしうるが、ただ人間の頭ではそれを理解できないだけである、とした。

---

55) 『精査』*OA*, 38. p. 90. この文章の存在については、E. Stencil, «Antoine Arnauld», in *Internet Encyclopedia of Philosophy*. p. 27 より教えられた。

56) この問題については、かつてはグイエが、現代ではカローなど多くの人が論じており、おおむね否定的である (H. Gouhier, *Cartésianisme et augustinisme au XVIIᵉ siècle*, 1978, pp. 156- 158 ; V. Carraud, «Arnauld: A Cartesian Theologian? Omnipotence, Freedom of Indifference, and the Creation of the Eternal Truths », in E. Kremer ed., *Interpreting Arnauld*, 1996, pp. 91-110. =後者については筆者未見)。

57) Thomas Aquinas, *Summa Theologiae*, I, Q. 19, a. 10.

そして，盟友のアルノーならばおそらくそれを分かってくれると思い，谷なき山や $1 + 2 \neq 3$ といった過激な例を出したのかもしれない（メラン宛書簡にも，神は幾何学の真理や論理学の公理を真でないようにできるというラディカルな例が挙げられている[58]）。しかし，カトリックの正統に立つアルノーは，おそらくそれを理解せず，賛成もできなかったであろう。アルノーにおいては「神が矛盾をなしうる」とはそれこそ矛盾であり，とうてい考えられなかったかと思われる。

---

[58] 1644年5月2日メラン宛書簡 AT. IV, 118；『全書簡集』VI, 156.

第十章

ヘンリー・モア

　デカルトのテキストには，しばしば英国人の名が登場する。彼はフランシス・ベーコン（ヴェルラミウス）の実験や方法について数回，好意的に語っている。ウィリアム・ハーヴィの『心臓の運動について』（*De motu cordis*, 1628）を称えて何度も引用し，ハーヴィもデカルトの心臓論に言及している。またエドワード・ハーバート・オブ・チャーベリーの『真理について』（*De veritate*, 1633, 仏訳 1639）を読んで感想を述べている。トマス・ホッブズが『省察』への「第三反論」（*Objectiones Tertiae*, 1641）を書いたことはよく知られている。その他，ケネルム・ディグビー，トマス・ホワイト（ヴィトゥスやアルバヌスという名で登場），キャヴェンディッシュ兄弟（兄のウィリアムはニューカッスル侯，弟のチャールズは数学・自然学者），トマス・ハリオット（数学者・天文学者），サミュエル・ハートリブ（ドイツ生まれの教育思想家）などの名が挙げられる。そのなかでもヘンリー・モアはデカルトと潤沢な往復書簡を交わした人として知られる。

　デカルトは英語を解さなかったが，彼にとってヨーロッパ諸国のうちで「イギリスはどの国よりも住みたい国」であり，その理由は「国王［チャールズ一世］がみずから進んでカトリックに帰依して」いたからだという[1]。デカルトがイギリスに行く機会は少なくとも二度あった。1630 年，彼は本気でイギリス旅行を計画し，出発の日取りまで予定していながら，なぜか順延し翻意した[2]。1640 年には上記チャールズ・

---

1) メルセンヌ宛 1640 年 4 月 1 日 AT. III, 50：『全書簡集』IV, 53.
2) 「五，六週間後にイギリスに渡る準備をしています」（メルセンヌ 1630 年 3 月 18 日

キャヴェンディッシュによる招聘計画があり,学問を好む国王チャールズ一世もそれに同意した。だが内乱が始まったためにデカルトは渡英を懸念し,結局オランダに留まることを選んだ[3]。そしてイギリスには「他人からの導きでなく個人的な楽しみとして行きたい」[4]とした。結局,デカルトは深い関心を示しながらも生涯イギリスに行くことはなかった。その後を知るわれわれから見れば,デカルトがロンドンで『方法序説』を準備したり,ヴォルテールのように『哲学書簡』(イギリス便り)を書くことは考えられない。やはりデカルトにはオランダが似合うように思われる。

17世紀,イギリスの側でもデカルト哲学に関心を抱く人は少なくなかった[5]。ホッブズは貴族(チャールズ・キャヴェンディッシュ)の随行員としてパリに滞在していた1641年,メルセンヌの要請でデカルトの『省察』を反駁した。同年,『屈折光学』や自然学に関して何通かの書簡を交わしてもいる。ディグビーは自然学も含めたデカルト哲学の称賛者であった。1638年頃からパリでデカルトと交際をはじめ,オランダで生活を共にしたこともある。王党派であったため,清教徒革命期には一時フランスに亡命した(そのような知識人が少なからずパリにいた)。彼はその後も英仏間を行き来してデカルトと交わった。パリで『二論文』(*Two Treatises*, 1644)[6]を出したが,デカルトは英書を読めなかった。以下に述べるように,モアはデカルトの著作から大きな影響を受け1648-

---

AT. I, 130;『全書簡集』I, 123)。これは外国で研究生活することを希望していたデカルトが,イギリスに定住できる可能性を探る旅であったかと思われる。バイエは,メルセンヌ宛の手紙(1640年4月1日 AT. III, 46;『全書簡集』IV, 49)のなかにロンドンへの言及があることから,デカルトは1631年にイギリスに行ったのではないかとしているが(Baillet, I, 229-230),今日ではこれは支持されない。

3) Baillet, II, 67-68. なお AT. III, 89-90 は招聘者をキャヴェンディッシュでなくディグビー(K. D'Igby)としている。

4) 同1640年6月11日 AT. III, 87-88;『全書簡集』IV, 82.

5) デカルトのイギリス哲学への影響を網羅した全集(R. Ariew & D. Garber ed., *Descartes in Seventeeth-Century England*, 10 vols, 2002)が出ているほどである。イギリスにはいくつかのデカルト関連の一次資料が残されている。大英博物館には,チャールズ・キャヴェンディッシュの伝えるヘーストレヒト著『幾何学入門』の写本がある。最近ケンブリッジ大学でデカルトの『精神指導の規則』の新たな写本が発見されたばかりである。

6) *Two Treatises : in the one of which, the nature of bodies, in the other, the nature of man's soule, is looked into*, Paris, 1644.

49年デカルトと濃密な書簡のやり取りをした。他方，若い頃のロックは医学の勉強の傍らデカルトやガッサンディを好んで読み[7]，後には療養のため南仏モンペリエに滞在し，パリでは学者と交わった。18世紀では，若いヒュームが単身ラフレーシュに滞在して『人間本性論』を書いたことはよく知られている。要するにデカルトの受容ということに関して言えば，彼に接した多くの英人のうちで本格的に論争したのはホッブズとモアである。やや時代が下って，ロックとヒュームはその哲学をしっかりと踏まえ，批判的ではあるが大きく受けとめた。ニュートンも『音楽提要』や『哲学原理』を熟読したことが知られている。

　以上はほんの一例にすぎないが，仏・英の間にはこのように学者の密接な交流があり，問題意識の共有があり，思想の親近性がある。だが哲学として歴然と違うところ，根本的になにか異質なところもある。それを，ラテン系とアングロ・サクソン系の違いとか，大陸合理論とイギリス経験論との違いと言えば大雑把にすぎるだろう。この図式に外れる例があまりにも多いからである。だが不思議と当たっているようにも思われる。われわれは以下に，その違いをデカルトとモアにおいても見ることになろう。

第1節　モアとデカルト

　ヘンリー・モア（Henry More, 1614-1687）は中部イングラド，ノッティンガムの東，グランサム（Grantham）の上流家庭に生まれた。フランスのアルノーやクレルスリエと同世代である。イートン校を経てケンブリッジ大学のクライスツ・カレッジに学び，卒業後はそこでフェロー（研究員）として教えた。盟友ラルフ・カドワースは同僚であった。グローチェスター大聖堂の僧職も兼ねた。モアはその生涯を大学人として静謐のうちに過ごした神学者・哲学者・詩人であった。学生時代から

---

7)　ロックの晩年をよく知るマサム夫人によれば，彼は「哲学研究の面白さを最初に教えてくれたのはデカルトの書物（複数）だった」と語ったという（N. Jolley, «The reception of Descartes' philosophy», in J. Cottinghamn ed., *The Cambridge Companion to Descartes*, 1992, p. 416）。

いわゆるケンブリッジ・プラトニズム[8]に与し，宗教的に非寛容なカルヴィニズム（父親がそうであった）にも，道徳的に相対主義的なホッブズ（オックスフォード出身）にも反対であった。

　では，ケンブリッジの一学徒がなぜフランスの哲学者に大きな関心を寄せ，接触を求めるようになったか。オランダのレギウスがそうであったように，新思想であるデカルト哲学に多くの点で傾倒していたからである。具体的には，精神主義（スピリチュアリスム），神の観念の生得性，スコラ的形相の否定，天体物質の渦動，エピクロス的な原子論への反対，などの主題が彼には貴重であり[9]，モアの思想を強力に支援してくれるものと見えたのである。一般的に言えば，彼の思想の根本にはプラトニズムによってキリスト教思想を強固にしたいということがあった（同じことをアルノーはデカルト主義でやろうとした）。すなわち，物質主義やエピクロス主義は採らず，神の存在と，精神の非物質性（二元論）を主張するのが基本理念であった。この点で，デカルトが神と精神を認める一方で，物質世界を機械論によって整合的に説明したことに，モアは強く賛同した（同じことをマルブランシュも感じていた）。ただ同じ二元論でも，デカルトと違って，彼には精神も神も物質的世界に延長しているという発想があった。これは往復書簡のなかでも展開されていることだが，「精神」の扱いや「延長」の定義がまったく異なるのである。デカルトには最初からその違いが分かっていたが，熱血漢の青年モアには（レギウスがそうであったように）当初それがよく見えなかった。あるいは見えていながら敢えてデカルトに自分の考えをぶっつけてみた，ということだろうか。丁重に書き始められた彼の最初の書簡においてさえも，（デカルトの説が）詭弁である，論理に外れている，悲惨で凶悪な見解である，などの歯に衣着せぬことばがすでに出て来ていることは，両者の差異性を象徴するものであろう。後にモアは次第にデカルトに批判的になり[10]，

---

8) 西村正秀「ケンブリッジ・プラトン主義」（『哲学の歴史』5, 中央公論新社 2007 所収）pp. 511-514 を参照。

9) G. Lewis, *Descartes Correspondance avec Arnauld et Morus*, 1953, pp. 7-8.

10) 著作年代で言えば, *A Collection of Several Philosophical Writings*, 1662 の序文にはデカルト称賛がまだ見られるが，機械論的な原理で自然の事実を説明することにデカルトは失敗しているとしている。*Divine Dialogues*, 1668 および *Enchiridion Metaphysicum*, 1671 では明らかに批判的になっており，デカルトが物質と空間とを同一視したことなどは間違いで

世界を機械論的に説明するだけでは無神論になると考えた。バイエは後にモアが変節して『省察』を攻撃したことを批判しているが[11]，その違いは最初から存在していたと思われる。

1640年代の時点で，モアは『序説』[12]や『省察』をすでに自家薬籠中にしていたと思われるが，『原理』の機械論的哲学にはとくに深い感銘を受けたようである。著書 Democritus Platonissans（1646）でも『原理』を引用している。そしてその時の印象を友人ハートリブ宛てて書いている。

> デカルトに較べれば，これまで自然哲学でなにかを試みた人たちはみな取るに足らぬ不器用者にすぎない[13]。

そしてモアみずからケンブリッジでデカルト哲学を講義した。後のことであるが，彼はキリスト教世界のすべての公立学校や大学でデカルトを読むことを薦め，哲学を研究する学生が，物質の機械的な力がどの範囲まで及ぶか，どこが欠けているかを徹底的に検証することを薦めている[14]。この点で彼はイギリスにおける最初のカルテジアンであり，デカルト主義の種を蒔いた人と言えよう。モアは1648年頃からデカルト本人に接触を求めるようになったと思われる。バイエは「彼の情熱と尊敬とはほとんど偶像崇拝の域に達していた」[15]と評している。レギウスの場合もそうであったが，デカルトにはなにか若者を熱狂させるものがあったのだろう。モアはこれまでフランスに行ったことがないし，むろ

あって，宇宙は霊的な力に満ちているとモアは考えている（F. MacKinnon ed., *Philosophical Writings of Henry More*, 1925, p. 249）。

11) A. Baillet, *Vie de Monsieur Descartes*, Paris, 1692, Réédition, 1946, p. 249（井沢義雄・井上庄七訳『デカルト伝』p. 239）。対レギウスの場合と同じ評価である。

12) 『序説』は1649年に最初の英訳が出ている。訳者は匿名だがモアである可能性もある。その序文はプラトン風のデカルトになっているという（J. Henry, «Henry More», in *Stanford Encyclopedia of Philosophy*, 2016, p. 8）。

13) 1648年12月11日ハートリブ宛書簡（J. Henry, *op. cit.*, p. 7）。

14) *The Immortality of the Soul*, 1659 序文（F. MacKinnon ed, *op. cit.*, p. 249）。

15) A. Baillet, *op. cit.*, p. 249（同『デカルト伝』p. 238）。この記述は1691年版にはない。実際モアはデカルトへの最初の書簡1)で「あなたの哲学のあの麗しい総体と本質に私は本当に気が狂うほど恋をしています（depereo）」と書いている（AT. V, 238, l. 11；『全書簡集』VIII, 94）。

んデカルトに会ったことはない。ハートリブの薦めで 1648 年 12 月デカルトに長文の質問状を出した。デカルトもそれに答えるに吝かではなかった。これが往復書簡のはじまりである。その実質的な期間は 1648 〜 1649 年の 9 ヵ月，全部で 6 通（8 通）ある。

(1) モアからデカルト宛 1648 年 12 月 11 日 AT. V, 235-250；『全書簡集』VIII, 92-103.
(2) デカルトからモア宛 1649 年 2 月 5 日 AT. V, 267-279；『全書簡集』VIII, 114-125.
(3) モアからデカルト宛 1649 年 3 月 5 日 AT. V, 298-317；『全書簡集』VIII, 141-160.
(4) デカルトからモア宛 1649 年 4 月 15 日 AT. V, 340-348；『全書簡集』VIII, 180-188.
(5) モアからデカルト宛 1649 年 7 月 23 日 AT. V, 376-390；『全書簡集』VIII, 212-230.
(6) デカルトからモア宛 1649 年 8 月 AT. V, 401-405；『全書簡集』VIII, 240-243.
(7) モアからデカルト宛 1649 年 10 月 21 日 AT. V, 434-444；『全書簡集』VIII, 267-280.
(8) モアからクレルスリエ宛 1655 年 7 月または 8 月 AT. V, 642-647；『全書簡集』VIII, 319-324.

　(5) の後半部分（AT. V, 384-390）および (7)，(8) にはそれに対応するデカルトの答弁がないので，「往復書簡」のテキストとして採用されないのが通常である。AT 版はそれらを参考資料として小文字で載せている。(6) は未完成であり，デカルトの死後 1655 年に『書簡集』を編集していたクレルスリエからモアに送られた。彼はそれに対して (8) を書いた。クレルスリエはモアの 4 書簡 (1)，(3)，(5)，(7) が手元にはなかったので本人に提供を求めた。モアはそれを見直し，修正した上でクレルスリエに送った[16]。リアルタイムのものでなく，後から手が

---
16) AT. V, 246-250.

入っているのである。(1), (2), (3), (7) の写本はシュフィールド大学ハートリブ文書にある。

これらは時期的にアルノーとの往復書簡に重なっている。デカルトは最後のフランス旅行を終え，エフモント・ビンネンにあってスウェーデンに移住する準備で多忙を極めていた頃である。モアの書簡が対象としている著作は『序説』，『屈折光学』，『気象学』，『原理』である。とくに『原理』に関するものが多い。『省察』そのものは問題になっていないが，「蜜蠟の比喩」が出て来るなど議論の下地になっている。主題は多岐にわたっているが，形而上学よりも自然学に関する話題が多い。繰り返し議論されている主要問題は，物体と延長の定義，空虚はありえないか，物体は無限分割できるか，世界は無際限な延長か，動物は思考をもたないか，心身の相互作用をどう説明するか，である。その他，世界は有限か，運動の相対性，地球の自転，粒子と粒子の溝，物質の永遠性，運動と静止，運動の移動などである。モアの議論は彼自身も言うように冗長かつ煩瑣であり，話題が拡散しすぎている感がある。なぜかデカルトの「弟子であるエリザベト王女」にまで触れている。ただその基本的な特徴は明確であり，精神（思考）・物体（延長）という二元論を，デカルトのように厳しく規定せず，緩やかな意味にとる点にあると思われる。

後日談だが1649年，モアは書簡のやりとりを終え，初めてパリを訪問した。そしてリュクサンブール公園で，デカルトの新刊『情念論』を同行の弟子エドワード・コンウェイと読んだという[17]。モアはそれに全面的には同意できなかったが，パリの空気を吸い，デカルトの著書に触れ，弟子にそれを教えることができて満足だったかもしれない。1650年4月，モアはデカルトの死を嘆くと同時に，もはや自分の質問への

---

17) *The Immortality of the Soul*, 1659. コンウェイへの献辞（A. Bitbol-Hespériès, «Le dualisme dans la correspondance entre Henry More et Descartes », in J.-L. Vieillard-Baron éd., *Le dualisme de l'âme et du corps*, 1991, p. 142）。デカルトもモアも『情念論』に言及しているので（AT. V, 344, 379），おそらくそれはモアにも贈られたと思われる。モアはこの書に触発されて上記の霊魂不死論を書いた。ライプニッツはそれについてメモを残している（G. Grua éd., *G. W. Leibniz:Textes inédits*, tome. II, pp. 509-511）。ちなみにモアとコンウェイ家とは因縁浅からぬものがあり，アン・コンウェイはモアに学んで哲学・神学を研究した女性として知られている。

返答を得ることが出来ず，デカルトの哲学の計画が永遠に未完成にとどまることを嘆いた。そしてその完成に向けて「自分自身でデカルトの役割を演じることができる」とした[18]。この時点ではモアは忠実なカルテジアンであった。

以下，書簡に展開された豊富な話題のうちから，延長の定義，動物の思考，心身の関係，の三点を選んで少し詳しく見て行こう。

第2節　延長の定義

デカルトにおいて，精神と物体の本質はそれぞれ思考と延長とであり，両者は異なった実体として峻別されるべきものであった。この二元論的な図式にモアは一貫して疑問を提出する（その概要については第三章68項（本書pp.79-80）でも述べた）。

まず問題となるのが「延長」の定義である。モアは延長を広く解し，物体のみならず神もまた延長していると主張する。

> 私には，神がそれ自身の仕方で延長していることは明らかであるように思われます。なぜなら神は遍在していて，世界の機構全体あるいはその個々の部分を深く占有しているのですから。…それゆえ神は延長するものであることになります[19]。

モアによれば，延長するものは「物体」よりも広い概念である。神はもとより物質（デカルトのいう粒子）ではない。だが，神が物体に運動を与えることができるためには，神もある意味で拡がりをもつとしなければならない。すなわち，神はいたる所で（「遍在して」）物体に侵入し，物体に浸透できる。「神はいたる所で全体であり，神の完全な本質

---

18)　モアからハートリブ宛1650年4月2日。A. Gabbey, « «Playing the Descartes myself» : Reflections on the Unfinished Descartes-More Correspondence », in J.-R. Armogathe, G. Belgioioso & C. Vinti ed., *La Biografia intellettuale di René Descartes attraverso la Correspondance*, 1998, p. 317による。

19)　モアからデカルト宛1648年12月11日 AT. V, 138-239：『全書簡集』VIII, 94-95.

は,すべての場所ないし空間に,そして空間のあらゆる点に現前している」[20]。その意味で(「それなりの仕方で」),神は延長するものでなければならない。同様に天使も精神も延長をもつ。「精神と守護霊は物体的であり,…身体に起因する感覚を有する」[21]。それゆえ延長を物体に限ることはできない。したがって,物体の本質はそのような狭い意味での延長にあるのではない。物体はつねに形をもち感覚可能であるはずであるので,物体＝延長とする蜜蠟の比喩は詭弁である。むしろ,アリストテレス主義のように接触可能性,不可入性とした方がよい。また,空間があるかぎり延長(物体)があるという発想から,空虚な空間なるものは存在しないとはけっして言えない。延長しているものは物体だけではなく,神的な延長というものが介在するから,と考える。モアは,デカルト的な「空虚の否定」および「空間＝物質」という考え方にも一貫して反対している。この問題は歴史的にも重要であり,モアといえば非物質的な空間の無限性を言い,近代的な「絶対空間」を示唆した人として評価されるほどで,多くの研究がある[22]。しかし本章の主題は精神であるのでここでは扱わない。

以上の疑問に対してデカルトは答える。

> 神がいたる所に存在するということから,神は何らかの仕方で延長するものであると誰かが言うのであれば,私はそれでも結構です。しかし,すべての人によって広く思い描かれているような真の延長を,神や天使やわれわれの精神などの実体(要するに何らかの非物体的な実体)のうちに想定することを私は否定します[23]。

すなわちデカルトによれば,神の遍在(神が世界に行き渡っている)という意味での延長は認めてもよい。「神は力能(potentia)という点では延長している。それが延長する事物のうちに拡がるためには,神の本質

---

20) 同 1649 年 3 月 5 日 AT. V, 305:『全書簡集』VIII, 148.
21) 同 1649 年 7 月 23 日 AT. V, 377:『全書簡集』VIII, 213.
22) A. コイレ『閉じた世界から無限宇宙へ』第 VI 章(横山雅彦訳,みすず書房 1973):福居純「デカルトにおける「実体の表現」の問題」(『一橋論叢』第 85 巻第 3 号 1981, pp. 1-35)。
23) モア宛 1649 年 2 月 5 日 AT. V, 269-270:『全書簡集』VIII, 116.

がいたるところに現前しなければならないからである。しかし，それが延長する事物の様態で…いたるところに存在することはない」[24]。というのも「真の延長」[25]は，大きさや形をもち，同じ場所を同時に占めることができないものであり，その本質からして非物体的なもののうちにはありえないからである。また，不可入性，感覚可能性などは物体に本質的な規定でなく，延長こそが本質であるとすべきである。この点は根本的なことであって，これが反駁されてもそれ以外のことは成立するというものではない。「物質の延長に関することは，私の自然学のとりわけ重要で，最も確実な基礎の一つである」[26]。さらに空虚に関しては，「そこに物体が存在しない空間に神的な延長が満ちていると言うことに私は驚く」[27]とする。

　デカルトにおいて延長とは，分割可能である，場所を占める，大きさや形をもつ，など物体にのみ属する特性である。精神が延長をもつことはデカルトの定義からすればとうてい認められない。たとえば身体は部分に分割できても精神は分割できず，精神の大きさや形というものは概念の矛盾であって意味をなさない。デカルトが「神も精神も延長する」という命題を退けたのは当然である。モアはデカルトに大まかな点で賛同してはいても，細かい点では最初から噛み合っておらず，筋違いのことが少なくない。延長の定義に関してはデカルトの明晰さが光っていると思われる。モアはそれを認めながらも，別の延長がありうるとするのであるが，神や精神がどのようにして物体に浸透するかについては何も説明されない。論理よりも詩的情緒で世界を見ていると思われる。デカルトはその点を突いて言っている。

---

24) 同 1649 年 8 月 AT. V, 403：『全書簡集』VIII, 241.

25) モアはなおも食いさがり，デカルトの言う「真の延長」は認めるが，別の意味での真の延長があり，天使や人間精神において延長はその境界として形をもつとする（デカルトからモア宛 1649 年 3 月 5 日 AT. V, 301：『全書簡集』VIII, 143-144）。しかしデカルトは言う，「神・天使・人間精神において私が理解しているのは力能の延長であって，いかなる実体の延長でもない」（モア宛 1649 年 4 月 15 日 AT. V, 342：『全書簡集』VIII, 181）。これに対してモアは，神の力能がいたる所にあるなら神がいたる所にあることになる，とさらに反論している（モアからデカルト宛 1649 年 7 月 23 日 AT. V, 379：『全書簡集』VIII, 215）。「延長」の定義が両者で異なっていることは明らかである。

26) モア宛 1649 年 2 月 5 日 AT. V, 275：『全書簡集』VIII, 121.

27) 同 1649 年 2 月 5 日 AT. V, 272：『全書簡集』VIII, 118.

いかなる積極的な理由もなく，単にそうであって欲しいというだけのことに過ぎない何かを真であるとみなすことにもまして，われわれに真理の発見を拒むものはありません。それはちょうど，あなたの言う物体的な天使や神的本質の影（umbra divinae essentiae）などがそうであるように，われわれが何かを虚構ないし想像し，しかる後にそれがわれわれの気に入るという場合のことです[28]。

「神的本質の影」という言い方はモアにはないが，モアが「神的本質」の内に延長している神の力能があって，それがある実在的な様態において物質と一体化している[29]，と言ったことを指していると思われる。これはデカルトにおいては概念の誤用であり「虚構」にすぎない。要するに，モアは精神と物体（身体）とをただ白と黒に峻別するのではなく，その中間の灰色ゾーンを保存し，神も精神も，ある意味で延長するものと解するのである。その灰色ゾーンを説明するものとして「神的本質の影」が導入されていると思われる。これは後の自然霊魂（the spirit of nature）に通じるものだろう。だが，モアはそのことを十分説明しないまま，曖昧な領域に足を踏み入れていることになる。

第3節　動物に思考はあるか

本書第Ⅰ部（18，69頁）および第Ⅱ部第七章でも述べたように，デカルトの動物−機械論を批判した人は多い。ポロ，アルノー，ガッサンディ，キャヴェンディッシュ（ニューカッスル侯）などであるが，モアもまたそれを徹底して，そして多くのページを費やして批判している。精神と物体（デカルトの場合は動物も物体である）をあまり厳格に区別しないという態度は，動物に思考はあるか否かという議論においても変わらない。その対象になっているのは『序説』第五部の最後の部分（AT. VI, 56-60）である。すなわち，人間と違って動物には思考はない。動物は機械と同じくことばを有意味に配列できず，また身体器官の配置に

---

28)　同 1649 年 8 月 AT. V, 405；『全書簡集』VIII, 243.
29)　モアからデカルト宛 1649 年 7 月 23 日 AT. V, 379；『全書簡集』VIII, 215.

よって動いているにすぎない，というものである．この考え方をモアは批判する．

> 『方法序説』においてあなたが語った…あの悲惨で凶悪な見解ほど違和感があるものはありません．…あなたはいわば一撃によって，ほとんどすべての動物の類から，それを大理石や機械に変えるために，大胆にも生命と感覚を奪い去ったのですから[30]．

「生命と感覚とを奪った」という表現には「無慈悲である」という憤りが込められている．上の引用に続いてモアは，デカルトの挙げた発話の例を批判している．オウムが人間の声を真似るのはオウムがそれを感覚によって聞き取っているからであり，またそれによって餌を乞うという意図がある．キツネやイヌにも自覚した行動が見られ，少なくとも感覚と記憶がある．（動物に思考を認め，その魂を不死としてもよいはずだが）動物を，魂や感覚をもたない機械であるとすることは「自然の現象にまったく合致しておらず，前代未聞である」[31]．

これは多くの人が考えていたことを代弁するものであろう．デカルトの友人であるポロやアルノーでさえも同じ考え方をしている．動物が思考するというのは「先入見」であるとデカルトは一貫して言うが，むしろそれが当時の常識的な通念であったであろう．モアにとって魂は生きものの生命原理であり，感覚の源泉である．デカルトの言うように，もし動物に魂がなく，動物は思考なしに機械的に動いているとするならば，本来動物である人間も基本的には同じことになり，これは無神論になりかねない恐れがある．それゆえ「凶悪な見解」であることになる．

しかしデカルトは，動物から生命や感覚を奪っているわけではない．

> 生命は心臓の熱のみによって成立すると私は判断していますので，いかなる動物にも生命は否定していません．また，身体器官に依存する限りにおいて，感覚も否定していません[32]．

---

30) モアからデカルト宛 1648 年 12 月 11 日 AT. V, 243：『全書簡集』VIII, 100.
31) モアからデカルト宛 1648 年 12 月 11 日 AT. V, 245：『全書簡集』VIII, 101.
32) モア宛 1649 年 2 月 5 日 AT. V, 278：『全書簡集』VIII, 124.

周知のように，アリストテレス＝スコラは生きものの生命原理を魂とし，魂が身体を動かしていると見た。これに対してデカルトは，生命原理は「心臓の熱」であり，「動物の魂とは血液［心臓で熱せられた動物精気］にほかならない」[33]としている。生命や魂は否定されるのではなく，機械論的・生理学的なものに還元されると言っているのである。感覚についてはやや複雑である。たとえば足の怪我を「痛み」として感知するのは知性（思考）であるので，厳密な意味では動物に痛みの感覚はない。しかし，痛いという感覚が，足という身体器官の損傷から触発されているかぎりは，感覚は動物においても決して否定されない。イヌも足の怪我を何らかの刺激として受けとめているはずである。

　デカルトはさらに言う。われわれのあらゆる活動がそこに由来する原理は二つある。機械的・物体的で，精気の力と四肢の構造にのみ依存する原理（これは物体的な魂 anima corporea と呼びうる）と，非物体的な魂（anima incorporea すなわち精神ないし思考実体）とである。動物の活動は，その自覚的行動を含めて前者に由来すると考えられるので，動物のうちに何らかの思考する魂があることはまったく不可能である。だからと言って思考がないことを証明できると考えているわけではない。なぜなら人間の精神は動物の心に入り込まないから[34]，と。つまりデカルトは，動物のあらゆる活動は，動物に思考する魂のあるなしを問わず，機械的な原理によって十分説明可能であると考えるのである。ここで，動物を動かしている「物体的な魂」（身体的な魂とも訳せる）という言い方は，おそらくこの箇所にしか出て来ない特徴的なものである。それは身体活動の原動力ということであり，たとえば動物精気が筋肉に入って四肢を動かすという場合を考えればよいだろう。ただそれだけでなく，動物精気は松果腺をも動かして情報を精神に直接伝える。その意味で精神と密接に関係するので「魂」と言ったのであろう。

　デカルトは結論として言っている。

33）プレンピウス宛 1637 年 10 月 3 日 AT. I, 414；『全書簡集』II, 7.
34）モア宛 1649 年 2 月 5 日 AT. V, 276；『全書簡集』VIII, 122. 「思考がないことを証明できない」という部分は，ライプニッツのアルノー宛書簡 1687 年 10 月 9 日で言及されている（GP. II, p. 117）。

> 動物が思考を欠いていることの最大の理由は，…どのような動物も真のことば（vera loquela）を用いる域にまで達したことはないことです．つまり，自然本性的な衝動ではなく，ただ思考にのみ関係することのできる何事かを，声やうなずきによって示すほどの完全性に達したことは，これまでただの一度も観察されたことがないのです．実際，このことばは身体［物体］のうちに隠れている思考の，特別で確実な証拠なのです．…したがって言葉を人間と動物の間の真なる種差としてもよいのです[35]．

　これは『序説』の「ことば」という要件を補完する重要なものであろう．真のことば，完璧な言語使用，身体のうちに隠れた思考の証拠[36]，真なる種差という言い方には，デカルトの意図が明瞭に現れており，新鮮な趣旨説明になっている．
　以上を要するに，動物の「思考」なるものはすべて身体機構に還元され，機械的に説明できる．だが，ことばの使用が象徴しているように，人間の思考は身体には還元されない．これがデカルトの結論である．しかしモアはこれにはまったく納得しない．「私は先入見の束縛からどうしても解放されない．…動物に魂がないということは…どのようにしても証明できない」[37]としている．議論は平行線をたどっている．問題は，動物に思考があるかどうかという場合，彼らが「思考」ということばで何を意味しているかであろう．先に「真の延長」の定義が問題になったように，思考，魂，ことばということで何を理解するかが問われている．モアの場合は，それらをデカルトのように二元論的に限定せず，広い意味に解していると思われる[38]．

　35）　モア宛 1649 年 2 月 5 日 AT. V, 278；『全書簡集』VIII, 124.
　36）　この言い方は，モア宛 1649 年 4 月 15 日 AT. V, 345；『全書簡集』VIII, 184 でも繰り返されている．
　37）　モアからデカルト宛 1649 年 3 月 5 日 AT. V, 309-310；『全書簡集』VIII, 152-153.
　38）　この議論の現代的な意味については，本書第七章を見ていただきたい．

第 4 節　心身の相互関係

　延長とはなにか，思考とはなにかを論じるとき，それらはどう関係しているかということが当然問題になるだろう。デカルト＝モアの往復書簡においても，わずかではあるが心身の相互関係についての議論が見出される。モアはデカルトの説明にやはり批判的である。書簡には出て来ないが，いわゆる「自然霊魂」（the spirit of nature）によって相互関係に光を当てようとするのが，モアの特徴的な方策である。

　モアは『哲学原理』の「脳に緊密に結合されている魂もしくは精神」[39]についていくつかの点を質問し，デカルトはそれに答えている。それらを対話（M&D）の形にして見て行こう。まず，精神が身体全体と合一しているのではないかという質問である。

> M.──私は，あなたの教えによって，松果腺（conarium）が感覚の共通の座であり，精神の「座」であることを認めています。しかし，精神は［脳だけでなく］身体全体に行き渡っているのではないかと思っています。精神は…諸粒子を持っていないのに，どのようにして（quomodo）これほどしっかりと身体に合一しているのでしょうか[40]。
>
> D.──私は感情についての論考の中でそれを説明するように努力しました[41]。

　モアはここでは「松果腺」をそのまま認めているが，彼の問題は，精神は松果腺に合一しているだけでなく身体全体に行き渡っているのではないか，そして非物体的な精神が身体といかにして結ばれているのか，ということである。『情念論』は 1649 年のこの時点ですでに出来上がっていた。そこでデカルトは，精神が身体全体に行き渡っていることを認

---

39)　『原理』IV, 189 項。
40)　モアからデカルト宛 1649 年 3 月 5 日 AT. V, 313；『全書簡集』VIII, 156.
41)　モア宛 1649 年 4 月 15 日 AT. V, 347；『全書簡集』VIII, 186.

めている。だが精神は，松果腺において「他のすべての身体部分におけるよりもいっそう直接的にその機能をはたらかせている」[42]としている。精神はただ煙のように身体に充満しているわけではなく，松果腺という局所を介して制御されているのである。それゆえ心身合一の仕方に関しては，松果腺と精神との相互影響関係として生理学的に説明される[43]。そのかぎりではモアも了解するであろう。ただ，なぜ身体の一器官である松果腺が，身体とは異質な精神と相互関係をもつのかは解明されていない。そのかぎりは，モアの出した問題は答を得ていない。

次の質問はすべてが物体的・機械的に説明されるのではなく，非物体的な実体を認めるべきではないか，ということである。

> M.——自然のうちには機械的な理由に還元できないことがあるのではないでしょうか。…われわれは自らの判断にしたがって動物精気を動かしたり止めたり，押し進めたり呼び戻したりできることを経験しています。それゆえ，世界のうちにある種の非物体的な実体（substantia incorporea）があり，それによって，物体そのものが相互に行っているように…何らかの物体のうちに，その物体のあらゆる，あるいは少なくとも大部分の状態（つまりその部分の運動や形や位置など）を刻印することができる，と認めるのは哲学者として不適当ではないでしょう[44]。
>
> D.——物質的なものの本性について，その機械的説明を容易に考えつくことができなかったものを，これまでのところ私は見出さなかったから，ということのみを付け加えておきます。神は物体的でないにもかかわらず物体を動かすことができると考えるのが，人間である哲学者として不適当なことではないように，神以外の非物体的な実体について，何かそれと同じようなことを考えることは不適当なことではありません。…神ないし天使が，物質を動かすことができる仕方を表象する観念としては，私が思考によって私の身体を動かしていることを意識できる仕方を私に示す観念

---

42) 『情念論』31 項。
43) 同 34 項「精神と身体とはどのように互いにはたらきかけ合うか」。
44) モアからデカルト宛 1649 年 3 月 5 日 AT. V, 314：『全書簡集』VIII, 157。

以外に，私の精神のうちには見出せません[45]。

　モアの問題提起の根本には，自然を説明するためには機械論では不十分であるということがある。精神が動物精気（身体）を制御している仕組みはどのようなものかという問いを出した後で，彼は，経験的事実として人間には機械論では規定されない自由意志があるとする。それゆえ，精気の動きや物体への影響関係を規定する非物体的な実体を認めてもよいのではないか，とする。ただ，モアのいう非物体的な実体には，心霊的なものが混入している。女占い師の精気が物質を自らに適合させる，非物体的なものの本質は物質の粒子に影響を与える，守護霊が人の目に見えるようになることがあるようにそれはすべての物質にいつか姿を現す，その実体には驚くべき力がありそれと結び付くだけで紐などなくても物体を縛る，などの言い方がそれを示している。

　デカルトは，物体に関しては機械論的説明で十分であるとするが，精神を「非物体的な実体」としてむろん認めている。そして，それがいかにして身体を動かすのかの仕組みを知るには，私は心身の合一を意識しているので，思考が身体を実際に動かしている仕方を反省してみればよい，とする。たとえば，猛獣などを見て人が恐怖の情念をもつと，それが精気を介して筋肉を動かして逃走を引き起こす，という『情念論』の例[46]を考えればよいだろう。われわれは，精神が身体を動かす力をもっていることを毎日経験しているので，心身合一についてそれ以上の説明は必要ない[47]，と考えるのがデカルトであった。

　しかし，精神も延長すると考えるモアは，デカルトの答えをとうてい了解しないであろう。数年後のモアはさらに一歩を進め，デカルトの二元論を意識的に放棄することになる。1652年，モアは『情念論』を踏まえたうえで，松果腺が動物精気を身体の各部分に配分するということを「帽子のかぶり方で風の向きを変えることができるのに劣らず，バカげており途方もないことだ」と批判している[48]。スピノザがこれを

---

45) モア宛1649年4月15日 AT. V, 347；『全書簡集』VIII, 186-187.
46) 『情念論』35-36節。本書 p.125 を参照。
47) 本書 pp.121-123 を参照。
48) *An Antidote against atheism*, 1652, I. XI, cité par A. Bitbol-Hespériès, «Le dualisme

「隠れた仮説」[49)]としたことが想起される。The Immortalitaty of the soul（1659）において初めて「自然霊魂」(the spirit of Nature) が登場する。これはプラトンに起源をもつ「宇宙霊魂」(anima mundi) の系列を引く思想である。ビトボル・エスペリエス[50)]によれば，それは非物体的な実体でありながら，延長しており，その役割は宇宙の全物質に浸透して，柔軟な力を行使することである。これは神の意志を媒介するもので，デカルトの機械論的説明を拒むために考え出された。心身の合一を説明するために，モアは精神のうちで柔軟な仕方ではたらく［機械的でない］「生きた適合」(vital congruity) を持ち出した。そしてデカルトの機械論は不十分であるだけでなく，無神論に導くので危険でもあると告発した。さらに Enchiridium metaphysicum（1671）では，デカルトは空虚な空間や精神的な延長を否定したので，精神も神も，この世界のどこにもないことになり，デカルトは「どこにもない主義者」(nullibiste) である，としている。

　松果腺について言えば，それが身体レベルで動物精気と身体各部分を結んでいることは機械論的説明としては十分だろう。それゆえ帽子の例はまったく当たっていない。問題は，身体器官である松果腺と精神とがなぜ，どのように結ばれるのかということである。スピノザはその点を言っていると思われる（むろんデカルトもそれを仮説と心得ている）。自然霊魂については，それが心身を結ぶとするのは問題を曖昧にするだけであろう。その概念は，モアにおいて必ずしも十分に彫琢されたものではないようである。たとえば宇宙に浸透する，神の意志を媒介する，生きた適合などは詳しく説明されず，自然霊魂がなぜ，どのようにして心身を結ぶかも具体的に示されていないからである。自然霊魂は，すでに述べたように「神的本質の影」と同じく虚構であり想像にすぎないとデカルトは批判するだろう。この思想は，新プラトン主義やモアが熱心であったカバラ（ヘブライ神秘思想）にその根があると思われる。当時の

---

dans la correspondance entre Henry More et Descartes », in J.-L. Vieillard-Baron éd., Le dualisme de l'âme et du corps, 1991, p. 156.

　49)　『エティカ』第五部序文．
　50)　以下の解釈は A. Bitbol-Hespériès, op. cit., p. 148 による．

自然哲学者ボイルやフックはそれに批判的であったと言われるが[51]，それはデカルト主義ともまったく相容れないものである。

　モアの立場からすれば，デカルトのような狭い意味の二元論を採用する限り，非物体的な実体（精神）が物体を動かすということは矛盾であり，どこまでも問題になるはずであった。かつてエリザベトは「精神がいかにして物体を動かすことができるのかを私は理解できない。非物質的なものに物体を動かしたり動かされたりする能力を求めるよりも，むしろ精神に物質や延長を求めた方が分かりやすい」[52]と告白したが，これにはモアも賛成であろう。心身を有機的関係と捉えて「精神は身体の様態である」[53]としたレギウスも，同根であるかもしれない。ただデカルトの二元論の本質を捉えていたアルノーは，精神＝延長という方向を拒否し，一時的に機会原因論を導入した。

　結局，心身の相互関係の問題は，モアにおいて十分受け止められたとはいえない。自然霊魂などは，モアが異次元の世界に足を踏み入れていることを象徴していると思われる。アルノーの場合とは異なり，モアはデカルト主義のなかでデカルトを理解しようとはしないのである。同じ英人ホッブズのデカルト批判が的外れであるなら，モアの批判もまた異質なものであり，的を外していると言うべきであろう。バイエがモアをあまり評価していないのもある程度首肯できる。

　しかし逆に言えば，モアのような考え方（それはカンパネラなどのルネサンス自然哲学の系列に属する）が，当時の思想の一つとして普通に存在していたということである。実際，物体＝延長というデカルトの定義に反対して，次世代のマルブランシュも「叡智的延長」を考え，ライプニッツも物体の本性を延長ではなく力に求めることになる。当時の世界標準からすればデカルトは二元論を狭く厳格にとりすぎており，それゆえ心身問題などが生じて来ることになろうか。デカルトはその標準を越えた特異な例であった可能性がある。

51）　J. Henry, «Henry More», in *Stanford Encyclopedia of Philosophy*, 2016, p. 13.
52）　1643 年 6 月 10/20 日 , AT. III, 684-685：『全書簡集』V, 289.
53）　本書 p. 198.

あ と が き

　数年前『デカルト全書簡集』（全8巻，知泉書館 2012-2016）を訳し終えたとき，友人の一人が，ここから新しいデカルト解釈が出て来る余地があるのではないかと言ってくれた。だれがそれをやるか。「自分が蒔いたものは自分で刈り取らねばならない」（「ガラテヤ書」6.7）と言われるように，その責務を負うべきは，まずは往復書簡を訳そうと言い出した本人であろう。そこで自分自身でこのような書物を準備した次第である。その途上で何度も気づいたことだが，デカルトの泉は汲めども尽きず，400年たってもまだ涸れていないと思われる。本書は若い世代による新しい研究への呼び水のつもりである。

　「はじめに」でも述べたように，この書には三つの意図がある。「往復書簡」にはどんな興味深いことが書いてあるのかを点描すること，心身関係に係る諸問題を書簡のうちから集約的にとり出して論じ直すこと，蘭・仏・英の三人の哲学者との往復書簡を掘り下げて検討し，デカルトとの違いを際立たせること，である。そこから分かったことは，精神とはなにか，精神をどう解するかが，デカルトにおいて依然として問題であるということである。レギウス，アルノー，モアの三人も，精神ということばでそれぞれ違うことを考えている。人それぞれの考えがあってよいわけだが，デカルトの考えは当時のグローバル・スタンダードとはかなり異なっていたように思われる。そこに彼の特異性ないし独自性が見出されるであろう。

　筆者が「精神」にこだわる理由は学生時代の「原体験」があるからである。哲学を勉強しはじめた頃，大学の授業に出ても本を読んでも，精神，魂，理性，こころ，ということばがいつも出てくる。『デ・アニマ』，『純粋理性批判』，『精神現象学』という有名な本もある。どうやらこれらが西洋哲学を解くキーワードらしいと思った。だが，それらのことばはあたかも暗黙の了解事項であるかのような印象があった。素人目に

は，ろくに定義されることもなく独善的に使われていると思われた。機械工学出身のヴィトゲンシュタインがアウグスティヌスを読んで最初は嫌悪を感じたというのも，なるほどと思った。そして，精神なんて一体あるのだろうかと反発を覚え，精神を否定する物質主義や機械論の方が余程さっぱりしていると感じた。しかし，東洋には「気」や「こころ」に重きを置く思想が伝統的にあり，精神を簡単に切り捨てたくはなかった。むしろ，西洋で精神と言われてきたものを理解したいと思った。後で分かったことだが，精神や魂については，西洋ではソクラテス以来の連綿とした豊潤な伝統がある。その流れを知らない者は，いきなり「精神」と言われても了解できるわけがない。ちょうど『源氏物語』をよく知らない人（筆者がそうである）がその中間の第27帖「篝火」あたりを開いても，状況がわからず戸惑うようなものである。

　しかし，精神に関する西洋哲学を一通り勉強してきたつもりの筆者には，それでも精神や魂をどう考えればよいのかという疑問は依然として残っている。デカルトの場合，精神ということで何を理解していたのか，精神＝思考実体と定義されるがそれはどういうことか，精神は身体とは別のものか，などよく分からない点がある。これは現代の「こころの哲学」とも関連するが，デカルトにおいて「精神」は単に認知科学の問題ではなく，キリスト教思想や形而上学などの大きな存在論の下で論が展開しているように感じる。

　本書を書き終えた今，ぼんやりと考えていることがある。それは，生物としての人間は，食物を摂取し，繁殖を繰り返し，個体としては死んでいくが，そういう営み全体のなかで精神をどう考えればよいのか，ということである。つまり，精神や魂といわれているものはその営為のほんの一部であり，たとえば食物を獲得することに較べれば重要性が圧倒的に低いのではなかろうか。精神などよりも，人間がこの世にあってひたすら「生物」を無事に生きぬくことが最重要の課題ではないか。精神なるものはその上での話ではないか，ということである。たしかに人間も生物であるかぎりではそうであろう。衣食足りて礼節を知るとも言われる。

　だが衣食足りずとも，人が人として生きる上で精神はきわめて重要であり，精神を欠けば人が人でなくなるのではないか。これは人の品性に

あとがき

かかわる問題であろう。現代においても，一度デカルトのような「精神」のとらえ方をしてみることで，人は自分の生き方をあらためて見直すことができるのではないか。すなわち，ものごとを疑うなかで精神をいったん物体的世界や日常の感覚から切り離し，精神だけでものの本質（たとえば自分とは何であるか）を考えてみる。自らの精神を使って自由に生きようとする。そして，最終的に精神の満足こそを最高善とみなす，と考えてみるのである（いま筆者の念頭には池畔での質素な独居生活を記した H. D. ソローの『ウォールデン　森の生活』がある）。これは時代に逆行するように見えなくもなく，デカルトの議論の細部には難しい問題があることも否定できない。しかし，現代人が人としてこの世界を生きようとする際に，デカルト風の「精神」は重要な指針を与えてくれるのではなかろうか。これが結論としての筆者の感想である。

知泉書館の小山光夫社長には，学術図書の刊行がますます困難になっている状況にもかかわらず，本書出版を引き受けて下さったことに深く御礼もうしあげたい。本書は平成 30 年度科学研究費補助金（研究成果公開促進費）を受けたものである。

私事ではあるが，本書を，多くの学恩をたまわったパリ大学・デカルト研究センターのビトボル・エスペリエス博士（Dr. Annie Bitbol-Hespériès）に捧げる。

2018 年春

山　田　弘　明

索　引

ア　行

愛　　7, 8, 24, 26, 49, 55, 56, 58, 62, 66–69, 75, 104, 170, 204
アウグスティヌス Augustinus　　13, 15, 37, 65, 77, 129, 131, 151, 156, 204, 206, 207, 213, 215, 218, 222, 246
欺く神　　36, 107, 108, 146, 189–93, 200
アムステルダム　　10, 13–16, 19
アリストテレス Aristoteles　　17, 31, 35, 45, 51, 83, 137, 141, 151–53, 161, 163, 177, 178, 180, 189, 198, 233, 237
アルキエ F. Alquié　　94, 122, 161
アルノー A. Arnauld　　24, 47, 78, 79, 94, 96, 114, 116–18, 120, 123, 125, 128, 133, 140, 145, 146, 154, 163, 167, 191, 192, 203–23, 227, 228, 231, 235–37, 243, 245
アルミニウス派　　183
イエズス会　　38, 44, 51, 53, 203–05
医学　　6, 15, 17, 18, 21, 24, 44, 48, 49, 90, 112, 114, 152, 153, 177–80, 184, 201, 206, 227
『――提要』　　24
イギリス　　40, 48, 66, 81, 225–27, 229
イタリア　　23, 26, 46, 48
色　　14, 21, 41, 43, 44, 94, 97, 102–04, 218, 235
インド諸国　　16, 48
ヴァニーニ G. C. Vanini　　44
ヴェサリウス A. Vesalius　　15
ヴォエティウス G. Voetius　　30, 44–46, 50, 179, 208, 210
『――宛書簡』　　46, 50
ヴォルテール Voltaire　　226
宇宙　　32, 58, 63, 70, 71, 168, 229, 233, 242
運動　　15–19, 21, 23, 32, 40, 47, 49, 53, 67–69, 81, 82, 90, 95, 107, 114, 115, 117, 124–27, 160, 164, 166, 169, 179, 203, 218, 219, 225, 231, 232, 240
運命　　55
AI（人工知能）　　10, 12, 13, 15, 22, 27, 28, 36, 41, 69, 72, 92, 93, 97, 112, 114, 126, 128, 134, 137, 141, 157–60, 162, 171, 172, 179, 181, 182, 185, 201, 202, 204, 206, 207, 217, 226, 229, 241
永遠真理創造説　　13, 14, 190, 191, 221
エピクロス Epikouros　　52, 57, 152, 228
エフモント　　69, 70, 75, 231
エミリウス A. Æmilius　　36, 44, 189
エリザベト（王女）Élisabeth　　5, 8, 24, 28, 41, 46, 47, 51, 53–59, 62, 64, 65, 69, 70, 72–76, 79, 81–84, 90–94, 96, 97, 111, 113, 116–24, 126–28, 133, 152, 155, 162, 181, 182, 184, 199, 216, 217, 231, 243
『円錐曲線試論』（パスカル）　　71
延長　　28, 31, 32, 47, 70, 79, 80, 90–92, 94, 103, 116, 119, 120, 129, 132, 143, 147, 148, 150, 153, 159, 181, 199, 215, 220, 228, 231, 232–35, 238, 239, 241–43
エンデヘスト　　45, 56, 180
オウィディウス Ovidius　　65
驚き　　18, 23, 70, 161, 162, 198　→驚異

驚くべきもの　165　→驚異
重さ　10, 23, 70, 91–93, 120, 216, 217
オラニエ公 Prince d'Orange　28, 46, 61, 70
『音楽提要』　8, 227
恩寵　204, 205, 206

カ　行

懐疑　22, 50, 107, 138, 146, 149, 150, 189, 199, 200, 209, 210
　——論（者）　22, 50, 146
解剖（学）　14–17, 34, 69, 75, 112, 115, 162
『——摘要』　112, 115
確信　15, 36, 39, 145–48, 165, 166, 173, 190, 192, 193, 216, 218
学知　36, 145, 146, 190, 192, 193
ガッサンディ P. Gassendi　19, 41–43, 47, 52, 76, 117, 118, 132, 133, 146, 148, 163, 164, 167, 178, 185, 187, 189, 192, 199, 201, 207, 208, 211, 227, 235
カドワース R. Cudworth　227
カバラ　242
神　13, 14, 21, 22, 33, 36, 38, 39, 42, 43, 50, 52, 53, 58, 62, 63, 65–70, 73, 77, 78, 80, 83, 95, 98, 99, 105–09, 112, 126, 127, 129, 131, 136, 137, 141, 142, 144–48, 153–56, 160, 161, 165, 168, 169, 172, 173, 183, 185, 186, 188–95, 200, 205, 206, 208, 209, 212, 214, 218–22, 228, 232–35, 240–42
　——の観念　42, 43, 83, 95, 108, 181, 185, 186, 188, 214, 228
　——の決定　58, 205
　——の照明　78
　——の遍在　233
鴨長明　55
ガリレイ G. Galilei　18, 19, 23, 46, 51, 62, 82, 177

カルヴァン派（主義）　58
ガレノス K. Galenos　48, 49, 125
カロー V. Carraud　206, 207, 222
感覚　11, 22, 26, 32, 34, 43, 47, 52, 55, 67, 78–82, 89–97, 104, 106, 111–13, 115, 116, 118, 119, 121–24, 127, 136, 138, 144, 145, 164, 166, 169, 187–89, 191, 194, 196–98, 200, 210, 212, 213, 216, 218, 219, 233, 234, 236, 237, 239, 247
　共通——　34, 91, 111–13, 115, 116, 118
感情　27, 91, 96, 112, 114, 151, 158, 160, 163, 239
カント I. Kant　97, 106, 124, 131, 142, 150, 155
カンパネルラ Th. Campanella　243
カンブシュネル D. Kambouchner　12, 23, 123, 124, 126, 127, 152, 162
観念　41–44, 77, 83, 91, 92, 95, 108, 112, 115, 119, 142, 148, 152, 153, 161, 172, 181, 185–89, 200, 205, 206, 214–17, 228, 240
　——の道　188
　生得——　185–89, 200, 215
記憶　8, 35, 37, 78, 81, 152, 209, 212, 213, 215, 236
　知的——　152, 212, 213, 215
機械　15, 17, 18, 19, 22, 23, 27, 28, 32, 49, 66, 68, 81, 97, 98, 103, 112, 142, 148, 157–64, 166–69, 172, 173, 208, 228, 229, 235–38, 240–42, 246
　——学　15, 18, 19, 22, 23
　『——学』　19, 22, 23
　——論　27, 68, 81, 97, 103, 142, 157, 159–63, 166–69, 173, 208, 228, 229, 235, 237, 241, 242, 246
機会原因論　127, 205, 219, 220, 243
『幾何学』　20, 28, 29
器具の説明　22, 23
気質　193
『気象学』　20, 21, 80, 162, 178, 180,

索　引

231
『規則論』　→『精神指導の規則』
キャヴェンディッシュ　C. Cavendish
　　63, 66, 225, 226, 235　→ニューカッ
　　スル侯
驚異　161, 162, 171, 173　→驚き
共通概念　63, 186, 190
グイエ　H. Gouhier　121, 204, 222
空間　31, 32, 70, 150, 220, 221, 228,
　　233, 234, 242
　　絶対──　233
空虚　31, 32, 71, 80, 220, 221, 231,
　　233, 234, 242　→真空
偶有的存在　56, 179, 180, 182, 195–
　　98, 200
クオリア　44, 128, 129, 159, 199
クザーヌス　N. Cusanus　70
『屈折光学』　19–21, 38, 40, 80, 91, 93,
　　112, 114, 115, 117, 127, 178, 180,
　　226, 231
クリスティナ（女王）Christina　11,
　　70, 72, 73, 82, 84, 85
クレーマー　E. Kremer　205, 222
クレモニーニ　C. Cremonini　177
クレルスリエ　C. Clerselier　24, 54, 62,
　　63, 80, 83, 185, 206, 227, 230
クレルモン学院　38
『君主論』（マキアヴェリ）　64
経験　8, 29, 33, 47, 64, 70, 74, 79, 82,
　　89, 93, 94, 99, 100–06, 108, 109,
　　111, 114–18, 120–24, 128, 129, 139,
　　159, 168, 170–72, 177, 178, 183,
　　185, 187–89, 191, 194, 196–201,
　　215–17, 227, 240, 241
　　──論　33, 74, 177, 178, 183, 185,
　　187–89, 194, 196, 197, 201, 227
　　純粋──　100–06, 108, 109
　　生きられた──　94, 109, 122
　　生の──　120, 122–24, 128, 129
形而上学　13, 14, 16, 19, 22, 26, 32,
　　33, 36, 37, 43, 47, 52, 54, 56, 74, 83,
　　94, 97, 103, 108, 109, 116, 117, 121,
　　122, 124, 127, 128, 132, 134–37,
　　142, 146, 168, 177, 183–85, 187–
　　92, 194, 195, 198, 200, 201, 207, 214,
　　231, 246
　　──の基礎　13, 136, 137
　　──の小論文　13, 134, 137
　　『──論究』（ガッサンディ）　52,
　　117, 192, 201
「掲貼文書」（レギウス）　57, 73, 74
　　『──への覚え書』　56, 57, 73, 177,
　　184, 186–88, 198, 201, 209, 214
血液　15, 17, 21, 49, 68, 160, 166–69,
　　179, 237
　　──循環　17, 179
健康　5, 6, 23, 24, 53, 55, 58, 179, 181
原初的概念　91, 97, 116, 119, 121
ケンブリッジ　12, 226, 227, 228, 229
　　──・プラトニズム　228
原理　21–24, 31, 33, 38, 40, 53, 54,
　　57, 63, 64, 71, 75, 77, 80, 82, 83, 93,
　　98, 99, 105, 108, 109, 114–16, 122,
　　134, 138, 141, 142, 146, 149, 150,
　　152, 154, 160, 161, 163, 164, 166–
　　69, 178, 179, 180, 182, 184, 188, 190,
　　192–94, 197, 198, 208, 209, 227–29,
　　231, 236, 237, 239
『原理』　→『哲学原理』
コイレ　A. Koyré　233
交際　62, 226
『幸福な生について』（セネカ）　57
公理　36, 63, 64, 185, 186, 189, 190–
　　93, 223
　　──の自明性　36, 185, 189–92
合理論　33, 189, 227
「コギト・エルゴ・スム」　→「私はある，
　　ゆえに私はある」
ことば　9, 20, 23, 24, 27, 32, 63, 65,
　　66, 73, 81, 111, 115, 116, 157–59,
　　162, 164–71, 173, 180, 182, 184,
　　189, 193, 201, 228, 235, 238, 245
コナリウム　115, 116, 126　→松果
　　腺、腺H

コペルニクス N. Copernicus 18
ゴリウス J. Golius 29
コルヴィウス A. Colvius 19, 37
コレスニク・アントワーヌ D. Kolesnik-Antoine（Antoine Mahut） 97, 117, 126, 127, 160, 181
昏睡（状態） 211, 214
痕跡 78, 211-14, 218
近藤洋逸 31, 63

サ　行

最高善 57, 72, 73, 247
『再論』（ガッサンディ） 52
サール J. R. Searle 128, 159
サン J. Sain 6
三段論法 77, 107
サントポール 7, 16
死 5-7, 23, 24, 39, 40, 61, 62, 65, 69, 76, 80, 81, 85, 104, 131, 132, 137, 152-55, 163, 165-68, 183, 185, 195, 197, 205, 230, 231, 236, 246
　「──を恐れずに生を愛する」 62
塩川徹也 205
シオン J. de Silhon 12, 76, 77, 78
思考 22, 25, 26, 32-34, 41-43, 47, 48, 56, 66, 67, 78-81, 84, 90, 91, 93, 94, 98, 113, 116-18, 125, 126, 132-36, 138-40, 143-50, 152, 153, 155, 160-71, 173, 181, 186, 187, 196, 198, 199, 203, 204, 206, 209, 211-15, 218, 231, 232, 235-41, 246
　──の能力 43, 186, 187
自己自身を知る 13
自己原因 209
『思索私記』 129, 134, 135, 161, 165
自然 7-9, 13-16, 19, 24, 27, 31, 33, 37, 39, 40, 44, 45, 48-50, 52-54, 56, 57, 62, 63, 66-69, 72, 75, 77, 81, 83, 90, 98, 102, 103, 107, 109, 126-29, 132, 133, 146, 154, 160, 162, 164-66, 168, 171, 177-86, 189, 191, 194, 198, 200-02, 205-07, 216, 218-20, 225, 226, 228, 229, 231, 234-36, 238-43
『──学の基礎』（レギウス） 56, 57, 177, 182, 184-86
『──哲学』（レギウス） 185
　──の光 33, 66, 67
　──の設定 99, 126, 127, 128, 160, 218, 219
　「──は空虚を嫌悪する」 31
　──霊魂 235, 239, 242, 243
実在的区別 142, 149, 199
実生活 47, 50, 51, 57, 93, 94, 114, 121, 122
実践的世界観 57, 58, 70
実体 37, 47, 56, 79, 80, 83, 90, 95, 98, 116, 117, 132, 135, 137, 138, 140-43, 145, 147-53, 155, 163, 166, 181, 183, 195-99, 210-12, 216-18, 220, 232-34, 237, 240-43, 246
　──的区別 151
　──的合一 95, 116, 142, 196, 197
自動機械 27, 158, 160, 163, 164, 166
芝居 55
斜視 7, 67
シャッテルロー 10
シャニュ H. P. Chanut 7, 24, 50, 62, 65-67, 70, 72, 73, 76, 82, 84
シャルレ H. Charlet 53, 54
ジャンセニズム 205
シャンドゥー Chandoux 12
循環 17, 42, 179, 192, 193, 209
自由意志 14, 28, 53, 69, 72, 73, 82, 160-62, 165, 170, 172, 173, 194, 204, 205, 206, 241
主客未分 100, 101, 105
種差 170, 238
松果腺 15, 33, 34, 49, 90, 91, 93, 94, 96, 111-19, 126, 128, 129, 160, 216, 237, 239-42　→コナリウム，腺 H
情念 7, 15, 27, 34, 49, 55, 57, 61, 65-68, 72, 76, 77, 90-93, 96, 97, 109,

111, 112, 114–20, 124–28, 135, 137, 152, 160–67, 169, 172, 218, 231, 239, 240, 241
『——論』　15, 34, 49, 57, 61, 65, 68, 72, 76, 90, 92, 93, 96, 109, 111, 115–20, 124–28, 135, 137, 160–62, 165, 166, 172, 231, 239–41
『序説』　→『方法序説』
自律した者　35
神経　44, 94, 112, 114, 125, 126, 159, 160, 213
　小さな——　94, 126
真空　31, 32, 71, 72, 220　→空虚
人工知能　→ AI
『新実験』(パスカル)　71
心身　6, 15, 34, 39, 45, 47, 78, 79, 89–101, 103–09, 111, 113–29, 132–34, 136–39, 142, 147–51, 154–56, 161, 162, 182, 195–99, 205, 206, 208, 212–20, 231, 232, 239–43, 245
　——関係　89–91, 93, 94, 96, 108, 111, 128, 195, 245
　——二元論　106, 133
　——の区別　6, 39, 47, 89, 93–98, 117, 121, 122, 134, 136–39, 147–49, 151, 154, 155, 208, 212, 215
　——(の)合一　47, 89, 91, 92, 95–100, 103–06, 108, 109, 111, 113, 114, 116, 118, 119, 122–24, 128, 129, 142, 151, 195–98, 213, 216, 217, 240–42
　——の複合　92
　——問題　47, 79, 97, 99, 106, 156, 182, 205, 215, 219, 220, 243
身心一如　100
心臓　15, 17, 18, 21, 49, 67, 68, 160, 162, 167, 225, 236, 237
　『——の運動について』(ハーヴィ)　17, 225
　——の熱　17, 67, 236, 237
身体　6, 7, 15, 22, 24–26, 34, 39, 43, 47, 53, 54, 56, 58, 66–69, 73, 75, 77, 79, 81, 87, 89–101, 104, 107, 108, 112–29, 131–34, 136–39, 141–45, 147–56, 160–70, 172, 173, 182, 183, 189, 193–99, 208, 212, 214–20, 233–43, 246　→物体
　——の様態　56, 73, 120, 132, 182, 183, 195, 198, 199, 243
『人体の記述』　6, 15, 17, 24, 34, 75, 114, 116, 137, 151, 160, 162
神的本質の影　235, 242
振動中心　62, 63
真の人間　8, 90, 96, 151, 163
真理　13, 14, 20, 32, 33, 36, 40, 43, 52, 53, 64, 83, 122, 137, 144–46, 150, 156, 172, 178, 184, 187, 189–91, 193, 214, 221, 223, 225, 235
　『——について』(チャーベリー)　32, 225
随伴現象説　199
睡眠　43, 78, 140, 213, 214　→昏睡
推論　21, 36, 37, 42, 58, 63, 77, 79, 94, 106, 114, 116, 123, 145, 159, 162, 163, 169, 178, 192, 194
スウェーデン　11, 24, 48, 66, 70, 72, 75, 83, 84, 85, 184, 231
数学　7–9, 11–14, 20, 21, 28–30, 34, 35, 38, 52, 74, 103, 129, 146, 165, 188–92, 207, 221, 225
　『——集成』(パッポス)　35
　——的自然学　9
　——的真理　13, 146, 191, 221
　——の歴史　34, 35
　——の知　34, 35
　——論争　28–30, 74
スコラ　6, 14, 20, 37, 43, 51, 54, 82, 83, 95, 140–42, 153, 178, 195, 206, 228, 237
スタンピオウン J. Stampioen　28, 29
ステヴィン S. Stevin　23
ストア哲学者　5
ストックホルム　75, 83, 84
ストローソン P. F. Strawson　143

スピノザ B. Spinoza　14, 34, 47, 97, 106, 108, 116, 141, 142, 241, 242
スホーキウス M. Schoockius　45, 46, 51
スホーテン F. van Schooten　28, 29
スミス J. Smith　163
生活世界　90, 96, 97, 105, 108, 109
精気　34, 47-49, 79, 90, 91, 94, 112, 113, 115, 117, 118, 124-26, 166, 169, 213-16, 218, 237, 240-42
　　生命――　48, 49
　　自然――　48, 49
　　動物――　→動物精気
『精査』（アルノー）　217, 218, 222
『省察』　7, 21, 22, 29, 31, 33, 36-41, 43, 47, 52, 54, 69, 82, 83, 89-91, 113, 115, 117, 122, 127, 132, 134, 137-39, 141, 144-46, 148, 149, 154, 171, 179, 180, 183, 185, 187, 189, 190, 192-94, 197, 200, 203, 204, 206, 207, 210-12, 225, 226, 229, 231
精神　5, 7, 8, 13, 20-22, 24, 26, 27, 33-36, 38-40, 42, 43, 47, 49, 53-58, 63-68, 73, 77-81, 87, 89-101, 103, 107-09, 112-29, 131-39, 141-57, 159-62, 164-74, 179, 180, 182-84, 186-90, 192-99, 206, 208, 209, 211-22, 226, 228, 231-35, 237, 239-43　→魂
　　『――指導の規則』（『規則論』）　9, 12, 33, 35, 112, 115, 129, 134, 135, 172, 173, 192, 198, 206, 214, 226
　　――の治療法　53
　　――の不死　39, 40, 132, 137, 153-55, 165, 168
　　――の満足　57, 247
　　「――はつねに思考する」　43, 78, 211, 213, 215
　　「――を感覚から引き離す」　22, 145, 188, 194, 197
聖体の秘蹟　53, 54, 210
生命　18, 26, 48, 49, 81, 121, 159, 160, 166-68, 236, 237
生理学　14, 17, 68, 75, 90, 91, 93, 94, 96, 97, 99, 111, 116, 118, 120-22, 124-27, 129, 143, 160, 178-81, 237, 240
『生理学』（『生理学あるいは健康の認識』）（レギウス）　180, 181
『世界の体系』（ガリレイ）　18, 19
『世界論』　17-19, 51
絶対的不可能　14, 222
セネカ Seneca　57, 65
ゼノン Zenon　57, 64
腺　15, 33, 34, 49, 90, 91, 93, 94, 96, 111-20, 124-29, 160, 216, 237, 239-42
　　――H　115　→松果腺, コナリウム
　　小さな――　33, 34, 91, 93, 111-16, 118-20, 124-26, 128
善　14, 23, 32, 33, 57, 58, 61, 62, 64, 67, 70, 72, 73, 89, 99, 100, 103, 104, 106, 180, 186, 194, 246, 247
　　『――の研究』（西田幾多郎）　89, 99, 100, 103, 104, 106
全能　191, 220-22
相続　10, 11, 160
ソッツィーニ派　183
ソリプシズム（独我論）
存在論的証明　42, 43, 188

タ　行

「第五反論」（ガッサンディ）　41, 52, 117, 163, 211
「第三反論」（ホッブズ）　225
胎児　43, 75, 78, 140, 209, 211-14
『代数学の新方法』（スタンピオウン）　28
胎内　43, 78, 140, 212-14
「第四答弁」　43, 54, 95, 116, 142, 143, 145, 149, 164, 192
ダランベール J. Le Rond d'Alembert

索　引

23
魂　18, 27, 49, 73, 81, 114, 125, 131, 132, 134, 135, 137, 153, 154, 157, 163-69, 179, 182, 184, 208, 231, 235-39, 242, 243　→精神
　物体的な――　237
　非物体的な――　237
力　5, 8, 16-18, 21-23, 27, 29, 32, 33, 35, 40, 43-45, 49, 51-53, 55, 56, 58, 63, 65, 68, 70, 77, 79, 91-96, 98, 99, 104, 106, 112-14, 118-21, 124, 126, 129, 133, 134, 136, 140, 144, 153, 157, 160, 165, 166, 170, 172, 173, 178, 180, 186-88, 194, 199, 200, 204, 207, 209, 210, 212-14, 219, 221, 222, 228, 229, 233-35, 237, 239, 241-43　→力能
地動説　18, 19, 63
チャーベリー E. H. of Cherbury　32, 33, 225
チャールズ一世 Charles I.　81, 225, 226
直覚　103, 105, 107
直観　33, 77, 78, 106, 107, 136, 146, 147, 192, 193
　――的な認識　77, 78
チョムスキー A. N. Chomsky　171
チンパンジー　167, 169-71
ディグビー K. Digby　225, 226
ティベリウス Tiberius　6
ディネ J. Dinet　21, 38, 45, 46, 138, 168, 180
『ディネ師宛書簡』　21, 38, 45, 46, 168, 180
デカルト Descartes
　カトリーヌ・――Cathrine　8
　ジャンヌ・――Jeanne　5-8
　ジョアシャン・――Joachim　7, 11
　ピエール・――Pierre　6, 85
デザルグ G. Desargues　12, 72
テーゼ　45, 69, 179, 180, 182, 197
『哲学原理』（『原理』）　24, 31, 33, 38,

53, 54, 57, 63, 75, 80, 82, 83, 93, 98, 114-16, 122, 134, 141, 142, 149, 150, 169, 182, 184, 190, 194, 209, 227, 229, 231, 239
『哲学大全』（ユスタッシュ・ド・サン・ポール）　54
デモクリトス Demokritos　41
天使　152, 153, 233, 234, 235, 240
ドイツ　9, 11, 47, 65, 72, 82, 135, 190, 225
道徳　7, 10, 24, 57, 58, 73, 131, 160, 168, 172, 173, 207, 228
動物　14, 15, 17, 27, 28, 48, 49, 66, 75, 79-81, 94, 95, 99, 113, 118, 125, 126, 132, 133, 137, 142, 153, 157, 158, 161-73, 182, 184, 208, 213-16, 231, 232, 235-38, 240-42
　――精気　48, 49, 79, 94, 113, 125, 126, 169, 213-16, 237, 240-42
　――は思考するか　80, 168
『――論』　75, 118, 162, 184
トゥレーヌ　5, 48
討論　45, 179, 207
トマス Thomas Aquinas　15, 32, 189, 207, 218, 222, 225
トリグランディウス J. Triglandius　69
トリチェリ E. Torricelli　32
ドルトレヒト　13

ナ　行

夏目漱石　8, 131
ナドラー S. Nadler　205, 219
二元論　80, 90, 91, 95, 101, 106, 108, 120, 128, 129, 132, 133, 151, 156, 169, 199, 206, 228, 231, 232, 238, 241, 243
西田幾多郎　89, 99-109
日常（性）　26, 47, 58, 68, 79, 91, 93, 94, 96, 97, 104-06, 108, 109, 111, 114, 116, 119, 121, 122, 138
　――の交わり　47, 93, 94, 114, 121,

索引

122 →交際
ニヒリズム　131
ニューカッスル侯 Marquis de Newcastle　27, 66, 163, 164, 165, 167, 225, 235 →キャヴェンディッシュ
ニュートン I. Newton　227
『人間論』　15, 17, 34, 56, 89, 91, 93, 98, 111, 112, 115, 118, 124, 158, 160, 161
年金　10, 11, 76
ノイブルク　9
脳　49, 67, 68, 71, 78, 91, 93, 112–15, 125, 127, 133, 143, 148, 151, 152, 158, 161, 162, 170, 199, 211–14, 218, 239
能力　17, 27, 33, 43, 44, 77, 92, 120, 134, 136, 144, 170, 172, 173, 186–88, 194, 207, 209, 214, 219, 221, 222, 243
野田又夫　49, 125

ハ　行

バイエ A. Baillet　9, 10, 11, 12, 36, 68, 72, 178, 181, 182, 207, 226, 229, 243
ハーヴィ W. Harvey　15, 17, 18, 179, 225
パスカル B. Pascal　12, 24, 32, 38, 71, 72, 131, 161, 190, 203, 204, 205, 220
発生　14, 75, 118, 162
パッポス Pappos　20, 35
パドヴァ　74, 177, 178, 194, 201
ハートリブ S. Hartlib　225, 229, 230, 231, 232
パリ　11–13, 16, 36, 38, 40, 44, 45, 72, 76, 85, 123, 203, 206, 226, 227, 231, 247
バルザック J.-L. G. de Balzac　12, 16, 20, 48
万人の同意　33
火　18, 204, 246
ピアジェ J. Piaget　171
比較　54, 79, 89, 92, 93, 94, 100, 115, 116, 123
ピコ C. Picot　11, 41, 48, 54, 68, 70, 76, 84
微細物質　21, 32, 40, 63, 72, 220
ビトボル＝エスペリエス A.Bitbol-Hespériès　115, 179, 231, 241, 242
ヒューム D. Hume　187, 227
ビュルマン Burman　6, 47, 75, 79, 114, 116, 120, 123, 128, 184, 209, 212, 215
『――との対話』　6, 75, 79, 114, 116, 120, 123, 128, 184, 209, 212, 215
ファブリキウス H. Fabricius ab Aquapendente　15, 75
ファベイク Th. Verbeek　179, 201, 202
フェヒネル G. T. Fechner　102, 103
フェリエ J. Ferrier　13
フェルマ P. de Fermat　21, 71
フォルスティウス C. Vorstius　48
不可入性　31, 233, 234
不死　39, 40, 81, 131, 132, 137, 153, 154, 155, 163, 165–68, 183, 231, 236
プチ P. Petit　41, 102
物我相忘　102, 105, 108
物体　8, 31, 37, 40, 42, 47, 49, 62, 79–83, 90, 91, 94, 95, 97–101, 104, 107, 108, 112, 114, 117–21, 123, 125, 126, 128, 129, 132, 133, 135, 136, 138, 141, 143–45, 148–51, 153, 163, 164, 168, 169, 188, 194, 196, 197, 199, 205, 210, 212, 215–17, 219, 221, 231–35, 237–43, 247　→身体
――的魂　164
物理主義　99, 128, 129, 133, 155, 159
反・――　99, 128, 129
プファルツ　47, 82
ブブレス J. Bouveresse　160
普遍（数）学　9, 19, 20
フラインスヘミウス J. Freinshemius　72, 82, 84

索　引　　257

プラトン Platon　　35, 41, 151, 228, 229, 242
フラネケル　　13, 177
フランシーヌ Francine　　7
振り子　　62, 63
ブルダン P. Bourdin　　38, 44, 46, 65
ブレダ　　8, 29
プレンピウス V.-F. Plempius　　15, 16, 21, 166, 168, 237
フローニンゲン　　45, 50, 51, 177
フロモンドゥス L. Fromondus　　21, 178
フロンドの乱　　11, 76, 82
ベイサッド J.-M. Beyssade　　146
ベークマン I. Beeckman　　8, 9, 13, 19, 28, 135
ベーコン F. Bacon　　225
ベリュール P. Bérulle　　12, 13
ベルクソン H. Bergson　　97
ベルヌーイ J. Bernoulli　　22, 23
『弁明書簡』　　182
ボアン G. Bauhin　　15
ボイタンデイク Buitendijck　　49
ホイヘンス Con. Huygens　　20-24, 29, 36-38, 40, 44-46, 52, 61-63, 71, 182
望遠鏡　　19, 20
『方法序説』(『序説』)　　5, 6, 9-11, 13-15, 17, 19-25, 27, 33, 36-39, 41, 44, 50, 51, 57, 62, 64-66, 80, 90, 91, 95, 96, 112, 114, 117, 134, 136-38, 140, 141, 143, 146, 147, 151, 153, 154, 157-61, 163, 165, 166, 173, 190, 198, 200, 206, 220, 226, 229, 231, 235, 236, 238
ボス E.-J. Bos　　41, 179, 181-83
ホッブズ Th. Hobbes　　24, 40, 41, 52, 80, 159, 187, 201, 225-28, 243
ホーヘランデ C. van Hogelande　　15, 34, 73
ポール＝ロワイアル　　203, 204
ポロ (パロッティ) A. Pollot　　7, 24-27, 50, 51, 62, 120, 162-64, 181, 235, 236
ポワティエ　　8, 10
ポワトゥ　　8, 10

マ　行

マキアヴェリ N. Machiavelli　　64
交わり　　47, 61, 62, 75, 93, 94, 114, 121, 122, 185　→交際
松沢哲郎　　167, 170
マルブランシュ N. Malebranche　　14, 48, 97, 116, 148, 203-06, 218-20, 228, 243
水先案内人　　151
蜜蠟　　80, 148, 231, 233
ミドルジュ C. Mydorge　　11
見本　　21
無為　　8
無限　　64, 70, 71, 80, 83, 185, 186, 221, 222, 231, 233
　　――の観念　　185, 186
無際限　　70, 71, 80, 186, 231
矛盾　　14, 31, 32, 47, 52, 71, 93, 95, 96, 121, 122, 128, 150, 189-91, 199, 208, 220-23, 234, 243
　　――律　　14, 189, 191
無神論(者)　　22, 30, 36, 44, 50, 154, 166, 168, 188, 190, 229, 236, 242
明晰判明　　36, 108, 145, 146, 148-50, 189, 190-92, 208, 209
メイソニエ L. Meyssonnier　　15, 34, 91, 113, 115, 118
メーヌ・ド・ビラン F. P. Maine de Biran　　97, 105
メラン D. Mesland　　52-54, 153, 165, 191, 210, 212, 223
メルセンヌ M. Mersenne　　7, 11-24, 28, 31, 32, 34, 36-42, 45, 48, 54, 62-64, 71, 72, 75, 76, 91, 113, 115, 118, 132, 137, 144, 146, 154, 158, 160, 163, 165, 166, 168, 169, 173, 178,

183, 184, 191, 204, 207–10, 212, 221, 225, 226
メルロ＝ポンティ M. Merleau-Ponty　97
モア H. More　27, 31, 79–81, 161, 163, 164, 166–68, 225–43, 245
盲人　43, 44
モリス K. Morris　168
モンテーニュ M. de Montaigne　5, 66, 137, 163, 164, 167, 190

ヤ　行

ヤンセン C. Jansen　204
憂鬱症　53, 58
有機的　189, 198, 243
ユスタッシュ・ド・サン・ポール Eustache de Saint-Paul　54
ユトレヒト　21, 28, 30, 36, 44–46, 50, 51, 56, 69, 74, 84, 138, 168, 177–80, 182, 185, 197, 200
──紛争　30, 44, 45, 51, 56, 179, 182
養生　5

ラ　行

ライデン　15, 21, 29, 37, 38, 46, 48, 49, 52, 56, 69, 84, 177, 178, 180
ライプニッツ G. W. Leibniz　14, 23, 48, 97, 116, 142, 150, 163, 190, 191, 203–06, 220, 231, 237, 243
ラエー　5, 7
ラフレーシュ学院　6, 8, 53
力能　233–35　→力
離在的魂　137, 153

両立主義　206
ル・ヴァスール N. E. de Le Vasseur　12
ル・ペロン　10
レヴィウス J. Revius　69
レヴィナス E. Lévinas　108
レギウス H. Regius　36, 44, 45, 51, 56, 57, 73, 74, 117, 120, 132, 142, 145, 149, 166, 177–202, 206, 207, 209, 228, 229, 243, 245
レネリ H. Reneri　24–27, 31, 44, 120, 163, 166, 178, 179
ロディス＝レヴィス G. (Rodis-) Lewis　7, 11, 94, 178
ロック J. Locke　187, 213, 215, 227
炉部屋　10, 135
ロベルヴァル G. P. de Roberval　21, 63
ロワール川　54, 55
『論語』（孔子）　25, 62
論点先取　42, 43, 142
『論理学』（『論理学すなわち思考の技術』）（アルノー・ニコル）　203, 204, 206

ワ　行

「私は考える，ゆえに私はある」（「コギト・エルゴ・スム」）　25, 26, 37, 64, 77, 105, 138, 146, 161, 188
「私は呼吸する，ゆえに私はある」　25, 26
「私は散歩する，ゆえに私はある」　26
ワッセナール J. van Waessenaer　28, 29
ワッセナール P. Waessenaer　74, 201

山田 弘明（やまだ・ひろあき）
1945年中国・長春市生まれ。京都大学文学研究科博士課程を修了。博士（文学）。現在，名古屋大学名誉教授。
〔主要業績〕『デカルト哲学の根本問題』（知泉書館 2009），（訳書）『方法序説』（ちくま学芸文庫 2010），『デカルト全書簡集』（共訳，知泉書館 2012-16），『デカルト 数学・自然学論集』（共訳，法政大学出版局 2018）などがある。

〔デカルトと哲学書簡〕　　　　　　ISBN978-4-86285-277-9

2018年7月25日　第1刷印刷
2018年7月30日　第1刷発行

著　者　山　田　弘　明
発行者　小　山　光　夫
製　版　ジャット

発行所　〒113-0033 東京都文京区本郷1-13-2
電話03(3814)6161 振替00120-6-117170
http://www.chisen.co.jp
株式会社　知泉書館

Printed in Japan　　　　　　　　　　印刷・製本／藤原印刷

デカルト全書簡集
〔全8巻〕

- ■**第一巻**(1619-1637)　山田弘明・吉田健太郎他訳　　菊/450p/7000円
- ■**第二巻**(1637-1638)　武田裕紀・小泉義之他訳　　　菊/414p/6000円
- ■**第三巻**(1638-1639)　武田裕紀・香川知晶他訳　　　菊/384p/6000円
- ■**第四巻**(1640-1641)　大西克智・津崎良典他訳　　　菊/430p/6400円
- ■**第五巻**(1641-1643)　持田辰郎・山田弘明他訳　　　菊/346p/6000円
- ■**第六巻**(1643-1646)　倉田　隆・山田弘明他訳　　　菊/434p/6000円
- ■**第七巻**(1646-1647)　岩佐宣明・山田弘明他訳　　　菊/408p/7000円
- ■**第八巻**(1648-1655)　安藤正人・山田弘明他訳　　　菊/400p/6000円

デカルト　ユトレヒト紛争書簡集　(1642-1645)
山田弘明・持田辰郎・倉田隆訳　　　　　　　　　　菊/374p/6200円

デカルト哲学の根本問題
山田弘明著　　　　　　　　　　　　　　　　　　　A5/536p/8500円

デカルトと西洋近世の哲学者たち
山田弘明著　　　　　　　　　　　　　　　　　　　A5/314p/6000円

デカルトの「観念」論　『省察』読解入門
福居　純著　　　　　　　　　　　　　　　　　　　A5/250p/4500円

デカルトの誤謬論と自由
福居　純著　　　　　　　　　　　　　　　　　　　四六/196p/2800円

真理の探究　17世紀合理主義の射程
村上勝三編　　　　　　　　　　　　　　　　　　　A5/376p/6000円